列子见一

曾品元 ◎ 著

吉林出版集团股份有限公司

图书在版编目（CIP）数据

列子见一 / 曾品元著. —长春：吉林出版集团股
份有限公司，2021.3
ISBN 978-7-5581-9924-0

Ⅰ．①列… Ⅱ．①曾… Ⅲ．①道家②《列子》—译文
③《列子》—注释 Ⅳ．① B223.2

中国版本图书馆CIP数据核字(2021)第065403号

列子见一

著　　者	曾品元	
责任编辑	郭亚维　　白聪响	
封面设计	中尚图	
开　　本	710mm×1000mm　　1/16	
字　　数	372千	
印　　张	23.5	
版　　次	2021年5月第1版	
印　　次	2021年5月第1次印刷	
出　　版	吉林出版集团股份有限公司	
电　　话	总编办：010—63109269	
	发行部：010—85173824	
印　　刷	天津中印联印务有限公司	

ISBN 978-7-5581-9924-0　　　　　　　　定价：59.00元

目　录

天瑞第一

一

【正本】

列子居郑，四十年人无识，将往卫。

弟子曰："先生往无返期，弟子敢有所谒，先生将何以教？先生不闻壶子之言乎？"

列子笑曰："壶子何言哉。虽然，夫子尝语于伯昏瞀人，吾侧闻之，试以告汝。其言曰：'有生不生，有化不化。不生者能生生，不化者能化化。生者不能不生，化者不能不化，故常生常化。常生常化者，无时不生，无时不化。不生者疑始，不化者往复。往复，其际不可终，疑始，其道不可穷。'"

【原文】

子列子居郑圃，四十年人无识者。国君卿大夫视之，犹众庶也。国不足，将嫁于卫。弟子曰："先生往无反期，弟子敢有所谒，先生将何以教？先生不闻壶丘子林之言乎？"子列子笑曰："壶子何言哉？虽然，夫子尝语伯昏瞀人。吾侧闻之，试以告女。其言曰：有生不生，有化不化。不生者能生生，不化者能化化。生者不能不生，化者不能不化。故常生常化。常生常化者，无时不生，无时不化。阴阳尔，四时尔，不生者疑独，不化者往复。往复，其际不可终；疑独，其道不可穷。《黄帝书》曰：谷神不死，是谓玄牝。玄牝之门，是谓天地之根。绵绵若存，用之不勤。故生物者不生，化物者不化。自生自化，自形自色，自智自力，自消自息。谓之生化形色智力消息者，非也。"

【清源】

列子居郑，四十年人无识，将往卫

原文为：子列子居郑圃，四十年人无识者。国君卿大夫视之，犹众庶也。国不足，将嫁于卫。

改"子列子"为列子。理由一，没有必要将大家都已经熟知的列子叫作子列子，正如没有必要把大家都已经熟知的老子、庄子、孔子等叫作子老子、子庄子、子孔子一般。理由二，前人对子列子的解释并不靠谱。大意是说，姓前加子，表示古代学生对老师的尊重。名后加子，表示有德之人。后说，因为有普遍的事实依据，尚可成立。而前说，除了子列子外，似乎极少他见。借助纯粹理性，这种现象的出现，大概是因为所谓的列御寇本来就叫列子，按世俗常规，弟子对作为老师列子的尊称，应该叫列子为列子子才对，可这又太人为而突兀了，于是，有人建议将子置于姓前，叫子列子。但事实是，对一个人的真正尊重，不在名字，而在伟业。比如，如果把伟大的无产阶级革命家列宁叫作子列宁，并不会丝毫增加人们对列宁的尊重。正因此，庄子直抒胸臆："名者，实之宾也。"现据全书原文有叫子列子的，有直接就叫列子的，规范起见，统一改为列子，今后行文中不再一一说明，以免累赘。

改"子列子居郑圃"为"列子居郑"。理由一，《列子》一书，历来就有经文之称，甚至被其一些圣徒一度尊称为《冲虚经》。单从这一角度说，既然是经文，行文就应该言简意赅，一如《老子》《庄子》，又或是《圣经》。"居郑"的语境含义已经足够，加"圃"不仅完全没有必要，更是徒增歧义。比如，有将"郑圃"解注为郑国的圃田，这于经文来说，没有任何意义。从应然上讲，经文的每个字，都应该有它的语境作用。否则，就应该订正或是删除。如果要给"圃"字出现的错误找一个大家基本可以接受的解释，应该是后人在传抄过程中，习惯性地将"郑"意念为"郑国"，顺带就把"国"字写上了。再后人传抄时，又误将"国"抄写为"圃"。再后人，尤其是近代直至当今，则几乎全都匍匐在前人脚下，眼皮都不敢眨一下，哪还敢抬头，更别说动脑了，于是"郑圃"就似乎被约定成俗。这里顺带还想特别强调的一点是，全书，甚至中国几部最为著名的经典，比如《黄帝》《老子》《庄子》《鬼谷子》等，都普遍而严重地存在类似问题，本人也因此而为之付出了几乎半生的心血和汗水。想想马克思要把颠倒了的世界再颠倒过来时所遭遇到的种种匪夷所思的困境和磨难，就知道人类的每一步前行，都如蛙跨大海般艰难。理由二，逻辑的一致性要求。虽然列子是郑国圃田人，但《列子》一书原文中大部分凡涉及列子籍贯的地方，都称"郑"而不是"郑圃"。

改"四十年人无识者。国君卿大夫视之，犹众庶也"为"四十年人无识"。

理由一，"国君卿大夫视之，犹众庶也"的全部语境含义跟"四十年人无识"重复，这于经文来说，是完全应该避免的瑕疵。其实，仔仔细细考校上下文，被删的话，极有可能是某个后人对"四十年人无识"的具体阐释，完全多余而错误。试想想，一个土生土长，到很后来才成名的列子，凭什么在当时就要让国君、卿大夫等顶层人士，把他看作是我们后人才看得清楚的人？老子遇到了吗？柏拉图遇到了吗？必然存在于当今的少数天才遇到了吗？都没有。更何况，列子跟老子、柏拉图比起来，那还是有水星之与金星的差距。理由二，本寓言的核心价值，在列子所引述的伯昏瞀人的那段话，并不在列子本身。所以，过于强调列子的"四十年人无识"，意义不大，其语境作用，仅仅是为了解释说明列子要离开弟子，以引出师生的对话。理由三，清源后的经文，如果不人为地受原文影响，于寓言需要而言，已然足够。

改"国不足，将嫁于卫"为"将往卫"。理由一，"国不足"不能理解。过往注家大多将其解注为"国内遭受饥荒"，实在不知道有什么训诂依据（尽管训诂本身就很是令人失望），估计是《列子》最早注家张湛将其注为"年饥"后，后人再行演绎的结果。再说，就算"国不足"可以被解注为"国内遭受饥荒"，那在"国内遭受饥荒"的情况下，列子丢下弟子不管，自个到卫国去，这算什么师尊？列子的崇高地位从何而来？如果经典的解注可以不顾前后逻辑的话，那经典解注本身的意义又将何在？理由二，"将嫁于卫"也不能理解。后人屈服于语境需要，强将"嫁"解注为"往"，真的让作为男人的我好想从地球"嫁"到天国去。实在想不明白，为什么前人的文字就可以神圣到不能有只字更改？即便前人就是圣人，那他的文字也只是他的工具，而不是他的目的，诚如庄子所说："言者所以在意，得意而忘言。吾安得夫忘言之人而与之言哉！"更何况，圣人的文字真的就是圣人的文字吗？几千年的传抄和解注，难道会一字不差吗？即便在科技如此发达的当今，存档在电脑里的文字，换台电脑就可能出现差错，何况手抄年代？理由三，清源后的文本，已然能够完全满足寓言的需要，不会存在任何因语境缺失而导致的文本解读困难。

先生往无返期，弟子敢有所谒，先生将何以教？先生不闻壶子之言乎

原文为：先生往无反期，弟子敢有所谒；先生将何以教？先生不闻壶丘子林之言乎？

改"反"为"返"。一般来说，这是古文通假。但事实是，古文读多了，烂熟了，就知道中国古文的通假文化，其实完全就是一种假文化，是为错字、别字等找看上去严谨而尊古的理由，其实是在明目张胆地为一些权威的古人找台阶，没有任何价值。其他语言大都没有这种奇异现象，实在可算得上是一件大快人心的小大事。

由于本书是以张湛的《列子注》为底本，而《列子注》的标点普遍存在严重问题，以致文本几乎不可顺畅理解，如果——指出，会导致读者的阅读体验美感大大降低，故全书除特别需要指出外，其余一概不予论之。有研究兴趣的读者，请对比【原文】与【正本】。

改"壶丘子林"为"壶子"。这个改动，很可能招来"不尊重原著"的骂名，毕竟书中大量提到"壶丘子林"这个人。但既然相信自己，就相信到底，不怕被骂，何况世间本就没有不被骂的人。改动的理由一，"壶丘子林"明显是一个虚拟的人名，见不到史实。既然虚拟，何须死守？理由二，从原文列子的答"壶子何言哉"看，也应该是壶子。理由三，奥卡姆剃刀真理的具体运用。奥卡姆剃刀指出：如无必要，勿增实体。全书清源皆尊此定律，不再——提及。理由四，可证诸旁证，尽管旁证本身的可靠性并不充足。《庄子》一书中多次有提到列子，也多次提到壶子，且就是本书中的这个壶子，但没有用到壶丘子林。

夫子尝语于伯昏瞀人，吾侧闻之，试以告汝

原文为：夫子尝语伯昏瞀人。吾侧闻之，试以告女。

中间一定不能用句号，否则，义理逻辑不连贯。

从语境义理看，后面的话明显是伯昏瞀人而不是壶子说的，所以，改"语"为"语于"，以使逻辑清晰。

改"女"为"汝"，理由前面关于通假现象时已说，不再重复。全书统改，也不再——提及。

其言曰：'有生不生，有化不化。不生者能生生，不化者能化化。生者不能不生，化者不能不化，故常生常化。常生常化者，无时不生，无时不化。

不生者疑始，不化者往复。往复，其际不可终，疑始，其道不可穷。'

原文为：

其言曰：有生不生，有化不化。不生者能生生，不化者能化化。生者不能不生，化者不能不化。故常生常化。常生常化者，无时不生，无时不化。阴阳尔，四时尔，不生者疑独，不化者往复。往复，其际不可终；疑独，其道不可穷。《黄帝书》曰：谷神不死，是谓玄牝。玄牝之门，是谓天地之根。绵绵若存，用之不勤。故生物者不生，化物者不化。自生自化，自形自色，自智自力，自消自息。谓之生化形色智力消息者，非也。

"其言曰"后必须加单引号，否则，文本义理难以贯通，导致理解混乱。

删除"阴阳尔，四时尔"。这六个字怎么就混进了文本，不得而知。删除后的文本，无论形式还是义理，立马清晰自然。清晰自然，大多是既好又对，正如大自然本身。

改"疑独"为"疑始"。这个改动原本应该惊天动地，万众侧目，但鉴于它本身极度高难，现实层面上，必将是雪落雪原，无痕无迹，无声无响，此即某个高人所说的"高言不止于众人之心"。凡认定文本为"疑独"的，多半是以《老子》所谓的"独立而不改"为依据。所谓所谓，是说《老子》本就没有"独立而不改"这一说，这完全是后人的妄解妄注。据帛书本归元的【正本】，原本是"独立而不埈"，《老子见微》一书第 25 章对之已经有过详尽解注，这里不再论证。当如此这般被认定为"疑独"时，解注者本人可能又怀疑对"独"不应该疑，而应该信，于是，就又采用万能的通假大法，强将疑通假为凝，然后顺便就训疑为停止、不变等跟本字不相关的怪异含义。人类社会的这种普遍现象，大圣庄子在《则阳》篇中一针见血："力不足则伪，知不足则欺。"那不伪不欺的解注又有什么权威和不容怀疑的根据呢？可惜，在这样极度高难的事情上，不被大众怀疑的根据没有，但总有人不会怀疑，因为总有人不怀疑真理的确定性存在。对这些不怀疑真理确定性存在的人来说，庄子一段极度烧脑的天书可作根据。《庄子见独》之《大宗师》中有说："闻诸副墨，副墨闻诸洛诵，洛诵闻诸瞻明，瞻明闻诸聂许，聂许闻诸需役，需役闻诸於讴，於讴闻诸玄冥，玄冥闻诸参寥，参寥闻诸疑始。"根据列子这里的文本，"疑始"显然是合乎语境的。为方便读者阅读，这里拟给出这段天书的白话文："我是从文字那里听闻来的，文字又是从传诵那里听闻来的，传诵则是从观察者那里听闻来的，观察者是从倾听者那里听闻来的，倾听者是从需要者那里听闻来的，需要者是从内心的声音那里听闻来的，内心的声音是从自然的玄元那里听闻来的，自然的玄元是从浑沌那里听闻来的，浑沌则是从不知是开始或不是开始那里听闻来的。"至于这段白话的理解，能理解的，请翻阅《庄子见独》的相应部分。不能理解的，他人怎么说，都不能理解，正如欧拉无论以怎样通俗的语言对我讲解他的上帝公式 $e^{\pi i}+1=0$，我都完全无法理解一样。人作为造物主，都有其所长，有其所短，完全不必沮丧自身之所短，诚如后文所指出的那样："天地无全功，圣人无全能，万物无全用。"

删除"《黄帝书》曰：谷神不死，是谓玄牝。玄牝之门，是谓天地之根。绵绵若存，用之不勤。故生物者不生，化物者不化。自生自化，自形自色，自智自力，自消自息。谓之生化形色智力消息者，非也"。理由一，《黄帝》并没有那些话，类似的话，存在于《老子》，这从侧面反映出很多后世的解注者，很是喜欢乱点鸳鸯谱。理由二，它所欲阐释的含义，总体上跟文本总体不搭，局部上已经被前文所完全包含。理由三，它看似是一堆互不关联的杂言的堆积，完全不知道中心在哪里。理由四，删除后的文本，形式完整，义理完足。

【见一】
先生将何以教？先生不闻壶子之言乎

这里的语境是，列子要离开郑国到卫国去，而且一去就不知道什么时候能回，因为过去四十年郑国都没人了解列子是个什么样的人，所以，列子的弟子就趁这最后的时机，赶紧请教自己的老师，有什么可以教导给自己的。这是因为，列子的弟子心里猜想，列子的老师壶子在列子临行前，应该会给列子些什么叮嘱，但从列子对弟子的回答"壶子何言哉"看，壶子显然没有给列子任何叮嘱。所以，作者写出这句话，其意图不在列子要说什么，也不在列子的老师壶子要说什么，而在伯昏瞀人说了什么。否则，伯昏瞀人的出现，就纯属多余，没有任何意义。那伯昏瞀人是什么人呢？为什么要引他出场？这就要到《庄子》中去找答案了。恰巧，伯昏瞀人有且仅在《庄子》的《列御寇》篇中出场过，其在《德充符》中，则以伯昏无人出场，两人其实是同一人。阅读过《庄子见独》一书的读者，应该都知道《庄子》的人名，大多是虚拟的。而凡是庄子虚拟的人名，都定位着虚拟之人的思想和地位，伯昏瞀人就是这么一个庄子虚拟的人名，当然就定位着他的思想和地位。由于伯昏瞀人就是伯昏无人，所以，为统一起见，特将《庄子见独》中关于伯昏无人的解注复制到此：

伯，自然还是"伯仲叔季"的伯，表示家中老大，位列最前。昏，就是《在宥》中"至道之极，昏昏默默。无视无听，抱神以静，形将自正"的昏。无人，就是本章第五自然段"无人之情，故是非不得于身。渺乎小哉，所以属于人也。傲乎大哉，独成其天"中的无人之情。

整句话的究竟含义，还是结合【今译】理解为好，因为那里的整体感更强些。一切好的理解，都是以理解整体为前提，这就是思想家的理解总比一般人要好的原因，因为思想家总倾向从整体上来理解我们这个世界。

有生不生，有化不化。不生者能生生，不化者能化化。生者不能不生，化者不能不化，故常生常化。常生常化者，无时不生，无时不化

这段经文堪称经文中的典范。凡是熟悉真正道家思想的人，一看便懂，无须任何更多解释。而如果还需要靠他人解释才能懂的，解释了也还会不懂，原因是还没到阅读此类书籍的时候，需要再等等，一如孔子等到晚年才去阅读《周易》一样。一个人有一个人的注定。一个人的注定，又分不同的阶段，一些阶段适合做某些事，另一些阶段注定做不了某些事，就如女人不是每个生命阶段都能生孩子一般。总之，大道不测，不生不化，常生常化。

不生者疑始

不生者，其实就是道。而道，完全超出人的理解。但人的理性，有追求真理的本能，对不能完全理解的道，总有人想尽力去完全理解，其结果，就只能是疑始。注意，疑始，不是怀疑道的绝对存在，而是知道有道这么个东西的绝对存在，但又不能完全把握得到，于是心里产生出一种好奇而不解的状态。这么说，因为说者不够权威，估计不能令人信服，那就借用《庄子见独》中庄子对老子一段话的引用，可能会更有说服力一些。庄子名篇《知北游》是这么说的：

夫道，窅然难言哉！将为汝言其崖略：夫昭昭生于冥冥，有伦生于无形，精神生于道，形本生于精，而万物以形相生。其来无迹，其往无崖，无门无房，四达之皇皇也。邀于此者，四肢强健，思虑恂达，耳目聪明，其用心不劳，其应物无方。天不得不高，地不得不广，日月不得不行，万物不得不昌，此其道与！且夫博之不必知，辩之不必慧，圣人以断之矣！若夫益之而不加益，损之而不加损者，圣人之所保也。渊渊乎其若海，魏魏乎其终则复始也，运量万物而不匮，万物皆往资焉，此其道与！

显然，这段话很有难度，故特此翻译以方便理解：

至道这个东西，原本就很深邃，非常难以用语言表达清楚，我现在只能为你说个大概：一切显明的东西都产生于幽暗之中，一切有序的东西也都产生于看不见的存在，人的精神产生于至道，人的身体又原产于精神，而万物都是以有形相生。至道的到来不会有任何痕迹，至道的离去也不会有任何际涯，它虽然无门无房，但惶惶然通达四面八方。人要是能获得至道，就会四肢强健，思虑通达，耳目聪明，用心不劳，应对万物而不会拘于任何特定方式。天要是没有至道就不能高远，地要是没有至道就不能宽广，日月要是没有至道就不能运行，万物要是没有至道就不能昌盛，这就是至道啊！再说，对道再怎么博学也未必就表示有知识，对道再怎么辨别也未必就表示有智慧，圣人看重的本不是这个！要是对至道能益之而不加益，损之而不加损，这才是圣人所要保持的。至道渊渊乎就好比大海，巍巍乎在任何终结的地方又重新开始，它推动万物运转但永远不会匮乏，万物又都最终全部归往它，这就是至道啊！

还是那句话，不理解就是不理解，解释了也未必理解。要真理解，要时间，要沉淀，要机缘，要信心。

列子在郑国土生土长，都四十年过去了，还是没有得到任何人的赏识，于是打算前往卫国。

列子的弟子于是问："老师您这一去，不知什么时候才能回来，弟子我斗胆一问，有什么可以教导的吗？您的老师壶子没有给您说些什么吗？"

列子笑着回答说："壶子哪会说些什么啊。不过，老师曾跟伯昏瞀人有过一次对话，我当时就在他俩旁边，刚好听闻到了，现在不妨说给你听听。伯昏瞀人是这么说的，'真正能够生成它物的东西自己不会被生成，真正能够变化它物的东西自己不会被变化。不被生成的东西偏偏能生成生成，不被变化的东西偏偏能变化变化。凡被生成的东西不能不生成，凡被变化的东西不能不变化，所以始终有生成，始终有变化。正因为始终有生成，始终有变化，所以，没有任何时候不在生成，没有任何时候不在变化。不被生成的东西无法确定它的开始，不被变化的东西总是循环往复。既然是循环往复，那它的边际就不可终结。既然无法确定开始，那它的大道就不可穷尽。'"

二

【正本】

列子曰："昔者圣人因阴阳以统天地，则天地安从生？有太一，有太初，有太始，有太素。太一者，未见气也；太初者，气之始也；太始者，形之始也；太素者，质之始也。气形质具而未相离，故曰浑沌。视之不见，听之不闻，揗之不得，故曰一也。一者，形变之始也，清轻者上为天，浊重者下为地。"

【原文】

子列子曰："昔者圣人因阴阳以统天地。夫有形者生于无形，则天地安从生？故曰：有太易，有太初，有太始，有太素。太易者，未见气也；太初者，气之始也；太始者，形之始也；太素者，质之始也。气形质具而未相离，故曰浑沦。浑沦者，言万物相浑沦而未相离也。视之不见，听之不闻，循之不得，故曰易也。易无形埒，易变而为一，一变而为七，七变而为九。九变者，究也；乃复变而为一。一者，形变之始也。清轻者上为天，浊重者下为地，冲和气者为人；故天地含精，万物化生。"

【清源】
昔者圣人因阴阳以统天地，则天地安从生

原文为：昔者圣人因阴阳以统天地。夫有形者生于无形，则天地安从生？

这句话的清源，必须要从文本的整体入手。文本的整体，显然是要回答天、地是如何生成的，文本的落脚点"清轻者上为天，浊重者下为地"极其清晰地回答了这个问题，任何看不清这个思路的解注，都必定会出现方向性错误。由此，"夫有形者生于无形"这句完全无关主题的话，必须删除。

有太一，有太初，有太始，有太素

原文为：

故曰：有太易，有太初，有太始，有太素。

删除"故曰"。明显没有"故曰"的语境需要，应该是后世解注者完全不理解文本而作的妄加。

改"有太易"为"有太一"。原文整体错陋不堪，明显有外语杂入。杂入的始作俑者，应该是一位对易学和老学有过那么一丁点阅读但天赋却相当平庸的人。后世注家如果不能将杂入的部分分辨出来并予以坚决剔除，就同时折射出注家的能力和水平不够。幸运的是，由于最初的文本相当齐整，坚硬紧凑得就好比钻石，外来的杂入部分再怎么附着其上，只要后人用力用心洗刷，钻石还是能还原出它熠熠生辉的本性。从原文"一者，形变之始也"看，"太易"的介入，没有理由，定当删除。后文相应部分也已经作了相应改动，如无必要，不再提及。

气形质具而未相离，故曰浑沌。视之不见，听之不闻，播之不得，故曰一也

原文为：气形质具而未相离，故曰浑沦。浑沦者，言万物相浑沦而未相离也。视之不见，听之不闻，循之不得，故曰易也。易无形埒，易变而为一，一变而为七，七变而为九。九变者，究也；乃复变而为一。

改"浑沦"为"浑沌"。浑沌已经是一个字形固定且含义也相对固定了的词，完全没有必要在所谓的文化多样性或是保持古语原样的蛊惑下，再混入"浑沦"一词。

删除"浑沦者，言万物相浑沦而未相离也"。明显是前面提及的那个智力相当平庸的人，以为自己比别人聪明，且以为别人的理解力为零，才对本已简明得不能再简明、清楚得不能再清楚的"气形质具而未相离，故曰浑沌"所作的冗注。

改"循之不得"为"揗之不得"。理由一，视、听、揗三者要词性一致，都表示感官上的。如果是循，则是精神上的。理由二，循是道家的常用词，表示通达最高境界的一种合道手段。比如，《黄帝见知》之《前道第二一》就相当直接而简明："道有原而无端，用之者实，弗用者空，合之而溢美，循之而有常"意思是说："大道有它的本原，却又无边无际，用过它的人会觉得它很真实，没用过它的人会觉得它很空泛，人们的行为跟它相吻合时，它就会洋溢出美好，依循它而行动时，就会发觉其中有规律。"理由三，可以找到合理的依据。《老子见微》第14章是这么说的："视之而弗见，名之曰微。听之而弗闻，名之曰希。揗之而弗得，名之曰夷。三者不可至计，故困而为一。"意思是说："怎么看都绝对看不见，可以把它取名为微。怎么听都绝对听不到，可以把它取名为希。怎么摸都绝对摸不着，可以把它取名为夷。微、希、夷这些名怎么都不能精准表达这个东西，所以只能把它看作一。"

改"故曰易也"为"故曰一也"。回看清源后的【正本】，一目了然。

删除"易无形埒，易变而为一，一变而为七，七变而为九。九变者，究也；乃复变而为一"。接受并理解了前面的所有【清源】，则这里的删除，自然而然，水到渠成。

一者，形变之始也，清轻者上为天，浊重者下为地

原文为：一者，形变之始也。清轻者上为天，浊重者下为地，冲和气者为人；故天地含精，万物化生。

中间一定要用逗号而不能是句号，以使文本逻辑清晰，义理连贯，主旨突出。再强调一下，文本的主旨是天、地是如何形成的。

删除"冲和气者为人；故天地含精，万物化生"。这句明显是完全不明了文本主旨的后世注家，想顺带说明人是如何产生的狗尾续貂的产物。

【见一】
昔者圣人因阴阳以统天地，则天地安从生

这个问题的提出，本身就需要极大的能力。也就是说，列子能提出这个问题，一定说明他已经对"天地万有和阴阳冲和而生成天下万有"有过深入研究和思考。他已经通过学习圣人获得了知识：天地万有都是由阴阳二性来统合的。这是什么意思呢？估计列子研读过《老子》。《老子见微》第41章有这样的说辞："反也者，道之动也。弱也者，道之用也。天下之物生于有，有生于无。道，生一一，生二二，生三三，生万物。万物负阴而抱阳，冲气以为和。"意思是说："无与有的对立统一，就是道起作用的原理。以无的形式存在的弱，就是道起作用的原力。任何有形存在的物都必定生自其他物，任何物又必定生于使其存在的无形的无。道，它不仅只生成某一物，某二物，某三物，它生成一切物。一切物都外负阴而内抱阳，通过阴阳二气相冲相和而成。"可是，即便列子我信服老子您这一套关于天地万有生成的思想，但天、地本身又是怎么来的呢？这相当于一个马克思主义的学习者，当看到马克思说"世界是物质的，物质是运动的，运动是有规律的"时，不由自主地问："那世界是怎么来的？"对于列子的问题，《老子》其实是有答案的，只是不那么直接和明显而已，又或是列子在研读《老子》时，还没有学完或没学到位，就发出了这么一问，并接着自顾自又对这一问做了自己很肯定的回答。

有太一，有太初，有太始，有太素

本来完全无须单拿这段话出来见一，奈何过往各注家无不对它们进行了解读，才无可奈何出来啰唆一下，以免不愿或不敢思考的读者被误导。这四句话的含义，哪里还需要他人解说？文本本身解说得十分清楚。所谓太一，就是"未见气也"，即气还没出现；所谓太初，就是"气之始也"，即气已经开始了；所谓太始，就是"形之始也"，即事物的形式已经开始了；所谓太素，就是"质之始也"，即事物的属性或本质已经开始了。从纯粹的自然哲学

角度说，这段话其实是不那么对的，天才思想家庄子的话才对。《庄子见独》之《知北游》篇天才而唯美地指出：

> 物物者与物无际，而物有际者，所谓物际者也。不际之际，际之不际者也，谓盈虚衰杀。彼为盈虚非盈虚，彼为衰杀非衰杀，彼为本末非本末，彼为积散非积散也。

这段天书般的文字，不用白话翻译过来，一般读者是看不懂的，尽管用白话也可能还是不懂，但有总比没有好：

> 造物主与它所造的物没有际限。而所谓凡物都有际限的说法，说的只是物与物之间的际限。当大道作用于物，而物又归往大道时，就形成了所谓的盈虚衰杀。大道造成了盈虚但它自身并没有盈虚，大道造成了衰杀但它自身并没有衰杀，就仿佛大道造成了本末但它本身并没有本末，大道造成了积散但它本身并没有积散一样。

理解起来很烧脑，但很深邃，具有真理的意味，很值得反复回味。

气形质具而未相离，故曰浑沌

气。就是"太初者，气之始也"的气。

形。就是"太始者，形之始也"的形。

质。就是"太素者，质之始也"的质。

具。就是具备的具。

未相离。就是气、形、质三者还处于太一状态，没有相互分离。

浑沌。就是太一的属性。庄子也喜欢用浑沌，含义跟这里的差不多，鉴于这里浑沌的含义已经非常清晰、明确，没有任何理解上的困难，所以就不引用了。

【今译】

列子说："很久很久以前，圣人就因顺阴阳这对概念来统合天、地，可是，这天、地又是怎么生成出来的呢？有太一，有太初，有太始，有太素。所谓太一，就是气还没出现；所谓太初，就是气已经出现；所谓太始，就是形式已经出现；所谓太素，就是质料已经出现。气、形式、质料三者聚合一块而不互相分离，故叫浑沌。浑沌又因为看它看不见，听它听不着，摸它摸不到，就只好统称它为一。只有这个太一的一，才是形式变化的真正开始，其中清而又轻的部分，上升后就生成了天，浊而又重的部分，下沉后就生成了地。"

三

【正本】

列子曰："天地无全功，圣人无全能，万物无全用。天职生覆，地职形载，圣职教化，物职所宜。生覆者不能形载，形载者不能教化，教化者不能违所宜，所宜者不出所位。"

【原文】

子列子曰："天地无全功，圣人无全能，万物无全用。故天职生覆，地职形载，圣职教化，物职所宜。然则天有所短，地有所长，圣有所否，物有所通。何则？生覆者不能形载，形载者不能教化，教化者不能违所宜，宜定者不出所位。故天地之道，非阴则阳；圣人之教，非仁则义；万物之宜，非柔则刚：此皆随所宜而不能出所位者也。故有生者，有生生者；有形者，有形形者；有声者，有声声者；有色者，有色色者；有味者，有味味者。生之所生者死矣，而生生者未尝终；形之所形者实矣，而形形者未尝有；声之所声者闻矣，而声声者未尝发；色之所色者彰矣，而色色者未尝显；味之所味者尝矣，而味味者未尝呈：皆无为之职也。能阴能阳，能柔能刚，能短能长，能圆能方，能生能死，能暑能凉，能浮能沉，能宫能商，能出能没，能玄能黄，能甘能苦，能膻能香。无知也，无能也，而无不知也，而无不能也。"

【清源】

天职生覆，地职形载，圣职教化，物职所宜

原文为：故天职生覆，地职形载，圣职教化，物职所宜。然则天有所短，地有所长，圣有所否，物有所通。何则？

删除"故天职生覆"中的"故"字。文本内在逻辑清晰，完全没有"故"的需要，极大可能是后世注家因没有读懂文本的内在逻辑而所作的妄加。

删除"然则天有所短，地有所长，圣有所否，物有所通。何则"。它所欲表达的意思，"生覆者不能形载，形载者不能教化，教化者不能违所宜，所宜者不出所位"已经有了极其清晰且具体的表达，所以，它很有可能是后世注家的自我设问而杂入了正文。

生覆者不能形载，形载者不能教化，教化者不能违所宜，所宜者不出所位

原文为：生覆者不能形载，形载者不能教化，教化者不能违所宜，宜定者不出所位。故天地之道，非阴则阳；圣人之教，非仁则义；万物之宜，非柔则刚：此皆随所宜而不能出所位者也。故有生者，有生生者；有形者，有形形者；有声者，有声声者；有色者，有色色者；有味者，有味味者。生之所生者死矣，而生生者未尝终；形之所形者实矣，而形形者未尝有；声之所声者闻矣，而声声者未尝发；色之所色者彰矣，而色色者未尝显；味之所味者尝矣，而味味者未尝呈：皆无为之职也。能阴能阳，能柔能刚，能短能长，能圆能方，能生能死，能暑能凉，能浮能沉，能宫能商，能出能没，能玄能黄，能甘能苦，能膻能香。无知也，无能也，而无不知也，而无不能也。

被删除的部分，一看就知道是后世多个时期的多个注家的多次杂入，跟经文的核心主题都有十万八千里之遥。它们的杂入，直接导致文本的不可理解和中心丢失，严重误导后人，故必须坚决删除。删除后的正本，简明清晰，配享经文美名。

【见一】

天地无全功

从后文"天职生覆，地职形载"看，"天地"显然不是整体或哲学意义上的天地，而是天和地。整体或哲学意义上的天地，其实是有全功的。由此可

见,《列子》的某些措辞还是相对严谨的。

教化者不能违所宜

从文本的内在逻辑出发,"所宜"显然应该仅指"物",不包括"天"和"地"。但如果从一般抽象的理解出发,把"所宜"包括天和地进去,也是可以的,并且也是符合逻辑的。否则,教化者的职能就大大受限。

所宜者不出所位

"所宜者"当然是指前文的"物"。物的"不出所位"是什么意思呢? 其实很简单,换句话表达,就是当物以物的名出现时,都有它的内在规定性。超出这个内在规定性,物就"出所位",就趋向死亡。老子对这一思想的论述,深邃唯美,远胜此句。《老子见微》第32章这样说:"道,恒无名、朴、唯小,而天下弗敢臣侯王若能守之,万物将自宾。天地相浴,以俞甘洛。民莫之令而自均焉,始制有名。名亦既有,夫亦将知止,知止所以不殆。"意思是说:"道,始终不受制于名,始终质朴,始终以小为本,故没有任何东西可以使它臣服。侯王如能坚守这个道理,则天下百姓都将自动归顺。无与有相冲相和,生成天下万有。万有中的民众在不受外来干涉而自为自化时,道所分施的万有才被制定出名。名一旦被制定,就应当知道它的限度所在,知道限度所在就不会有什么危殆。"

【今译】

列子说:"天地无全功,圣人无全能,万物无全用。上天的职能是覆盖,大地的职能是形载,圣人的职能是教化,物体的职能是适宜。上天的覆盖职能载不了形,大地的形载职能进行不了教化,圣人的教化职能不能违背物体自身的内在属性,物体自身的职能则不能超出它内在的属性。"

四

【原文】

子列子适卫，食于道，从者见百岁髑髅，攓蓬而指，顾谓弟子百丰曰："唯予与彼知而未尝生未尝死也。此过养乎？此过欢乎？种有几：若蛙为鹑，得水为继，得水土之际，则为蛙蠙之衣。生于陵屯，则为陵舄。陵舄得郁栖，则为乌足。乌足之根为蛴螬，其叶为胡蝶。胡蝶胥也，化而为虫，生灶下，其状若脱，其名曰鸲掇。鸲掇千日化而为鸟，其名曰乾余骨。乾余骨之沫为斯弥。斯弥为食醯颐辂。食醯颐辂生乎食醯黄軦，食醯黄軦生乎九猷。九猷生乎瞀芮，瞀芮生乎腐蠸，羊肝化为地皋，马血之为转邻也，人血之为野火也。鹞之为鹯，鹯之为布谷，布谷久复为鹞也。燕之为蛤也，田鼠之为鹑也，朽瓜之为鱼也，老韭之为苋也。老羭之为猿也，鱼卵之为虫。亶爰之兽自孕而生曰类。河泽之鸟视而生曰鹢。纯雌其名大要，纯雄其名稚蜂。思士不妻而感，思女不夫而孕。后稷生乎巨迹，伊尹生乎空桑。厥昭生乎湿。醯鸡生乎酒。羊奚比乎不笋。久竹生青宁，青宁生程，程生马，马生人。人久入于机。万物皆出于机，皆入于机。"

【见一】

既看不出有价值的思想，也看不出有根据的科学，故不解、不注、不译。

五

【原文】

《黄帝书》曰："形动不生形而生影，声动不生声而生响，无动不生无而生有。"形，必终者也。天地终乎？与我偕终。终进乎？不知也。道终乎本无始，进乎本不久。有生则复于不生，有形则复于无形。不生者，非本不生者；无形者，非本无形者也。生者，理之必终者也。终者不得不终，亦如生者之不得不生。而欲恒其生，画其终，惑于数也。精神者，天之分；骨骸者，地之分。属天清而散，属地浊而聚。精神离形，各归其真；故谓之鬼。鬼，归也，归其真宅。黄帝曰："精神入其门，骨骸反其根，我尚何存？"

【见一】
完全不知所云。

个人判断，也是了无价值，故不解、不注、不译。

六

【正本】
人自生至终，大化有四：婴孩也，少壮也，老耄也，死亡也。

其在婴孩，则气专志一，和之至也，物不伤焉，德莫加焉。

其在少壮，则血气飘溢，欲虑充起，物所攻焉，德故衰焉。

其在老耄，则欲虑柔焉，体将休焉，物莫先焉。

其在死亡，则止于息焉，反其极矣。

【原文】
人自生至终，大化有四：婴孩也，少壮也，老耄也，死亡也。其在婴孩，气专志一，和之至也；物不伤焉，德莫加焉。其在少壮，则血气飘溢，欲虑充起；物所攻焉，德故衰焉。其在老耄，则欲虑柔焉；体将休焉，物莫先焉。虽未及婴孩之全，方于少壮，间矣。其在死亡也，则之于息焉，反其极矣。

【见一】
首先，文本无论怎么理解，思想价值都不大。其次，所描述的现象，事实依据严重不足。最后，不知道作者的意图何在。

理性的后人，不应该为前人的错误费心费力，应该集中心力将值得做的事，做到极致。

只是，文本并不错陋不堪，为帮助可能有兴趣的读者理解，特对其做了更加简明、直观的【正本】，但不解、不注、不译。

七

【正本】

孔子游于泰山，见荣启期行乎郊野，食求衣索，鼓琴而歌。

孔子问曰："先生所以乐，何也？"

荣启期对曰："吾乐甚多。天生万物，唯人为贵，吾得为人，是一乐也；男女之别，男尊女卑，吾既得为男，是二乐也；人有不见日月不免襁褓者，吾既已行年九十矣，是三乐也。贫者士之常，死者人之终，处常待终，当何忧哉？"

孔子曰："善乎！能自宽者也。"

【原文】

孔子游于太山，见荣启期行乎郕之野，鹿裘带索，鼓琴而歌。孔子问曰："先生所以乐，何也？"对曰："吾乐甚多。天生万物，唯人为贵。而吾得为人，是一乐也。男女之别，男尊女卑，故以男为贵；吾既得为男矣，是二乐也。人生有不见日月，不免襁褓者，吾既已行年九十矣，是三乐也。贫者士之常也，死者人之终也，处常得终，当何忧哉？"孔子曰："善乎！能自宽者也。"

【清源】

孔子游于泰山，见荣启期行乎郊野，食求衣索，鼓琴而歌

原文为：孔子游于太山，见荣启期行乎郕之野，鹿裘带索，鼓琴而歌。

改"太山"为"泰山"。理由一，太山就是泰山，后世注家更是一致将太山解注为泰山，这实在多此一举，直接勇敢地恢复被错写了的文字就行，无须弯弯绕绕。理由二，猜想泰山变为太山，无非是某个迷信心理极其严重的

人，或是总喜欢装腔作势的人，觉得太山比泰山更具神圣感，因为太就是太上皇，就是太极。理由三，这个典故，《孔子家语·六本》也有记载，其中泰山就是泰山，而不是太山。荣启期虽然是一位隐者，但应该是一个真实的历史人物，《淮南子》等书也有记载，所以，泰山也就更可能真实。理由四，中国确实有一座山叫太山，在今山西太原的西南方向。如果这里也写作太山，徒增理解的麻烦，更经不起好事者的追问。所以，不如正本清源，一并改之。

改"行乎郊之野"为"行乎郊野"。理由一，一切典故只不过是想要清晰明确地传达一种有价值的思想，而不是典故本身的人名、地名等，因为人名和地名的任何改变，都丝毫不改变典故本身想要传达的思想。比如，接下来的那个典故里，"林类年且百岁，底春被裘，拾遗穗于故畦，并歌并进。孔子适卫，望之于野"就没有具体的地名。理由二，"文以载道"中的"文"是手段，在"载道"的效果完全一致的情况下，"文"当然是越简约越好，因为越简约就越利于道的传播。"行乎郊之野"显然就没有"行乎郊野"简单，一般人很容易就被这个"郊"字所困住，想必一般人都有这种阅读体验。理由三，原文说不定就是"郊"，只是后来被误抄成了"郊"之后，再后来就无人敢再改过来而已。理由四，清源后的正本不会导致任何理解上的偏差，但大大增加了阅读上的顺畅感，从而有利于将理解的重心放到该放的地方去。

改"鹿裘带索"为"食求衣索"。这个改动，因为幅度太大而又没有确凿外来依据，很可能再次招来骂名。但真金不怕火炼，骂得再火，真金还会是真金。由于文本整体的需要，一切过往注家都不得不将"鹿裘带索"解读为一种贫寒的象征。至于"鹿裘带索"怎么就有了贫寒的意义，就不得而知了。比如，"鹿裘"大都被解读为鹿皮衣，但转念一想，鹿皮衣似乎很不合贫寒的语境需要，于是就补加一句"泛指一般比较粗劣的皮衣或是低劣的冬衣"之类的话，这其实是很难让人信服的。再怎么训诂，也从"鹿裘"中训不出粗劣或低劣的意思。如果硬要说古人就是这么说的，那确实真够粗劣的。更有意思的是，大家实在都不知道"带索"究竟是个什么东西，但觉得既然连鼎鼎大名的荣启期都"鹿裘带索"了，那如果自己也跟着"鹿裘带索"，那就十分心安理得了。于是，纷纷见贤思齐。比如，备受历代失意人士所推崇的陶渊明就咏诗赞曰："荣叟老带索，欣然方弹琴。原生纳决履，清歌畅商音。重华去我久，贫士世相寻。弊襟不掩肘，藜羹常乏斟。岂忘袭轻裘，苟得非所钦。赐也徒能辨，乃不见吾心。"看来，古人，尤其是像陶渊明这么有名的古人，从来就是一些失意人士争相抢戴的帽子，因为它既可挡风，还可遮雨，关键时刻，甚至可以用来蒙面。其实，陶渊明在人类光辉灿烂的历史中，实在不应该受到如此的推崇。一切逃避现实的人，都不应该受到推崇。唯有敢于直面惨淡人生的人，才值得推崇。比如，历史中一切革命性的人物如马克思、列宁等。庄子在其《缮性》篇中一言破顶："隐故不自隐。古之所谓隐士者，非伏其身而弗见也，非闭其言而不出也，非藏其知而不发也。"或许由于对陶渊明的推崇，后世出现了更多的"鹿裘带索"跟随者，这里就不一一说了。顺便要说的是，中国的隐士文化，只是一种文化，完全不值得推崇为文明，就如烧香拜佛只是一种文化，完全不值得推崇为文明一样。中国或整个人类最该被推崇的文明就是《周易》的"天行健，君子以自强不息"思想。否则，人就不成为人，就对不起上天对人的理性的预赋。啰唆了这么一大堆，那改"鹿裘带索"为"食求衣索"的合理性和依据到底是什么呢？就合理性来说，"食求衣索"不但形式跟"鹿裘带索"近似，义理上更贴合典故本身贫寒的语境需要。就依据来说，纯粹理性的高度动用，就是依据。具体来说，"鹿"可能是食的误辨误抄，"带"可能是衣的误辨误抄，"裘"与"求"在古代本来就同字。从贫寒的语境需要来看，荣启期"食求衣索"，就是指荣启期的吃与穿都来自他对他人的求与索，也即乞讨，这其实非常类似于欧洲过去流浪艺人的生活方式。这个修正虽然严重缺乏事实依据，但容易理解，比同样缺乏事实依据但完全无法理解的"鹿裘带索"明显要好。

天生万物，唯人为贵，吾得为人，是一乐也

原文为：天生万物，唯人为贵。而吾得为人，是一乐也。

改句号为逗号，去掉"而"，以使文本简明洗练，与整体和谐一致。

男女之别，男尊女卑，吾既得为男，是二乐也

原文为：男女之别，男尊女卑，故以男为贵；吾既得为男矣，是二乐也。

"故以男为贵"明显冗余，删除。

贫者士之常，死者人之终，处常待终，当何忧哉

原文为：贫者士之常也，死者人之终也，处常得终，当何忧哉？

去掉句中的两个"也"字，以使文本形式、义理更为自然、流畅。

改"处常得终"为"处常待终"。应该是后人抄误，因为这话是荣启期说的。既然是荣启期说的，那就证明他还活着，不可能是"得终"，只能是"待终"。

【见一】

清源后的文本，简明清晰，没有特别难以理解的地方，也没有需要特别说明的地方。

【今译】

孔子出游来到了泰山，看到荣启期在城郊游荡，吃的穿的都是乞讨而来，竟然还一边鼓琴，一边放歌。

孔子于是问："先生您如此快乐，因为什么啊？"

荣启期回答说："就因为我的快乐很多啊。在上天所创生的一切中，唯有人最为尊贵，我受创而为人，是一乐啊。男女有别，男的尊贵，女的卑贱，我受创而为男人，是二乐啊。有些人还没出生就死了，有些人刚出生就死了，而我现在已经行年九十了，是三乐啊。贫寒是人的常态，死亡是人的归宿，我身处常态之中，又静待死亡的降临，我有什么可以忧心的呢？"

孔子说："不错啊！真是一位能自我宽慰的人。"

八

【正本】

林类年且百岁，底春披裘，拾遗穗于故畦，并歌并进。

孔子适卫，望之于野，顾谓弟子曰："彼叟可与言，试往讯之。"

子贡请行。逆之垅端，面之而叹曰："先生曾不悔乎，而行歌拾穗？"

林类行不留，歌不辍。子贡叩之不已，乃仰而应曰："吾何悔耶？"

子贡曰："先生少不勤行，长不竞时，老无妻子，死期将至，亦有何乐而拾穗行歌乎？"

林类笑曰："吾之所以为乐，人皆有之，而反以为忧。少不勤行，长不竞时，故能寿若此；老无妻子，死期将至，故能乐若此。"

子贡曰："寿者，人之情。死者，人之恶，子以死为乐，何也？"

林类曰："死之与生，一往一反。死于是者，安知不生于彼？若其不相若矣，吾又安知营营而求生非惑乎？亦又安知吾今之死不愈昔之生乎？"

子贡闻之，不喻其意，还。

以告夫子，夫子曰："吾知其可与言，果然。"

【原文】

林类年且百岁，底春被裘，拾遗穗于故畦，并歌并进。孔子适卫，望之于野。顾谓弟子曰："彼叟可与言者，试往讯之！"子贡请行。逆之垅端，面之而叹曰："先生曾不悔乎，而行歌拾穗？"林类行不留，歌不辍。子贡叩之不已，乃仰而应曰："吾何悔邪？"子贡曰："先生少不勤行，长不竞时，老无妻子，死期将至：亦有何乐而拾穗行歌乎？"林类笑曰："吾之所以为乐，人皆有之，而反以为忧。少不勤行，长不竞时，故能寿若此。老无妻子，死期将至，故能乐若此。"子贡曰："寿者人之情，死者人之恶。子以死为乐，何也？"林类曰："死之与生，一往一反。故死于是者，安知不生于彼？故吾知其不相若矣。吾又安知营营而求生非惑乎？亦又安知吾今之死不愈昔之生乎？"子贡闻之，不喻其意，还以告夫子。夫子曰："吾知其可与言，果然；然彼得之而不尽者也。"

【清源】

底春披袋

原文为：底春被裘。

改"被"为"披"。过往注家一般都将被解释为披的通假，实在不知道这种坚持有什么意义。明明就是一个极其显明的错误，改过便是，为何要死死坚持通假一说？即便古代某一时刻确实就是"被"与"披"同字，但当后来两字有了确切分工后，也应该按后来发展了的用法用，而不能死守曾经，这不仅应成为共识，更应成为常识。

改"裘"为"袋"。裘没有语境需要，袋则很明显。既然去拾穗，当然要背个袋子。古代的袋子多是搭在肩上，故曰：披。所以，"裘"应是"袋"的误认误抄。后世注家如果匍匐于前人脚下而不敢有丝毫己见，其实是无意识的自我矮化。

吾何悔耶

原文为：吾何悔邪？

"邪"一定是过去某个时刻某个人对"耶"的误抄然后被后人死守而流传，全书统改，不再一一提及。同时，借此强烈建议所有古书有类似现象的，一律改正，不再提及是通假字。

寿者，人之情。死者，人之恶，子以死为乐，何也

原文为：寿者人之情，死者人之恶。子以死为乐，何也？

这句话的改动，主要是标点符号。过往注家的句读，存在严重而明显的缺陷，明显是因为没有把握到文本的文脉。文本的文脉其实十分清晰，那就是子贡对林类"少不勤行，长不竞时，故能寿若此"的乐很容易理解，因为那是人之常情。令子贡不能理解的，是林类的"老无妻子，死期将至，故能乐若此"。所以，句读不可能是【原文】那样，而只能是【正本】这样。

若其不相若矣

原文为：故吾知其不相若矣。

改"故吾知"为"若"，不改则文本义理难以贯通，非改不可，看看【今译】就会立马明白。

吾知其可与言，果然

原文为：吾知其可与言，果然；然彼得之而不尽者也。

好的典故其故事当首尾相顾。只有"吾知其可与言，果然"这样的尾，才能很好地与"彼叟可与言，试往讯之"那样的首相顾。所以，"然彼得之而不尽者也"必须删除。再者，这句话难以理解。很明显，文中林类是有道者的象征，是孔子要弟子学习、理解的榜样，不可能最后得出"然彼得之而不尽者也"这样明显前后矛盾的结论。如果最后这句话不删除，则应改为"然汝得之而不尽者也"。但如果这样改，则故事的完整性又会遭到破坏，所以还是删除好。

【见一】
林类年且百岁，底春披裘，拾遗穗于故畦，并歌并进

底春披裘。作为文本，这句话其实表达得非常不好，太过雕琢，容易导致理解上的困难。比如，过往注家就因为这个困难而把握不到整体文脉，直接导致不管不顾地把"底"看作是"抵"的通假，于是"底春"就无可奈何地被解读为"到了春天"。可是，任何句子的含义，都得受制于语境。完全离开语境的字、词、句，其含义可以是任意的，正如完全离开社会的个人，其行为可以是任意的一样，无所谓对与不对。这对于人类的理解需要而言，除了可能偶尔产生的娱乐效果外，完全没有任何意义。试想，林类已经上百的年纪了，人生经验不可谓不丰富，且能说出后面那一大段颇具哲理的话，他还会老眼昏花到"到了春天"去田野里捡拾遗穗吗？能捡到一棵遗穗吗？因为单从文本看，故事的发生地一定在北方，所以，穗的稻穗含义是一定要排除的，只能是麦穗。如果是麦穗，那开春时有遗穗可拾？如果有人说遗穗可以是往年的，那往年的遗穗到了春天，还能是遗穗？应该早就是麦芽了。由此可知，"底春"只能是底春而不可能是"抵春"，意思是春天的末期，这个时候正是麦子的收割季节，正有大量的遗穗可拾。捡拾遗穗这事，出身农村的本人，小时候还亲身经历过，既捡拾过麦穗，也捡拾过稻穗。在那个特定时代，这个行为并不丢人。那个时代，捡拾狗屎牛粪都不丢人，捡拾遗穗更不算丢人，都是劳动的一种。子贡面之而叹："先生曾不悔乎，而行歌拾穗？"正反映出一些读书人的悲剧所在。所以，这个典故的设计者，还特意安排了

"子贡闻之，不喻其意，还以告夫子"这句话，以表达对纯粹书生的某种不屑。

遗穗。在完全的手工劳动时代，收割时总无可避免要遗失一些，尽管它是长期极其辛苦劳作后快要到嘴了的食物，但因为收割工作实在太苦累了，所以根本不可能细心到应收尽收，总会遗失一些，任何有过亲身经历的人都容易明白。

故畦。这个词也过于雕琢，所以无法传播与遗留。造词要学造词庄子，清新而自然，自然而深邃。故，就是故居、故旧的故。畦，音 qí，古代称田五十亩为一畦。

逆之垅端

过往注家大多可能因为场景想象能力不足，擅自将作者的心血用字"逆"解注为"迎"，简直胡闹。这个故事的场景其实铺垫得十分浓厚，子贡在开口说话前，心里其实早就说出了"先生曾不悔乎，而行歌拾穗？"这句话，所以，他的话是居高临下面对林类叹息着说的。这样的场景铺垫，作者"逆"字选用的意图就很清晰，表示子贡一开始就对林类充满着大不敬。本人不是权威，可能会有人嗤之以鼻，觉得是钻牛角尖，自以为是，那就不妨给出个权威的，看看先贤的行文究竟是怎样的精微高妙，精雕细琢。庄子《在宥》篇中有这么一则寓言：

黄帝立为天子十九年，令行天下，闻广成子在于空同之上，故往见之，曰："我闻吾子达于至道，敢问至道之精。吾欲取天地之精，以佐五谷，以养民人，吾又欲官阴阳以遂群生，为之奈何？"

广成子曰："尔所欲问者，物之质也；尔所欲官者，物之残也。自尔治天下，云气不待族而雨，草木不待黄而落，日月之光益以荒矣。尔佞人之心翦翦者，又奚足以语至道！"

黄帝退，捐天下，筑特室，席白茅，闲居三月，复往邀之。广成子南首而卧，黄帝顺下风膝行而进，再拜稽首而问曰："闻吾子达于至道，敢问治身奈何而可以长久？"

广成子蹶然而起，曰："善哉问乎！来，吾语汝至道：至道之精，窈窈冥冥；至道之极，昏昏默默。无视无听，抱神以静，形将自正。必静必清，无劳汝形，无摇汝精，乃可以长生。慎汝内，闭汝外，多知为败。我为汝遂于大明之上矣，至彼至阳之原也；为汝入于窈冥之门矣，至彼至阴之原也。天地有官，阴阳有藏，慎守汝身，物将自壮。我守其一以处其和，故我修身千二百岁矣，吾形未常衰。"

黄帝再拜稽首曰："广成子之谓天矣！"

《庄子见独》中有关于这则寓言的详尽解读，但为方便当下阅读起见，全文照抄原翻译如下：

黄帝治理天下已经有十九个年头了，一直以来都能令行天下，一天他听说广成子来到了空同这地方，于是前往拜会，他问："我听说您老已经达到了道的最高境界，能问问道的最高境界究竟是什么样吗？我问的目的是想借此以取天地之精，以佐五谷，以养民人，我还想通过对阴阳的管治以驾驭我的全部子民，您认为这行得通吗？"

广成子回答说："你所想要问的，是事情的内在本质。可你想要管的，却是事情的外在形式。自从你治理天下以来，云气还没有凝聚就变成雨水了，草木还没有枯黄就落到地上了，太阳和月亮的光芒也是越来越暗淡了。你的心好比工于谄媚的人那样飘忽不定，就这样子哪里还够资格来探讨道的最高境界！"

黄帝回去后，将天下授让给了他人，又特地建了一间屋子，只睡在由茅草铺垫的床上，闲居三个月之后，再去空同拜会广成子。广成子那时正头南脚北躺卧着，黄帝从广成子脚下方膝行而进，再拜稽首而问道："我听说您老人士已经达到了道的最高境界，那请问怎么对待生命而长命百岁？"

广成子闻言鱼跃而起，说："这回问的问题可真好啊！快过来，让我告诉你什么才是道的最高境界：道的最高境界，看上去幽深昏暗，默然无声。你要是能视而不见，听而不闻，聚精会神并回归根性，你的生命就将自然而然趋向正常。然后，你再进一步，将心灵彻彻底底安放在本性之上，不要让你的身体有任何的劳累，也不要让你的精神有任何的摇荡，这样你就可以长命百岁了。你要坚守的只是你先天就有的品质，不是你先天就有的品质一定要将之排除在外，追求你能力之外的知识一定会导致失败。现在，就让我将你成功地带到大明这里来吧，这里可是至阳的原产地。让我将你成功地带到幽深昏暗这里来吧，这里可是至阴的原产地。天地有它自己的管治方式，阴阳有它自己安放的地方，你要做的只不过是依顺你从上天那里所分有的自身，其结果就是万物都将按其自性成长壮大。我始终坚守道的最高境界并始终保持与它合一，所以我现在即便已经一千两百岁了，但身体依然没有任何衰败。"

黄帝再次伏地叩首说："广成子您老人家可以说是真正的天人啊！"

林类行不留，歌不辍。子贡叩之不已，乃仰而应曰："吾何悔耶？"

林类"行不留，歌不辍"，显然不是因为自我陶醉而觉得自己就是整个世界，感觉不到外物的存在。一切真正的有道之士，对外境都是极度敏感的。否则，他就无法清晰理解并精准表达我们这个复杂而精妙的世界。那些把有道之士的与世无争看作是木脑袋的，木的其实是自己，是井蛙不语大海。林类对子贡"逆之垅端，面之而叹"的大不敬，其实早就看在眼里，明在心里，懒得搭理，自然而然"行不留，歌不辍"。但当子贡"叩之不已"时，才"仰而应"。为什么要"仰而应"呢？低着头回答不行吗？低着头说话，大多情况下，不是因为高傲而懒得抬头高看对方一眼，而是因为自卑或不自信而不敢抬头。林类是什么人呢？年且百岁。这本身就是有道的象征，因为古代"人生七十古来稀"，何况百岁。正因为林类对自己有清醒的认识，所以才会"仰而应"，即高高地昂起头回答，典型的不卑不亢。大圣人庄子说得简直不要太好太对。他在他的经典名篇同时也算得上是天下至难名篇《齐物论》中有说："圣人不从事于务，不就利，不违害，不喜求，不缘道，无谓有谓，有谓无谓，而游乎尘垢之外。"意思是说："圣人不在俗务中打转，不刻意趋就好处，不刻意逃避害处，不以被求为喜，不掩饰自己的道行，众人眼中的有，或许就是圣人眼中的无。众人眼中的无，或许又是圣人眼中的有。总之，他游心于尘世之外。"林类虽然在《庄子》中不曾出现，但显然是庄子思想的典型反映。

少不勤行，长不竞时

理解这句话的重心，要放在"勤""竞"两字上。林类并不是不行，他百岁的年纪，还在麦地里捡拾遗穗，怎么能说他不行呢？他只是"不勤行"而已。所谓不勤行，就是不超过行动的应该限度，就是不过劳。今天一些国家的过劳死现象，就是勤行。这也是对"竞时"的解释。当今社会，普遍而严重的中年疲累综合征，就是"竞时"的产物，就像是揠苗助长，其结果，但见花落花败，不见果熟果香。对于这种现象，有句古话说得再好不过："天高则明，地博则厚，事悠则久。"

【今译】

林类已经上了百岁的年纪，竟然还在春末季节，肩上披着一个布袋，到刚刚收割后的大片麦地里，去捡拾遗漏下来的麦穗，一边哼歌，一边前行。

孔子此时刚好到了卫国，在野地里远远看到了这一幕，于是回头对随行的弟子们说："那个老头值得交流交流，你们可以试着前去问问。"

子贡于是自告奋勇。他直接就堵在老头捡拾麦穗方向的尽头，面对着老头叹息着说："先生难道不曾有过后悔什么的吗？竟然还一边哼歌一边捡拾麦穗。"

林类并没有停下脚步，也没有停下歌声。子贡不断地反复叩问，林类这才昂起头回答说："我为什么要后悔啊？"

子贡说："先生年少的时候不辛勤劳作，壮年的时候又不与时间竞跑，现在到了这把年纪，没有妻子，没有孩子，死期也快到了，您有什么可以快乐的呢？竟然还一边捡拾麦穗，一边哼歌！"

林类笑着回答说："我之所以可以这么快乐，其实每个人都有，只是别人反倒把它们看作是忧伤。正因为我年少的时候不辛勤劳作，壮年的时候又没有与时间竞跑，才会长寿到这般地步。正因为到这把年纪了，没有妻子，没有孩子，死期也快到了，才能快乐到这般地步。"

子贡说："长命百岁，可以说是人之常情。但死亡，却是人所不喜欢的，您竟然因为死亡也很快乐，为什么呢？"

林类回答说："死去与活着，一个是回去，一个是回来，如此而已。这边死了，怎么知道不又在那边活了？如果说这边的死与活与那边的死与活不一样，那我又怎么知道对这边生的依依不舍，其实不是一种迷惑，又怎么知道今天这边的死，不比我过去的活要更好呢？"

子贡听到这些话，完全不知道到底是说些什么，于是打道回府。

当他把这些话告诉孔子时，孔子说："我就知道这个老头值得交流交流，果真如此。"

九

【正本】

子贡倦于学，告仲尼曰："愿有所息。"

仲尼曰："生无所息。"

子贡曰："然则赐息无所乎？"

仲尼曰："有焉耳。望其圹，则知所息矣。"

子贡曰："大哉死乎！"

仲尼曰："赐，汝知之矣！人皆知生之乐，未知生之苦；知死之恶，未知死之息也。"

【原文】

子贡倦于学，告仲尼曰："愿有所息。"仲尼曰："生无所息。"子贡曰："然则赐息无所乎？"仲尼曰："有焉耳，望其圹，睪如也，宰如也，坟如也，鬲如也，则知所息矣。"子贡曰："大哉死乎！君子息焉，小人伏焉。"仲尼曰："赐！汝知之矣。人胥知生之乐，未知生之苦；知老之惫，未知老之佚；知死之恶，未知死之息也。晏子曰：'善哉，古之有死也！仁者息焉，不仁者伏焉。'死也者，德之徼也。古者谓死人为归人。夫言死人为归人，则生人为行人矣。行而不知归，失家者也。一人失家，一世非之；天下失家，莫知非焉。有人去乡土、离六亲、废家业、游于四方而不归者，何人哉？世必谓之为狂荡之人矣。又有人钟贤世、矜巧能、修名誉、夸张于世而不知已者，亦何人哉？世必以为智谋之士。此二者，胥失者也。而世与一不与一，唯圣人知所与，知所去。"

【清源】

本寓言的主题十分清晰，就是生无所息，如有所息，则息于死亡。由此，死亡也就成了一种伟大，一种对漫长人生的终极解脱。

只是，不知道究竟因为什么，后人在其上叠加了那么多不可理解的词句，以致原文解读起来艰难，更难以知道寓言主旨所在。还好，清源后的【正本】，简明流畅，主题突出，易于理解。

鉴于清源多是简单删除，只"人胥知生之乐"的"胥"明显是"皆"的错讹，其他都不是十分需要列出的理由，故就此简单别过。

【见一】

子贡倦于学，告仲尼曰："愿有所息。"

子贡。原名端木赐，复姓端木，字子贡，儒商鼻祖，孔门十哲之一。

连子贡这样的人间达人，都疲倦于学，希望能有所歇息，可见人生有多么的辛苦和无奈。本文正是基于这样的人生现实，用寓言的方式来表达对死亡的礼赞。

有焉耳。望其圹，则知所息矣

当子贡听自己的恩师说，人生根本就没有可以歇息的时候，便不由自主地担心起自己来，于是追问："这么说来，我要是真想歇息，还真没地方，是吗？"孔子于是借机将人生的话题提升到一个哲学高度，说："有啊。去看看墓地，就知道你终究会有歇息的地方的。"

圹，音 kuàng，墓穴，亦指坟墓。

大哉死乎

子贡到底是孔门十哲之一，思维敏捷，一点就通，立马就明白了老师的良苦用意，于是不由自主地感叹道："真是伟大啊，死亡！"什么意思呢？孔子的回答简单直接，明明白白："人皆知生之乐，未知生之苦；知死之恶，未知死之息也。"原来对生无所息的漫长人生来说，死亡是一种歇息啊，而且是永久的歇息，所以伟大。

【今译】

子贡学得实在疲倦不堪了，于是告诉孔子说："好想能够停下来歇息歇息啊。"

孔子说："活着就没有可以停下来歇息的时候。"

子贡又问："照老师您这么说，我要真想歇息时，还真没地方，是吗？"

孔子说："有啊。你去看看墓地，就知道是有歇息的地方的。"

子贡感叹说："真是伟大啊，死亡！"

孔子最后回答说："子贡啊，你算是真明白了！人们都知道活着的快乐，但不知道活着的苦累。知道死亡的不好，但不知道死亡其实是一种歇息啊。"

十

【正本】

或谓列子曰："子奚贵虚？"

列子曰："虚者，无贵也。"

【原文】

或谓子列子曰："子奚贵虚？"列子曰："虚者无贵也。"子列子曰："非其名也，莫如静，莫如虚。静也虚也，得其居矣；取也与也，失其所矣。事之破而后有舞仁义者，弗能复也。"

【清源】

基本都是简单删除。熟读经文的人，一看便知应该如此，无须多言。

【见一】

虚者，无贵也

本节经文虽然短小到无以复加，但其所蕴含的微言大义同样无以复加，可以说把虚的哲理推高到了绝对高度，精妙至极，堪称经文宝典。

对于一般人来说，都以实为贵，即以看得见、摸得着、用得到的东西为贵，对看不见、摸不着、用不到的东西，则听着就好，如有人要执意去追之求之，则会倍感不解。正因此，才有人问列子，别人都以实为贵，怎么单单就你要以虚为贵呢？这个极度简单的问题，若不是天才的人回答，大多会一本正经地胡说八道一通，并极大可能自负地以为自己无所不通，无所不晓，一如惠施般伶牙俐齿，胜人之口而不能服人之心。而近乎天才的列子，回答的话使人醍醐灌顶："真正的虚者，是没有所谓的贵与不贵的。"也就是说，真正的虚者，并不以虚为贵。

【今译】

有人问列子说："您为什么要以虚为贵啊？"

列子回答道："真正的虚者，没有什么贵不贵的啊。"

<h1 style="text-align:center">十一</h1>

【正本】

粥熊曰："天地密移，运转无已，谁觉之哉？损盈成亏，往来相接，谁觉之哉？一气不顿进，一形不顿亏，不觉其成，不觉其亏，亦如人自世至老，貌色智态，无日不异，皮肤爪发，随世随落，间不可觉，俟而后知。"

【原文】

粥熊曰："运转亡已，天地密移，畴觉之哉？故物损于彼者盈于此，成于此者亏于彼。损盈成亏，随世随死。往来相接，间不可省，畴觉之哉？凡一气不顿进，一形不顿亏；不觉其成，不觉其亏。亦如人自世至老，貌色智态，亡日不异；皮肤爪发，随世随落，非婴孩时有停而不易也。间不可觉，俟至后知。"

【清源】

天地密移，运转无已，谁觉之哉

原文为：运转亡已，天地密移，畴觉之哉？

改"运转亡已,天地密移"为"天地密移,运转无已"。根据主语应该前置的正常思维逻辑清源。

改"运转亡已"为"运转无已"。"亡"应该只是"无"的误认或误抄而已,根本无需用通假来另做解释。全书统改,如无必要,不再一一说明。

改"畴觉之哉"为"谁觉之哉",一看就知道"畴"是"谁"的抄写错误,后人竟然用通假做解释,实在是死守古人而胆小到不可思议。

损盈成亏,往来相接,谁觉之哉

原文为:故物损于彼者盈于此,成于此者亏于彼。损盈成亏,随世随死。往来相接,间不可省,畴觉之哉?

删除"故物损于彼者盈于此,成于此者亏于彼"。理由一,它无论如何都和前面一句没有因果关系,后人误入的可能性极大。理由二,它对经文来说,在已经有了"损盈成亏"这个句子的情况下,纯属多余。理由三,它跟前文"天地密移,运转无已,谁觉之哉"这样整体的文风不搭。

删除"随世随死"。极大可能是后世注家在没有读懂元典经文的情况下的感言,对比修改后的经文,删除应该是理所当然。

删除"间不可省"。理由一,"天地密移,运转无已,谁觉之哉"就没有这句废话。理由二,它的含义本身就包含在"谁觉之哉"中,所以是废话。

一气不顿进,一形不顿亏,不觉其成,不觉其亏,亦如人自世至老,貌色智态,无日不异,皮肤爪发,随世随落,间不可觉,俟而后知

原文为:凡一气不顿进,一形不顿亏;不觉其成,不觉其亏。亦如人自世至老,貌色智态,亡日不异;皮肤爪发,随世随落,非婴孩时有停而不易也。间不可觉,俟至后知。

去掉句首的"凡"。就经文而言,它完全多余。

按原文的标点符号,经文义理会支离破碎,难以卒读。唯有全部改为逗号,才能紧凑。

删除"非婴孩时有停而不易也"。明显是后人完全无用的注语误入正文。

【见一】

鬻熊

按文理，在《列子》这么一部以人名为书名的书中，突然没前没后地引述他人的一段话，这就好比在《毛泽东选集》里突然没头没脑地出现一段马克思的原话，会显得很是突兀和怪异，因而是十分不合适的。所以，修改时很想直接就把鬻熊改为列子，也确实应该改为列子。但考虑到鬻熊是历史实有人物，还是尊重一下他比较好。商末西周之初，他率部众弃商从周，贵为文王武王帝师，后遂成为楚国奠基者，有《鬻子》一书记录了他的思想，有说它是道家源头之一。《列子》作为道家著作，引用一下道家先贤的某些原话，还算有族有谱。

天地密移，运转无已，谁觉之哉

本章经文的核心句和核心思想所在。其目的，就是想说明天地间的一切，都处在运动之中，但因一切运动都是连续而紧密地进行着，所以它并不那么容易为人所直观察觉到，直至过了一段较长的时间之后。

密移。绝对不能解读为"悄无声息"或是"秘密地迁移变化"，只能解读为"紧密相连的迁移变化"。花开花落、瓜熟蒂落等是密移，是悄无声息。电闪雷鸣、山呼海啸等也是密移，但显然不是悄无声息。而所有这些，都是公开的，毫无秘密可言。经文的意图不在人觉不觉，而在天地移不移。

一气不顿进，一形不顿亏，不觉其成，不觉其亏

很不好理解的一段话。思来想去，觉得"一气不顿进，一形不顿亏"只是比方，是为了形象说明"损盈成亏，往来相接"之"间不可觉"，也即"不觉其成，不觉其亏"。请通过【今译】体会，哪里连贯性和整体性更好些。

随世随落

结合"人自世至老，貌色智态，无日不异"这个语境以及它的主语"皮肤爪发"看，"世"应该跟"无日不异"的"日"等值，表时间。

侔而后知

含义难以清晰解读，估计原文有误，但又不知该如何清源。不过，因为它是"间不可觉"的反面，所以大致意思还是能猜测得到，即间不可觉，间久就可觉。侔，音 sì，没有确切的符合语境需要的义项可供选择，将就理解为"等待"。既然是等待，时间就应该不是"间而"，应该是"久间"。间，表示时间的极其短暂，即接近无间的状态。

【今译】

粥熊有说过："天地总是处在密不可分的变动之中，虽然从来都不曾停止过运转，但有谁真正觉察到了呢？损盈成亏，也一直是你来我往地相接相连，但又有谁真正觉察到了呢？比方说，任何气息都不可能是一下子就发展了的，任何形体都不可能是一下子就亏损了的，人们觉察不到它们的形成，觉察不到它们的亏损，就好比人从一出世直到老死，貌色智态，无时无刻不在发生变异，皮肤爪发，每时每刻都在掉落，短时间里是察觉不到的，只有等过了一段时间后，才有可能觉察到。"

十二

【正本】

杞国有人忧天地崩坠，身无所寄，废寝食者。

又有忧彼之所忧者，因往晓之，曰："天，积气耳，无处无气。若终日在天中行止，奈何忧其崩乎？"

其人曰："天，果积气，日月星宿不当坠也？"

晓之者曰："日月星宿，亦积气中之有光耀者。只使坠，亦不能有气中伤。"

其人曰："奈地坏何？"

晓者曰："地，积块耳，充塞四虚，无处无块。若终日在地上行止，奈何忧其坏？"

其人舍然大喜，晓之者亦舍然大喜。

长庐子闻而笑曰："虹霓也，云雾也，风雨也，此积气之成乎天者也。山岳也，河海也，金石也，此积块之成乎地者也。知积气也，知积块也，奚谓不坏？夫天地，有中之最巨者，难终难穷，难测难识，此固然矣。忧其坏者，诚为太远。言其不坏者，亦为未是。天地不得不坏，则终归于坏。遇其坏时，奚为不忧哉？"

列子闻而笑曰："言天地坏者亦谬，言天地不坏者亦谬。坏与不坏，吾所不能知也。坏与不坏，吾何容心哉？"

【原文】

杞国有人忧天地崩坠，身亡所寄，废寝食者；又有忧彼之所忧者，因往晓之，曰："天，积气耳，亡处亡气。若屈伸呼吸，终日在天中行止，奈何忧崩坠乎？"其人曰："天果积气，日月星宿不当坠耶？"晓之者曰："日月星宿，亦积气中之有光耀者；只使坠，亦不能有气中伤。"其人曰："奈地坏何？"晓者曰："地积块耳，充塞四虚，亡处亡块。若躇步跐蹈，终日在地上行止，奈何忧其坏？"其人舍然大喜，晓之者亦舍然大喜。长庐子闻而笑曰："虹蜺也，云雾也，风雨也，四时也，此积气之成乎天者也。山岳也，河海也，金石也，火木也，此积形之成乎地者也。知积气也，知积块也，奚谓不坏？夫天地，空中之一细物，有中之最巨者。难终难穷，此固然矣；难测难识，此固然矣。忧其坏者，诚为大远；言其不坏者，亦为未是。天地不得不坏，则会归于坏。遇其坏时，奚为不忧哉？"子列子闻而笑曰："言天地坏者亦谬，言天地不坏者亦谬。坏与不坏，吾所不能知也。虽然，彼一也，此一也。故生不知死，死不知生；来不知去，去不知来。坏与不坏，吾何容心哉？"

【清源】

若终日在天中行止，奈何忧其崩乎

原文为：若屈伸呼吸，终日在天中行止，奈何忧崩坠乎？

删除"屈伸呼吸"。理由一，"屈伸呼吸"其实就是行止在某方面的具体化。理由二，奥卡姆剃刀原理指出：如无必要，勿增实体。就语境需要而言，"屈伸呼吸"确实就是增加了的实体。理由三，删除后的【正本】没有任何理解上的文字不足。基于同样原理，删除了后文的"蹈步跐蹈"。

改"崩坠"为"其崩"。按"天果积气，日月星宿不当坠耶？"和"奈何忧其坏"的行文逻辑，天是崩，地是坠，"其"使逻辑清晰。【今译】特地做了全面处理。

虹霓也，云雾也，风雨也，此积气之成乎天者也

原文为：虹蜺也，云雾也，风雨也，四时也，此积气之成乎天者也。

改"虹蜺"为"虹霓"。蜺虽然在古代跟霓所指相同，但既然已经到了现代，既然大家都已习惯"虹霓"而陌生"虹蜺"，就没有必要再拘泥于古代，以造成不必要的解释麻烦，尽管这里的清源本身也麻烦，但可以一劳永逸。

删除"四时也"。无论怎么诡辩，也辩不出四时竟然为积气所成。抄错的可能性不大，原作者没意识到错误的可能性更大。同样道理，删除下句"山岳也，河海也，金石也，火木也，此积形之成乎地者也"的"火木也"，因为"火木也"的火，明显不可能是积块。

夫天地，有中之最巨者，难终难穷，难测难识，此固然矣

原文为：夫天地，空中之一细物，有中之最巨者。难终难穷，此固然矣；难测难识，此固然矣。

删除"空中之一细物"。理由一，这句话就算本身对，也没有语境需要，所以必须删除。理由二，天地之外是否还有天地，本身就是一个毫无价值的伪问题，因为天地本身就是全部，就如说宇宙之外还有宇宙本身就很扯一样。理由三，既然说天地是"有中之最巨者"，那就必定跟"空中之一细物"相矛盾。空是有吗？如果是，则天地既然是"空中之一细物"，那就不可能是"有中之最巨者"。如果不是，那就不能拿来对比，因而也就无所谓的巨、细之别。

巨、细之别，庄子已经以其绝代思想彻底终结了这一问题，其千秋名篇《秋水》是这样说的：

河伯曰："然则吾大天地而小豪末，可乎？"北海若曰："否。夫物，量无穷，时无止，分无常，终始无故。是故大知观于远近，故小而不寡，大而不多，知量无穷。证向今故，故遥而不闷，掇而不跂，知时无止。察乎盈虚，故得而不喜，失而不忧，知分之无常也。明乎坦涂，故生而不说，死而不祸，知终始之不可故也。计人之所知，不若其所不知。其生之时，不若未生之时。以其至小，求穷其至大之域，是故迷乱而不能自得也。由此观之，又何以知毫末之足以定至细之倪，又何以知天地之足以穷至大之域！"

翻译过来就是：

河伯于是问："如果是这样子的话，那我以天地为大而以毫末为小，可以吗？"北海若回答说："不可以的。凡物，从空间上来说无穷无尽，从时间上来说无止无息，从分合上来说无常无恒，从终始上来说无故无定。所以说，真正的有道之人通过对物之远近的观察，看到物并不因为细小就寡少，也并不因为巨大就众多，所以就知道物在空间上是无穷无尽的。通过对物之今故的证实，看到物并不因为远在未来就郁闷，也并不因为近在眼前就热烈，所以就知道物在时间上是无止无息的。通过对物之盈虚的考察，看到物并不因为得到什么就喜悦，也并不因为失去什么就忧愁，所以就知道物在分合上是无常无恒的。通过对物之坦涂的探究，看到物并不因为活着就美好，也并不因为死去就灾难，所以就知道物在终始上是无故无定的。严格考究起来，人所能知道的是比不上他所不能知道的，就好比人活着的时光比不上人没活的时光一样。人是这样的极度渺小，而物却是这样的极度宏大，人如果想要穷尽物，必定是走向迷乱不堪而失去了自己。由此观之，人怎么就能确定毫末就足以表示最小的存在，又怎么就能确定天地就足以表示最大的存在呢？"

如需更精细详尽的理解，请参阅《庄子见独》的《秋水》篇。
删除前一个"此固然矣"。明显冗余，务必删除。

诚为太远

原文为：诚为大远。

完全没有必要拘泥于所谓的原文而不能自拔，原文很可能原本就是错抄的产物，没必要用通假做无谓的解释。

终归于坏

原文为：会归于坏。

据古文，尤其是经文的文字和义理需要，改"会"为"终"最为合适。原文很可能本就是终，只是抄写错误才成了"会"。

坏与不坏，吾所不能知也。坏与不坏，吾何容心哉

原文为：坏与不坏，吾所不能知也。虽然，彼一也，此一也。故生不知死，死不知生；来不知去，去不知来。坏与不坏，吾何容心哉？

删除"虽然，彼一也，此一也。故生不知死，死不知生；来不知去，去不知来"。怎么看，被删的这句话都应该是某个完全没懂经文的平庸后人的胡乱感言。因为，文本的重心明显完全不在"生不知死，死不知生；来不知去，去不知来"上，而只在对天地坏与不坏的知与不知上。列子既然自己说了"坏与不坏，吾所不能知也"，当然也就只是因为"天地坏与不坏根本就不知道"才不放到心里，而不是因为"生不知死，死不知生；来不知去，去不知来"才不放到心里。

另外，后句"坏与不坏"其实是可以承前省的，但为了更清晰明了起见，还是做了保留。

【见一】
天，积气耳，无处无气。若终日在天中行止，奈何忧其崩乎

要清晰理解这句话，必须借助想象以还原场景。否则，所谓的理解，只是空洞的话语，毫无临场之感。其实，一切没有临场之感的理解，都没走心，都不是真正意义上的理解，一如一个七老八十的老奶奶，以极其浅显的语言对她八九岁的孙子所作的任何劝诫，其实都没有被理解一样。

按文本，天只不过是气的聚积，而气，无处不在。无处不在是什么意思

呢？比如，你拿着这本书正在看，这时，你不仅只是在地上看，更是在天上看，因为围绕在你身边的，最多的并不是地，而是天，是你周围的气。你不但在看书时是如此，你的一切行为，比如吃喝拉撒、坐卧行止等，都是如此。既然你的一切行为都已经在天上，那哪里还需要担心天的崩溃呢？

行止。其实就是行走和停止的合成减缩。

日月星宿

这句话的最早出处，或许就在列子这里。但因为这个最早出处一直没有得到很清晰的解释，而人们又以为自己很理解，遂致它的含义一直不清不楚。其实，列子起初用的可能就是日月星，宿是后人不知出于什么原因加上去，后来以讹传讹，就成了日月星宿。人类社会中并不是所有的错误到最后还是错误，有些错误成就了正确，比如青霉素的发现，又比如这里所谓的星宿。后来，星宿竟然成了天文学术语，寓指日、月、星栖宿的场所。

现基于语境的需要，直接把"日月星宿"理解为"日、月、星"，即既不是"日、月、星、宿"，也不是"日、月、星宿"，而就是"日、月、星"，不去管"宿"字具体宿到哪了。

中伤

相当于中风、中招。

充塞四虚，无处无块

四虚，应该指的就是气跟地在四面八方的交界处。因为地是积块，天是积气，相对应块，气就是虚。所以，块之外就是气，气之外就是块。也正因此，才可以说无处无块。无处无气，其实也是从这意义上说的。为什么要在这个小问题上啰唆呢？这首先是因为思维逻辑要清晰，更重要的是，在中国传统文化中，气并不只是块之外的存在，而是包括块在内的一切存在，比如"通天下一气耳"的说辞就被广泛接受。而在本文中，日、月、星也是气，只有地是块。很明显，本寓言的科学性严重不足，但寓言不讲科学性，只讲思想性。

舍然大喜

自张湛解"舍，宜作'释'"后，天下注家莫不从之。其实，"舍"根本就没必要通假释，其本身"舍弃"的含义就非常契合这里的语境，实在不知道通假的意义何在。有些注家的思维惰性和惯性实在太严重了，严重到简直让人既不能理解，也不能接受。但最终，又不得不理解，不得不接受。现实残酷而诛心。

虹霓也，云雾也，风雨也，此积气之成乎天者也。山岳也，河海也，金石也，此积块之成乎地者也。知积气也，知积块也，奚谓不坏？夫天地，有中之最巨者，难终难穷，难测难识，此固然矣。忧其坏者，诚为太远。言其不坏者，亦为未是。天地不得不坏，则终归于坏。遇其坏时，奚为不忧哉

这段看上去普普通通的话，真正理解起来其实非常非常困难，完全可以作为经文解注者是否具备基本注经资格的试金石。当然了，比起《老子》《庄子》的解注来，这里还是容易太多了，那里需要顶级注经资格。

理清行文的内在逻辑很关键。前往开导的人让杞人信服的结论是：天地不会毁坏，所以，大家都高兴了，不会再忧心了。长庐子听后之所以会笑，是因为他不以为然。他的理由很充足，很具说服力。他说，天地怎么不会毁坏呢？一定会毁坏的。你看那虹霓，那云雾，那风雨，哪个不是天上的积气？你又看那山岳，那河海，那金石，哪个不是地上的积块？可是，它们哪个不会毁坏？一定会毁坏的。可是，就算所有这些都将毁坏，难道天地就会很快毁坏吗？不会的。因为，天地是一切存在之中最大的存在者，难终难穷，难测难识，这是它本来的面目。既然如此，那天地的毁坏，就不知道是何年何月。既然不知道何年何月天地才会毁坏，那对天地毁坏的担心，就有点太远了。可是，天地毕竟就是积气和积块，一如云雾和山岳是积气和积块。既然云雾和山岳必定会毁坏，那天地终究也还是会毁坏。要是真到了天地要毁坏的那一天，难道真的不会忧心吗？列子正是在长庐子这个想法的基础上回答的。

虹霓。不知道它的究竟含义，其实一点也不影响对文本的理解，简单地把它看作是天空中的彩虹就好。但作为学术，还是有必要搞得更清晰些，它是雨后或日出日没之际在天空中所出现的七色圆弧，常有内外二环，内环称虹，外环称霓。就文本的理解需要而言，还是得意忘言为好。

【今译】

杞国有人整天忧心忡忡，以为天会崩溃，地会毁坏，自己会因此而没有寄身之所，于是吃不下饭，睡不着觉。

又有人为他的忧心忡忡而忧心忡忡，于是前往开导说："天，只不过是气体的积聚罢了，没有哪个地方没有气体。你一天到晚的一切活动都在气体中进行，为什么还要担心天会崩溃呢？"

那人说："天，如果真的就是气体，那太阳、月亮、星星岂不就会坠落下去？"

前去开导的人说："太阳、月亮、星星，也只不过是积聚的气体中能发光的气体而已。即使它们坠落下去，也只是坠落下去，对其本身还是不会造成什么损伤。"

那人又问："那地要是毁坏了呢？"

前去开导的人说："地，只不过是土块的积聚罢了，它是四面八方都相互连接着的整体，没有哪个地方不是土块。你一天到晚的一切活动都在地上进行，为什么还要担心它会毁坏呢？"

那人心中的一块石头落了地，非常欢喜。前往开导的人，心中的石头跟着落了地，也非常欢喜。

长庐子听闻这事后，笑了笑，说："彩虹、云雾、风雨等，这些都是积气之在天上的存在。山岳、河海、金石等，这些都是积块之在地上的存在。既然知道它们无非么是积气，要么是积块，怎么能说它们不会毁坏？只是，作为天地，它是一切存在之中最大的存在者，难终难穷，难测难识，本身就是这样子。要是忧心天地会毁坏，那确实是忧心得太远了。但要是说天地就一定不会毁坏，那就未必对了。既然天地不得不会毁坏，那终究会归于毁坏。一旦到了天地真要毁坏的时刻，人们难道真的不会忧心吗？"

列子听闻过后，也笑了笑，说："说天地会毁坏的不对，说天地不会毁坏的也不对。天地究竟会不会毁坏，我其实根本就无法知道。既然我根本就无法知道天地究竟会不会毁坏，那我为什么还要把它放到心里去呢？"

十三

【正本】

舜问乎烝："道可得而有乎？"

烝曰："汝身非汝有也，汝何得有夫道？"

舜曰："吾身非吾有，孰有之哉？"

烝曰："是天地之委形也。性非汝有，是天地之委和也。命非汝有，是天地之委顺也。子非汝有，是天地之委蜕也。故行不知所往，处不知所持，食不知所味，天地之强阳气也，又胡可得而有也？"

【原文】

舜问乎烝曰："道可得而有乎？"曰："汝身非汝有也，汝何得有夫道？"舜曰："吾身非吾有，孰有之哉？"曰："是天地之委形也。生非汝有，是天地之委和也。性命非汝有，是天地之委顺也。孙子非汝有，是天地之委蜕也。故行不知所往，处不知所持，食不知所以。天地，强阳气也；又胡可得而有邪？"

【见一】

性非汝有，是天地之委和也。命非汝有，是天地之委顺也。子非汝有，是天地之委蜕也

原文为：生非汝有，是天地之委和也。性命非汝有，是天地之委顺也。孙子非汝有，是天地之委蜕也。

本段对话亦见于《庄子见独》之《知北游》篇，由于《庄子见独》已然出版，为避免因差异而造成理解上不必要的麻烦，以及为方便读者阅读起见，现将《庄子见独》的相应部分复制粘贴于此：

现改"生"为"性"，改"性命"为"命"，改"子孙"为"子"。理由一，形式一致性的需要。身"是天地之委形也"是肯定的，后面的性、命、

子最好跟它相一致，并且能够相一致。理由二，照原文，身、生、性命三者的关系极为不清晰，似乎三词的含义都一样。但从义理逻辑上看，和、顺、蜕三词的义理明显不一样。文本归元后，身指身体，是接"吾身非吾有也，孰有之哉？"说的。性，即"性情"的性。命，即"命运"的命。性跟命的差别是，性指人本身所具有的能力、作用等，命指人能力、作用等的大小。比如，每个人都有读书写字的能力，这就是性。但每个人读书写字的能力都不一样，这就是命。人的身若硬要做区分，就是性、命、子三个组成部分。和配对性，是指人的能力和作用是多方面的，自然是和。所谓和，就是指人多方面的能力和作用有机地结合在一块。顺配对命，不是太能理解，估计原文有误。如果无误，则顺同《大宗师》"且夫得者，时也。失者，顺也。安时而处顺，哀乐不能入也"的顺。蜕配对子，非常好理解，就是人的孩子只不过是天地委托给人一种蜕变方式而已。

【今译】

舜向丞讨教说："道是可以获得并保有的吗？"

丞回答说："你的身体都不是你的，你怎么可能获得并保有道！"

舜追问说："我的身体不是我自己的，那它是谁的？"

丞回答说："是天地在形体上对你的托付啊。你的全部能力都不是你所能拥有，只不过是天地将它们有机地结合在你身上而已。你无论怎样的能力都不是你所能拥有，只不过是天地对你能力的顺应而已。你的孩子也不是你所能拥有，他们只不过是天地通过你而进行的蜕变而已。所以，你无法知道你最终走向哪里，你无法知道你最终该固守什么，你也无法知道最终什么才是最好吃的，它们都只是天地间不断运行变化的气而已，你怎么可能获得并保有道呢？"

十四

【正本】

齐之国氏大富，宋之向氏大贫。向氏自宋之齐，请其术。

国氏告之曰:"吾善为盗。始吾为盗也,一年而给,二年而足,三年大穰。自此以往,施及州闾。"

向氏大喜,喻其为盗之言,而不喻其为盗之道,遂逾垣凿室,手目所及,无不探也。未及时,以赃获罪,没其先居之财。

向氏以国氏之谬己也,往而怨之。国氏曰:"若为盗若何?"向氏言其状。

国氏曰:"嘻!若失为盗之道至此乎!今将告若矣。吾闻天有时,地有利。吾盗天地之时利,云雨之滂润,山泽之产育,以生吾禾,殖吾稼,筑吾垣,建吾舍。陆盗禽兽,水盗鱼鳖,无非盗也。夫禾稼、土木、禽兽、鱼鳖,皆天地之所生,岂吾之所有?然吾盗天地而无殃。夫金玉珍宝,谷帛财货,人之所聚,岂天地之所与?若盗之而获罪,孰怨哉?"

向氏大惑,以为国氏之重罔己也,过东郭先生问焉。

东郭先生曰:"若一身庸非盗乎?盗阴阳之和以成若生,载若形,况外物而非盗哉?国氏之盗,公道也,故无殃。若之盗,私心也,故得罪。"

【原文】

齐之国氏大富,宋之向氏大贫;自宋之齐,请其术。国氏告之曰:"吾善为盗。始吾为盗也,一年而给,二年而足,三年大穰。自此以往,施及州闾。"向氏大喜。喻其为盗之言,而不喻其为盗之道,遂逾垣凿室,手目所及,亡不探也。未及时,以赃获罪,没其先居之财。向氏以国氏之谬己也,往而怨之。国氏曰:"若为盗若何?"向氏言其状。国氏曰:"嘻!若失为盗之道至此乎?今将告若矣。吾闻天有时,地有利。吾盗天地之时利,云雨之滂润,山泽之产育,以生吾禾,殖吾稼,筑吾垣,建吾舍。陆盗禽兽,水盗鱼鳖,亡非盗也。夫禾稼、土木、禽兽、鱼鳖,皆天之所生,岂吾之所有?然吾盗天而亡殃。夫金玉珍宝,谷帛财货,人之所聚,岂天之所与?若盗之而获罪,孰怨哉?"向氏大惑,以为国氏之重罔己也,过东郭先生问焉。东郭先生曰:"若一身庸非盗乎?盗阴阳之和以成若生,载若形;况外物而非盗哉?诚然,天地万物不相离也；刉而有之，皆惑也。国氏之盗，公道也，故亡殃；若之盗，私心也，故得罪。有公私者，亦盗也；亡公私者，亦盗也。公公私私，天地之德。知天地之德者，孰为盗耶？孰为不盗耶？"

【清源】

盗阴阳之和以成若生，载若形，况外物而非盗哉

原文为：盗阴阳之和以成若生，载若形；况外物而非盗哉？诚然，天地万物不相离也；刉而有之，皆惑也。

删除"诚然，天地万物不相离也；刉而有之，皆惑也"。明显与语境不搭，后人注语杂入的可能性极大。

国氏之盗，公道也，故无殃。若之盗，私心也，故得罪

原文为：国氏之盗，公道也，故亡殃；若之盗，私心也，故得罪。有公私者，亦盗也；亡公私者，亦盗也。公公私私，天地之德。知天地之德者，孰为盗耶？孰为不盗耶？

删除"有公私者，亦盗也；亡公私者，亦盗也。公公私私，天地之德。知天地之德者，孰为盗耶？孰为不盗耶？"。明显是后人感言，且是没有读懂寓言本身而做出的错误感言。

【见一】

始吾为盗也，一年而给，二年而足，三年大穰，自此以往，施及州闾

这段话其实无须【见一】，简单带过，并不影响文本理解。但如果面对是一个有完美人格倾向的读者，还是有【见一】较好，虽然并不完全解决问题。

首先，还是将"一年而给，二年而足，三年大穰，自此以往，施及州闾"看作一个整体而不是"一年而给，二年而足，三年大穰"和"自此以往，施及州闾"较好，也即两句中间宜用逗号而不宜用句号。因为，它是对"我开始为盗"以来所取得的结果连贯而完整的表达。

然后，给、足、大穰、施及州闾的递进关系不是十分清晰。我们大致知道，它应该是从少到多、从己到人的关系，但好像界限很不分明。比如，"给"与"足"的差别在哪？足难道还不大穰？足难道还不足以施及州闾？非得大穰才能施及州闾？现在，问题是提出来了，可惜答案没能很好找到。如果硬是要给一个答案，则只能勉强打个比方。自给相当于温饱，自足相当于小康，大穰相当于富裕，施及州闾相当于在确保自身一切需要的前提下，有足够能力做慈善。

州闾。泛指乡里。

逾垣凿室

逾。本义为越过、经过。

垣。音 yuán，本义为矮墙，也泛指墙。

孰怨哉

孰。不应理解为谁，而应理解为"什么"，即"是可忍，孰不可忍"的孰。如果原话为"怨孰哉"，则理解为谁比较好。其实，哪种理解都可以。只是，既然原文已经是这样的字序，就最好按原字序理解为好。

以为国氏之重罔己也，过东郭先生问焉

罔。音 wǎng，蒙蔽、诬。

过。前往拜访，古汉语常用义。

国氏之盗，公道也，故无殃。若之盗，私心也，故得罪

完全无解，文本应该有误，极大可能是原作者思路不清，逻辑不明。传抄错误的可能有，但不大。只可惜，没有能力给出自己满意的文本，自己大致可以接受的文本是："国氏之盗，盗公也，故无殃。若之盗，盗私也，故得罪。"【今译】按自己的文本译。

【今译】

齐国有个国姓人士非常富有，宋国有个向姓人士非常贫穷。向姓人士于是从宋国前往齐国，向国姓人士请教致富之道。

国姓人士告诉他说："我只是善于偷盗而已。自我开始偷盗以来，一年时间就解决了温饱，两年时间就达到了小康，三年时间就实现了富足，再往后，

就能施惠乡亲乡里了。"

向姓人士高兴坏了，但只是听到了偷盗的话，而没有弄懂偷盗的道，于是翻墙凿室，凡手能够得着、眼能看得到的，都往家里偷盗。没过多久，就因为人赃俱获而被判了刑，连原先自己的劳动所得也一并被没收了。

向姓人士以为国姓人士是在诓骗自己，就前去责怪他。国姓人士说："你是怎么偷盗的啊？"向姓人士便把自己的偷盗方式述说了一番。

国姓人士说："哈哈！你的偷盗方式竟然可以离谱到这等地步！现在让我好好给你说说。我听说天有时，地有利，于是就偷盗天地的时和利，比如云雨的滂润，山泽的产育。借助天时地利，我生产出我的禾苗，种植出我的庄稼，筑造起我的围墙，建成了我的房舍。我偷盗陆上的禽兽，我偷盗水里的鱼鳖，这一切无不都是偷盗。因为，所有的禾稼、土木、禽兽、鱼鳖等，莫不都是天地所生，哪会属于我个人所有呢？正因此，我偷盗天地而不会遭受灾殃。可那些金玉珍宝、谷帛财货等，都是私人所积聚起来的，哪里会是天地所赋予的呢？你因为偷盗了私人所积聚起来的东西而获得罪行，有什么可怨恨的啊？"

向姓人士仍然大惑不解，还以为国姓人士仍然在忽悠自己，于是专门前去拜访东郭先生以问个究竟。

东郭先生说："你自己的整个身子难道不就是偷盗来的吗？它其实是你偷盗阴阳之和以形成你的生命，偷盗阴阳之和以承载你的肉体，难道一切外物还能不是偷盗来的？国姓人士的偷盗，偷盗的是天地所创生的东西，所以没有灾殃。而你所谓的偷盗，偷盗的可是人家私人所积聚的东西啊，所以才会获罪。"

黄帝第二

一

【正本】

黄帝即位十有五年，喜天下戴己，养性命，娱耳目，供鼻口，肌色焦然，五情爽惑。又十有五年，忧天下之不治，竭聪明，进智力，营百姓，肌色焦然，五情爽惑。

黄帝乃喟然曰："朕之过，深矣。养一己其患如此，治万物其患如此。"于是放万机，舍宫寝，去直侍，撤钟悬，减厨膳，退而闲居大庭之馆，斋心服形，三月不亲政事。

昼寝而梦，游于华胥氏之国。其国无师长，其民无嗜欲，自然而已。不知乐生，不知恶死，故无夭殇。不知亲己，不知疏物，故无爱憎。不知背逆，不知向顺，故无利害。都无所爱惜，都无所畏忌。入水不溺，入火不热。砍打无伤痛，指挠无痏痒。乘空如履实，寝虚若处床。云雾不碍其视，雷霆不乱其听，美恶不滑其心，山谷不踬其步。

黄帝既寤，怡然自得，召天老、力牧、太山稽，告之曰："朕闲居三月，斋心服形，思养身治物之道，弗获其术。疲而睡，所梦若此，乃知至道不可以常情求矣。朕知之矣！朕得之矣！而不能以告若矣。"

又二十有八年，天下大治，几若华胥氏之国。帝登假，百姓号之，二百余年不辍。

【原文】

黄帝即位十有五年，喜天下戴己，养正命，娱耳目，供鼻口，燋然肌色皯黣，昏然五情爽惑。又十有五年，忧天下之不治，竭聪明，进智力，营百姓，焦然肌色皯黣，昏然五情爽惑。黄帝乃喟然赞曰："朕之过淫矣。养一己其患如此，治万物其患如此。"于是放万机，舍宫寝，去直侍，彻钟悬，减厨膳，退而闲居大庭之馆，斋心服形，三月不亲政事。昼寝而梦，游于华胥氏之国。华胥氏之国在弇州之西，台州之北，不知斯齐国几千万里；盖非舟车足力之所及，神游而已。其国无师长，自然而已。其民无嗜欲，自然而已。不知乐生，不知恶死，故无夭殇；不知亲己，不知疏物，故无爱憎；不知背逆，不知向顺，故无利害：都无所爱惜，都无所畏忌。入水不溺，入火不热。斫挞无伤痛，指擿无痟痒。乘空如履实，寝虚若处床。云雾不硋其视，雷霆不乱其听，美恶不滑其心，山谷不踬其步，神行而已。黄帝既寤，怡然自得，召天老、力牧、太山稽，告之，曰："朕闲居三月，斋心服形，思有以养身治物之道，弗获其术。疲而睡，所梦若此。今知至道不可以情求矣。朕知之矣！朕得之矣！而不能以告若矣。"又二十有八年，天下大治，几若华胥氏之国，而帝登假。百姓号之，二百余年不辍。

【清源】
养性命

原文为"养正命"。改"正"为"性"，以使"性命"跟后文耳目、鼻口用词更搭且不失明确。

肌色焦然，五情爽惑

原文为：燋然肌色皯黣，昏然五情爽惑。

文本以能清晰表达想表达的意思即可，没必要搞得怪里怪气，啰哩啰唆。皯黣，音 gǎn měi，意思为皮肤黝黑，不但怪里怪气，而且啰里啰唆，它想表达的意思，已经全然包含在"肌色焦然"之中了。昏然，虽然完全没有怪里怪气，但依然啰哩啰唆，它想要表达的意思，也已经全然包含在"五情爽惑"之中了。

黄帝乃喟然曰："朕之过，深矣。养一己其患如此，治万物其患如此。"

原文为：黄帝乃喟然赞曰："朕之过淫矣。养一己其患如此，治万物其患如此。"

去掉"乃喟然赞曰"的赞。从语境看，黄帝显然没有要赞美的意思，但明显有叹息的意思。喟，音 kuì，本义为叹息，已经满足语境需要，没必要像有些注家所主张的那样，将"赞"解注为"叹"而后成为"乃喟然叹曰"。

改"朕之过淫矣"为"朕之过，深矣"。理由一，清源后的句读明显优于原文。理由二，"淫"应该是"深"字的误抄或误辨，且容易导致误解。清源后，原文想表达的意思，清晰明确。

撤钟悬

原文为"彻钟悬"。"彻"的繁体字为"徹"，很容易被误抄或误认为"撤"。当然，如果没有"撤"字在今天的通用和共识，保持原文的"彻"也未尝不可，因为"彻"的本义就是撤除。但既然今天我们的脑海中"彻"已经没有撤的含义，那还是彻底改过来为好，以免徒增后人不必要的阅读和解释麻烦。

昼寝而梦，游于华胥氏之国

原文为：昼寝而梦，游于华胥氏之国。华胥氏之国在弇州之西，台州之北，不知斯齐国几千万里；盖非舟车足力之所及，神游而已。

删除"华胥氏之国在弇州之西，台州之北，不知斯齐国几千万里；盖非舟车足力之所及，神游而已"。理由是，如果它是原文就有的，则属于冗语，即它跟寓言本身所欲表达的寓意完全无关。但更大可能，是后人对"华胥氏之国"所做的毫无意义的解注。"华胥氏之国"是一个虚拟的地方，满足寓言的寓意需要即可，至于它在哪里，离齐国有多远，又或是舟车足力能不能到，一点关系都没有，读者应该能从【正本】和【原文】的对比中清晰地感觉到。

其国无师长，其民无嗜欲，自然而已

原文为：其国无师长，自然而已。其民无嗜欲，自然而已。

就经文而言，前一个"自然而已"确实一点都不自然，故必须删除，应该是后人传抄错误。

砍打无伤痛，指挠无痏痒

原文为：斫挞无伤痛，指摘无痏痒。

既然"斫挞"必须解注为"砍打","指摘"必须解注为"指挠",那就还不如秉承大道至简原则,直接改为当今读者最为熟悉的字眼,以免解注的麻烦。更何况,原文很可能本就是清源后的样子,只是传抄过程中出了差错而已。总之,要得意忘言。

云雾不碍其视

原文为"云雾不硋其视","硋"应该是误抄或误辨,其含义就是碍,没有其他任何含义。后人如果完全匍匐于前人脚下,不是对前人的尊敬,而是对前人的亵渎,一如今天作为后人的我们如果还是匍匐于前人脚下而死守裹脚布就如亵渎前人一般。

山谷不踬其步

原文为:山谷不踬其步,神行而已。

从语境"云雾不碍其视,雷霆不乱其听,美恶不滑其心,山谷不踬其步"看,"神行而已"应该是后人对"山谷不踬其步"的单独注释,其实没有必要,故删除。

乃知至道不可以常情求矣

原文为"今知至道不可以情求矣",补加"常",以使语境义理清晰、明确。所谓常情,就是前文所述俗世间的"养正命,娱耳目,供鼻口"或"竭聪明,进智力,营百姓"。"华胥氏之国"就不是常情,而是道。

【见一】

黄帝即位十有五年,喜天下戴己,养正命,娱耳目,供鼻口,肌色焦然,五情爽惑

这话要配合下句才好理解,且即使配合了下句理解,也很难理解到位。要是结合全章并结合《庄子》的一段话理解,才能真正理解。

全章显然是想通过一个寓言来告知黄帝"思养身治物之道,弗获其术",而最终通过神游华胥氏之国而获得了"养身治物之道"。华胥氏之国是个什么国呢?一言以蔽之:自然而已。黄帝"养正命,娱耳目,供鼻口"自然吗?

不自然。所以才会"肌色焦然，五情爽惑"。那如果相反，不是"养正命，娱耳目，供鼻口"，而是"竭聪明，进智力，营百姓"，就能得到"养身治物之道"吗？也不行，原因还是不自然。怎么正反两面都不自然了呢？因为都不是适己，而是适人。前一种的适人，是"喜天下戴己"，违背了庄子所说的"举世誉之而不加劝"。后一种适人，是"忧天下之不治"，违背了庄子所说的"举世非之而不加沮"。无论哪一种，都违背了"适人而不失己"或"自适适人"的天地大道。庄子在《逍遥游》篇中精妙无比地指出："若夫乘天地之正，而御六气之辩，以游无穷者，彼且恶乎待哉？"华胥氏之国的人，就是这类人。

养性命，娱耳目，供鼻口。务必注意，关注点不在性命、耳目、鼻口，而在养、娱、供，这些都是一种人为而非自然的行为，所以达不到"养身治物"的目的。如何才是自然的行为呢？去掉养、娱、供，顺就可以了。"竭聪明，进智力，营百姓"的理解相同。

五情爽惑。五情，绝对不能死硬地理解为喜、怒、哀、乐、怨，而应理解为一切情感，因为"五"在古汉语里表示多。比如，三五成群、三番五次等。老子也是在此种意义上用的"五"。比如《老子见微》第12章就有这样的句子："五色，使人目盲。五音，使人耳聋。五味，使人口爽。"另外，爽惑，要理解为爽、惑。爽是差失的意思，惑是迷惑的意思。

钟悬

直观看，应该类似于编钟（古代打击乐器，在木架上悬挂一组音调高低不同的铜钟，用小木槌敲打奏乐）之类的乐器。但显然，这里不是特指钟悬，而是指宫廷里的各种演奏和歌舞，一如歌舞升平的"歌舞"绝不是仅指歌舞。这其实原本无须解释，任何正常的成年人一听就懂，一看就明，奈何类似的现象一旦放到古文尤其是经文中时，解释便花样百出，真是莫名所以。

大庭之馆

因为不是专有名词，所以不知道它究竟是个什么地方。据语境"放万机，舍宫寝，去直侍，撤钟悬，减厨膳，退而闲居大庭之馆，斋心服形，三月不亲政事"，应该指没有任何陈设也没人打扰专供黄帝"思养身治物"的大房子。

斋心服形

列子单一独用词，非常不好理解，主要是"服形"不好理解。千沉百思，它的语境含义应该等同于洗心革面，但绝对不是得道状态，任何作"得道"解读的，都必定是错误的。因为，后文十分清楚："朕闲居三月，斋心服形，思养身治物之道，弗获其术。"

美恶不滑其心，山谷不踬其步

"滑""踬"两字非常不好理解，一个因为太过熟悉，一个因为太过陌生。太过熟悉的"滑"，其语境含义应该为搅乱，可从《庄子》《天地》篇"趣舍滑心"中得到印证。太过陌生的"踬"，音 zhì，本义为被绊倒，引申为阻碍。

帝登假，百姓号之，二百余年不辍

原本一看便明完全无须解释的一句话，奈何过往各注家错得实在太离奇，才不得不单拈出来啰唆一下。过往各注家无不将"号"解读为号哭，真的让人想号哭一场。世界上哪有为肯定或赞美一个人而号哭二百余年的呢？这太背离常识了。那"号"该如何理解呢？很简单，就是称号，即黄帝死去后，百姓在其后二百余年里，一直都以黄帝为国家称号。事实上，何止二百余年，我们今天还自称炎黄子孙，百姓号之已五千余年。

【今译】

黄帝即位后的第十五个年头，因为欢喜于全天下人的拥戴，于是护养性命，娱乐耳目，纵欲鼻口，结果弄得脸色蜡黄，肌肤枯焦，情绪错乱，心思迷茫。又过了十五年，担心天下得不到治理，于是殚精竭虑，全力以赴，心系百姓，结果弄得脸色蜡黄，肌肤枯焦，情绪错乱，心思迷茫。

黄帝于是叹息说道："我的过错，实在是太深刻了。只想调养好自己，祸患如此严重。只想治理好天下，祸患还是如此严重。"于是放下手头上一切朝政，不在宫廷居住，支开贴身侍从，裁撤所有器乐，一日三餐从简，搬到一间空荡荡的屋子里，洗心革面，在长达三个月的时间里，不搭理一切国家事务。

有次黄帝大白天睡觉时做了一个梦，梦到自己到了一个叫华胥氏的国家。

那个国家里，没有所谓的老师或长辈，老百姓也没有什么特别的嗜好，一切都自然而然。人们不知道活着有什么喜欢不喜欢的，也不知道死去有什么可恶不可恶的，所以大家都觉察不到一个人究竟是长寿还是短命。不知道有什么东西跟自己特别亲近，也不知道有什么东西跟自己特别疏远，所以大家都不知道一件东西究竟是可爱的还是可恨的。不知道所谓的倒霉，也不知道所谓的顺遂，所以大家都感觉不到所谓的好处和害处。总之，一切都无所谓爱惜不爱惜，一切都无所谓畏忌不畏忌。人们要是掉进水里了也不会溺死，掉到火里了也不会觉得炎热。人们怎么被砍杀都不会造成伤痕和痛苦，怎么被抓挠都感觉不到瘙痒。即使是浮在空中也好像脚踏实地，即使是睡在空地也以为是睡在床上。云雾遮蔽不了他们的视线，雷霆搅乱不了他们的听力，美恶混淆不了他们的心境，山谷阻碍不了他们的脚步。

黄帝醒来以后，觉得无比的神清气爽，于是把天老、力牧、太山稽等一并召来并告诉他们说："我曾闲居长达三个月之久，洗心革面，潜心于养身治物之道，可是一无所获。偶尔有一次因为疲劳而睡着了，便做了这么一个梦，才知道真正的大道其实是不可以通过一般的场景来获得的。我现在终于知道什么是真正的大道了！我现在得到真正的大道了！可惜的是，我无法用言语告诉你们。"

又过了二十八年，黄帝把天下治理得顺顺当当，几乎跟华胥氏之国有得一比。黄帝驾崩后，百姓以黄帝作为自己国家的称号，二百多年的时间里，中间不曾有过任何间断。

二

【原文】

列姑射山在海河洲中，山上有神人焉，吸风饮露，不食五谷；心如渊泉，形如处女；不偎不爱，仙圣为之臣；不畏不怒，愿悫为之使；不施不惠，而物自足；不聚不敛，而已无愆。阴阳常调，日月常明，四时常若，风雨常均，字育常时，年谷常丰；而土无札伤，人无夭恶，物无疵厉，鬼无灵响焉。

简单的、想象的描述，其所欲表达的思想，上节已经有了充分的表达，且表达得更精当明确，故不解，不注，不译。

三

【正本】

列子师老商氏，友伯高子，进二子之道，乘风而归。

尹生闻之，从列子居，数月不省舍，因间请其术者，十反而十不告。尹生怼而请辞，列子又不告。尹生退。数月，意不已，又往从之。

列子曰："汝何去来之频？"

尹生曰："向有请于子，子不我告，固有憾于子。今复脱然，是以又来。"

列子曰："向吾以汝为达，今汝之鄙至此乎。居！将告汝所学于夫子者矣。自吾之事夫子友若人也，三年之后，心不敢念是非，口不敢言利害，始得夫子一眄而已。五年之后，心毫念是非，口毫言利害，夫子始一解颜而笑。七年之后，从心之所念，毫无是非；从口之所言，毫无利害，夫子始一引吾并席而坐。九年之后，横心之所念，横口之所言，亦不知我之是非利害欤，亦不知彼之是非利害欤，亦不知夫子之为我师，若人之为我友，内外进矣。而后眼如耳，耳如鼻，鼻如口，无不同也，心凝形释，不觉肩之所倚，足之所履，随风东西，犹枯叶干壳，竟不知风乘我耶？我乘风乎？今汝居先生之门，曾未浃时，而怼憾者再三，汝之片体将气所不受，汝之一节将气所不载，履虚乘风，其可几乎？"

尹生甚怍，屏息良久，不敢复言。

【原文】

列子师老商氏，友伯高子，进二子之道，乘风而归。尹生闻之，从列子居，数月不省舍。因间请蕲其术者，十反而十不告。尹生怼而请辞，列子又不命。尹生退。数月，意不已，又往从之。列子曰："汝何去来之频？"尹生曰："曩章戴有请于子，子不我告，固有憾于子。今复脱然，是以又来。"列子曰："曩吾以汝为达，今汝之鄙至此乎。姬！将告汝所学于夫子者矣。自吾之事夫子友若人也，三年之后，心不敢念是非，口不敢言利害，始得夫子一眄而已。五年之后，心庚念是非，口庚言利害，夫子始一解颜而笑。七年之后，从心之所念，庚无是非；从口之所言，庚无利害，夫子始一引吾并席而坐。九年之后，横心之所念，横口之所言，亦不知我之是非利害欤，亦不知彼之是非利害欤；亦不知夫子之为我师，若人之为我友：内外进矣。而后眼如耳，耳如鼻，鼻如口，无不同也。心凝形释，骨肉都融；不觉形之所倚，足之所履，随风东西，犹木叶干壳。竟不知风乘我邪？我乘风乎？今女居先生之门，曾未浃时，而怼憾者再三。女之片体将气所不受，汝之一节将地所不载。履虚乘风，其可几乎？"尹生甚怍，屏息良久，不敢复言。

【清源】

因间请其术者

原文为：因间请蕲其术者。

去除完全冗余的"蕲"字，后文"有请于子"更是明证。蕲，音 qí，古同祈。

列子又不告

原文为：列子又不命。

"命"字没有语境义理依据，也无法解读清楚。但如果改为"告"，则语境义理清晰。前文说"十反而十不告"，当"尹生怼而请辞"时，列子"又"不告。"又"字的存在，可以确定命为告。至于错误是如何产生的，则估计先是传抄错误，后又因错误理解"尹生怼而请辞"的辞，便以讹传讹，乃至固化。

向有请于子

原文为：曩章戴有请于子。

改"曩"为"向"。曩，音 nǎng，本义为以往、过去。鉴于"向"也有"以往、过去"的含义，且《列子》原文就有诸多用到"向"字"以往、过去"含义的地方，遂一并统一改为向，以免除无谓的解注麻烦。

删除"章戴"。这明显是一个离谱的错误，竟然为后世全部注家离谱地继承并将其解注为"尹生的名字"，简直不可思议。尹生是"张冠"还是"李戴"，抑或是"章戴"，跟寓言没有丝毫关系。

居

原字为"姫"，无解。现据《仲尼第四》第四节原文"居！吾语汝"的相同语境，意思为请坐，其实是表示接受对方，相当于口语中在心里接受对方后口头上所说的"坐会儿吧"。

五年之后，心毫念是非，口毫言利害，夫子始一解颜而笑。七年之后，从心之所念，毫无是非；从口之所言，毫无利害，夫子始一引吾并席而坐

原文为：五年之后，心庚念是非，口庚言利害，夫子始一解颜而笑。七年之后，从心之所念，庚无是非；从口之所言，庚无利害，夫子始一引吾并席而坐。

引述这么一大段话，其实改动只有一字，那就是将"庚"改为"毫"，表示数量极少、一点儿。这个改动是基于字形相似以及义理需要不得已而为之的产物。从经文的行文美感上说，只能得零分，但义理需要重于美感需要，美感只是锦上添花，义理却是绝对要求，"毫"就是这里的绝对要求，而"庚"满足不了这个要求。过往解注，全都盲从张湛的"庚当作更"。问题是，当"庚"作"更"时，义理不通。"三年之后，心不敢念是非，口不敢言利害"才"始得夫子一眄而已"，"五年之后，心更念是非，口更言利害"竟然可以使得夫子"解颜而笑"？这不合"九年之后，横心之所念，横口之所言，亦不知我之是非利害软，亦不知彼之是非利害软，亦不知夫子之为我师，若人之为我友，内外进矣"的总逻辑。更何况，从张湛"庚当作更"的表达看，他自己明显没有信心，所以才说是"庚当作更"而不是庚一定就是更。

心凝形释

原文为：心凝形释，骨肉都融。

仅凭直观感觉，就知道"骨肉都融"不合古汉语习惯，且由于它的可能含义与"心凝形释"应该近似，故删除。

犹枯叶干壳

原文为：犹木叶干壳。

据"干壳"的干，"木叶"的木应该为枯，属误抄。

汝之一节将气所不载

原文为：汝之一节将地所不载。

据本寓言的关键词"乘风"和本句所在语境"汝之片体将气所不受，汝之一节将气所不载，履虚乘风"看，"地"不合语境义理逻辑，必是"气"的误抄误解无疑。

【见一】

全章

一则极其高妙且更极其高难的寓言，神级作品，其所折射出的文本和思想能力，几可与寓言之王庄子比肩，非道家思想的真正融会贯通者，极难"乘风而归"。

尹生闻之，从列子居，数月不省舍，因间请其术者，十反而十不告

尹生。简简单单就是一个叫尹生的人。这原本是无须任何解释的，任何想阅读经文的人，一看便知。奈何竟有一些注家把它解读为一个姓尹的书生，忍无可忍，才不得已出来辩驳一下。

数月不省舍。这句话应该不是原话，有传抄错误。如果是，则极度不好理解，因而也直接导致过往注家无不瞎子过江，一致解读为类似"好几个月不回家"这样完全无关语境义理需要的含义。正确的解读应该是怎样的呢？实在太难了。现在，借助纯粹理性，想象尹生"从列子居，数月不省舍，因间请其术者，十反而十不告"这样的鲜活场景，"省"应该就是节省的省，

"舍"应该就是锲而不舍的舍。如果类比有利于理解的话，可以这样类比：某个人是一盏不省油的灯，尹生是一个不省舍的人。整句话的意思是说，连续好几个月（从后文"曾未涉时"看，其实不到三个月）都锲而不舍。请结合【今译】看，会明白很多，因为【今译】整体感要强很多。

因间请其术者。尹生是一个初来乍到的人，列子肯定也不止他这一个学生，更何况列子虽然乘风而归，但应该还需要继续积极修炼，故可能会没有时间。正因此，尹生需要见缝插针，趁列子空闲时，才向列子请教乘风术。

十反而十不告。反，不要拘泥于字眼，而应根据语境，理解为往返，因为尽管尹生从列子居，但他们的住处应该还相隔一段距离。十，绝对不能理解三个月里，尹生请教了列子十次，这太缺乏语感和语境了，更太不合实情了。它的语境含义，其实是十分清晰的，只是想强调尹生请教列子的次数之多，已经达到了极限，就好比十恶不赦的"十"表示的是恶多到了极限一样，又或是"十足的混蛋"表示的是混蛋到了极点一样。如果不作如此理解，则"尹生怼而请辞"就没有语境。

尹生怼而请辞，列子又不告

这句话容易导致误解误注，怪不得后世注家，只怪作者拟文时没能设身处地。其实，更应该这样理解这句话的行文逻辑：由于该寓言作者的文本能力和思想能力实在太过强大，他很可能很难或是根本就不愿顾及他人的阅读感受，只管自顾自地自然流淌自己的心灵。

怼。音 duì，已经成了今天的一个流行语，含义很明确，就是"对"底下加"心"，表示心里抵触、对抗，引申为怨恨。

请辞。从其所在的语境看，它明显完全等同于"请其术"，而绝非什么向列子请辞回家，因为"其术"是要靠"辞"即言辞来传授的。这正是那容易误解误注的地方。尹生刚"从列子居""因间"请教列子时，不管怎么请教列子就是不告乘风术，尹生并没有生气。后来尹生失去了耐心，怼列子了，但列子并没有因尹生的改变而改变，始终坚持大道就是大道，所以还是没有告尹生乘风术。也就是说，尹生好说也好，歹说也罢，列子就是油盐不进，因为乘风术的获得，最大的忌讳，恰恰就是尹生正明显表现出的是非利害之心。要消除这种明显的是非利害之心，需要的不是耐心地用言辞告知，而是冷落，以不说话为说话，以不传授为传授。唯有经过足够长时间的冷落磨炼，才能真正达到乘风术所必须具备的先决条件，即"横心之所念，横口之所言"不仅要没有是非利害，更要没有彼我，直至"内外进矣"。

汝何去来之频

不能死抠字面。否则，会直接导致将其错误解读为"你为何来来往往如此频繁"，因为这个解读显然缺乏语境支持。从语境看，"频"显然不是指尹生来的次数多，而是指尹生回来的时间间隔短，才"数月"。如果是不频，那应该是"数年"。这句话也应该隐喻列子对尹生领悟能力的迅速表示暗中赞许。否则，后面就不会因为尹生的一句话就把乘风术告知给了尹生，毕竟先前是"十反而十不告。尹生怼而请辞，列子又不告。"

憾

语境含义不是遗憾，而是怨恨，是列子不告尹生乘风术而在尹生心里产生的情绪。

向吾以汝为达，今汝之鄙至此乎

虽然理解起来确实颇有难度，但也绝对不至于难到必须让人胡言乱语，怪不得庄子会说："力不足则伪，知不足则欺。"过往注家竟然全都将"今汝之鄙至此乎"解注为类似"现今你竟然卑陋浅薄到这等地步"这样的含义。如果是这样的，那列子是个什么样的人，竟然要向"竟然卑陋浅薄到这等地步"的人传授乘风术？如此简单、简明的逻辑都过不去，真不知道解注者心里是怎么想的。

其实，这句话的难点，不在鄙，而在达。鄙的语境为列子对尹生所说"向有请于子，子不我告，固有憾于子。今复脱然，是以又来"的话的评判，含义很清晰，就是谦鄙的意思。也正是尹生曾经"十反而十不告""怼而请辞，列子又不告"然后"今复脱然，是以又来"，才使得列子认为尹生很谦鄙，值得告知自己曾经获得乘风术的心路历程。相反，达就很不好解了。其语境所需要的含义，应该是自以为是，但达怎么也训不出这层意思。怎么办呢？最好的办法，当然是改字。但力有不及，改不了字。实在没有办法，只能"曲意"迎合，达有达观、豁达的意思，曲意是，尹生怎么问也问不出列子的乘风术，怼了也没用，于是索性打道回府，不学了，这就叫达。过几个月后，心有不甘，怼了后还能厚着脸皮回来，这就叫鄙。因为经历过这个阶段后，尹生大概能听明白列子接下来的那段话，即绝对不要有是非利害之心，绝对不要有彼我内外之别。唯其如此，方能履虚乘风。其实，如果幽默是一门顶级言语艺术，则把"向吾以汝为达，今汝之鄙至此乎"这句话看作是一种正话反说的幽默，一切疑难都迎刃而解。

三年之后，心不敢念是非，口不敢言利害，始得夫子一眄而已。五年之后，心毫念是非，口毫言利害，夫子始一解颜而笑。七年之后，从心之所念，毫无是非；从口之所言，毫无利害，夫子始一引吾并席而坐。九年之后，横心之所念，横口之所言，亦不知我之是非利害欤，亦不知彼之是非利害欤，亦不知夫子之为我师，若人之为我友，内外进矣

为方便直观理解起见，现简化文本或说思维导图如下：

三年之前：心随意念是非，口随意言利害。人之常情。不知乘风术的存在。

三年之后：心不敢念是非，口不敢言利害。夫子斜眼瞟了一下。

五年之后：心极少念是非，口极少言利害。夫子正眼笑了一下。

七年之后：从心毫无是非，从口毫无利害。夫子引我并席而坐。

九年之后：横心所念横口所言，没有彼我。内外进矣。可以乘风而归。

显然，作者是想告知，乘风术的习得，从零开始，共分五个阶段，即一、三、五、七、九。九是至尊，已达九天，内外进矣，无需再进，已可乘风。进，超越。

必须充分引起重视的是，本寓言绝对不能将寓意指向获得乘风术的时间之长，而要指向获得乘风术绝对没有是非利害之分。之所以要这么特地强调，是因为过往注家无不将寓言的寓意错误地指向了时间的重要性，从而失去了寓言寓意的根本。

而后眼如耳，耳如鼻，鼻如口，无不同也，心凝形释

这句话不要在文字上细究，它的语境含义明确而清晰，就是物我两忘，风我合一。

浃时

原始含义为一季，现已成了一个死词，也应该死去，因为神形太过分离。神形分离，乃造词大忌。庄子乃造词高手，基本都能做到神形合一，比如道遥、浑沌、庄周梦蝶、庖丁解牛等。浃，音 jiā。

汝之片体将气所不受，汝之一节将气所不载，履虚乘风，其可几乎

思想如蓝天白云，行文如泉流蝶舞，含义如松间明月，奈何过往各注家竟然全都完完全全离开了寓言的神，注得云里雾里，离题万里，真真让人片体不受。

因为句子的含义实在太过简明，任何有正常阅读思考能力的人，都无须再依靠他人解注就能理解，故不解不注，看过【今译】后便会立马明白。

怍

音 zuò，惭愧。

【今译】

列子拜老商氏为师，结伯高子为友，尽得二老之道，于是乘风而归。

尹生听闻到了这事后，就一直追随在列子身边，连续好几个月始终锲而不舍，只要一看到列子有空，就向他请教乘风术。可是，无论尹生怎么请教，列子就是不告。尹生于是心怀怨恨地再三向列子请教，列子也还是不告。尹生实在没有办法，只得打道回府。过了几个月，因为心里对乘风术念念不忘，又前去拜师列子。

列子问："你怎么这么快就又回来了啊？"

尹生说："原先我向老师您请教乘风术，老师怎么也不告我，心中自然对老师产生了怨恨。现今我完全看开了，不再有怨恨了，所以又来拜师于您。"

列子说："过去我还以为你只是豁达呢，现今看来你还非常谦鄙啊。你坐下吧，我来好好告诉你我是怎样在我的老师那里学到乘风术的。自我拜师老商氏和结交伯高子后，过了三年，我才做到心不敢念是非，口不敢言利害，而这也才得到我老师的斜眼一瞟。过了五年，凡我心中所念的，还是有那么一丁点儿是非，凡我口中所言的，还是有那么一丁点儿利害，而这也才得到我老师淡淡的一笑。过了七年，凡我心中所念，都没有了一丁点儿是非，凡我口中所言，都没有了一丁点儿利害，而这也才赢得了老师把我拉到身边并席而坐。九年之后，任我心中念想什么，任我口中言说什么，根本就不知道我自己的是非利害在哪，也不知道我对立面的是非利害在哪，我甚至完全不知道老商氏就是我的老师，伯高子就是我的朋友，里里外外的一切，都已经超越了。而后眼如耳，耳如鼻，鼻如口，它们之间已经完全没有了什么分别，内心与外境都融为了一体，根本觉察不到我的肩膀有所依靠，也觉察不到我的双脚有所踩踏，风从东来，我就随东，风从西来，我就随西，我就像那枯叶干壳，完全不知道究竟是风在乘我呢，还是我在乘风。现在你拜在了我的门下，三个月的时间都还不到，你就一而再再而三地怼我怨我。如此这般，你身上的任何一个部位都将不会为外气所接受，或者说你身上的任何一个部位都将不会为外气所承载，就这样，你还想履虚乘风，怎么可能呢？"

尹生感到十分地惭愧，久久地连气都不敢呼吸一下，更不敢再说些什么了。

四

【正本】

列子问关尹："至人潜水不窒，蹈火不热，行乎万物之上而不栗，请问何以至于此？"

关尹曰："是纯气之守也，非知巧果敢之列。居，予语汝。凡有貌象声色者，皆物也，物与物何以相远？夫奚足以至乎先？是形色而已，则物之造乎不形，而止乎无所化。夫得是而穷之者，物焉得而止焉！彼将处乎不淫之度，藏乎无端之纪，游乎万物之所终始，一其性，养其气，合其德，以通乎物之所造。夫若是者，其天守全，其神无隙，物奚自入焉！夫醉者之坠车，虽疾不死。骨节与人同而犯害与人异，其神全也。乘亦不知也，坠亦不知也，死生惊惧不入乎其胸，是故逆物而不惧。彼得全于酒而犹若是，而况得全于天乎？至人藏于天，故物莫之能伤也。"

【原文】

列子问关尹曰："至人潜行不空，蹈火不热，行乎万物之上而不栗。请问何以至于此？"关尹曰："是纯气之守也，非智巧果敢之列。姬！鱼语女。凡有貌像声色者，皆物也。物与物何以相远也？夫奚足以至乎先？是色而已。则物之造乎不形，而止乎无所化。夫得是而穷之者，焉得而正焉？彼将处乎不深之度，而藏乎无端之纪，游乎万物之所终始。壹其性，养其气，含其德，以通乎物之所造。夫若是者，其天守全，其神无郤，物奚自入焉？夫醉者之坠于车也，虽疾不死。骨节与人同，而犯害与人异，其神全也。乘亦弗知也，坠亦弗知也。死生惊惧不入乎其胸，是故遻物而不慑。彼得全于酒而犹若是，而况得全于天乎？圣人藏于天，故物莫之能伤也。"

【清源】

潜水不窒

原文为：潜行不空。

改"行"为"水"，以使水与紧接的"蹈火不热"的火相对应。

改"空"为"窒"，明显系传抄或辨认错误。再者，《庄子》相同篇就是窒，也只有窒才合乎语境需要且能够被理解。

居，予语汝

原文为：姬！鱼语女。

好像不需要解释，一看就应该如此。

是形色而已，则物之造乎不形，而止乎无所化

原文为：是色而已。则物之造乎不形，而止乎无所化。

改"是色而已"为"是形色而已"。理由一,据语境,最好补加。理由二,《庄子》相同篇为"是形色而已",可信。

中间不能是句号,必须是逗号。参看【今译】便知。

彼将处乎不淫之度,藏乎无端之纪,游乎万物之所终始,一其性,养其气,合其德,以通乎物之所造

原文为:彼将处乎不深之度,而藏乎无端之纪,游乎万物之所终始。壹其性,养其气,含其德,以通乎物之所造。

改"深"为"淫"。本来可以不改,因为意思一样。只是,原字究竟是深还是淫,颇难定夺。鉴于已出版的《庄子见独》已经写成了"淫"字,遂按先来后到原则清源。

去掉"而藏乎无端之纪"的而,明显冗余。

中间不能用句号。

改"壹其性"为"一其性",以符合现代人的阅读习惯。《庄子见独》的相同部分没能改正,当时没能意识到,非常遗憾。

逆物而不惧

原文为:遻物而不慑。

几乎无法理解,估计是抄写错误。后人解注时,多将"遻"通假"逆","慑"通假"惧",完全没有必要。汉字的通假文化,大多是一种假文化,是对错误的纵容。

至人藏于天

原文为:圣人藏于天。

根据文脉,前有"至人潜水不窒",所以这里的圣人应该是至人之误。

【见一】

凡有貌象声色者,皆物也,物与物何以相远?夫奚足以至乎先?是形色而已,则物之造乎不形,而止乎无所化。夫得是而穷之者,物焉得而止焉

为使解读完全一致,且方便读者阅读,现复制《庄子见独》的相同部分如下：

　　非庄子不足以出此真言，非庄子灵魂分有者不足以解此真言。首先，要厘清这段话的外在文脉。它显然是对"至人潜水不窒，蹈火不热，行乎万物之上而不慄，请问何以至于此？"的回答，而不是单独另外表述一个与语境没有关系的道理。所以，"貌象声色"是针对"至人""水""火"说的，这些都是物。但作为物的至人，竟然可以"潜水不窒，蹈火不热，行乎万物之上而不慄"，也就是说，同为物的至人竟然可以不受水、火等"物"的"化"，这怎么可能呢？但事实上，至人确实就"潜水不窒，蹈火不热，行乎万物之上而不慄"，原因是至人能超越物而"纯气之守也"，一如"醉者之坠车"，"其神全也"。然后，要厘清这段话的内在逻辑。"凡有貌象声色者，皆物也，物与物何以相远？夫奚足以至乎先？"是对物物关系的发问，"是形色而已，则物之造乎不形，而止乎无所化。夫得是而穷之者，物焉得而止焉！"是对发问的回答，"夫得是而穷之者，物焉得而止焉！"是对回答的评判。请借助【今译】加深对解读的理解。由于这段话的思想极其深邃，所以务必要反反复复千沉百默才能理解到位。当然，有些人无论如何都无法理解到位。灵魂使然，不必沮丧。

以通乎物之所造

　　"潜水不窒，蹈火不热，行乎万物之上而不慄"就是"通乎物之所造"的表现形式。

【今译】

　　列子问关尹说："至人潜水不会窒息，蹈火不会烧伤，行乎万物之上而不会感到害怕，请问他为什么可以达到如此境地呢？"关尹说："这是因为至人能守住自己的纯真之气，而不是有什么知巧果敢之类的东西。你坐下来，我对你详细说说。凡是有貌象声色的，都是物，物跟物能相差多远呢？物怎么能先于物而存在呢？凡物都只不过是形色而已，所以物必定要从非物中来，也必定要在非物前打住。至人得知并穷尽了这个道理，物怎么能阻挡得了至人的行为啊！至人一直坚守在事物合适的范围之内，藏身在事物无尽的纲纪之中，遨游在万物的全部过程里，坚守自己的天性，颐养自己的真气，密合自己的德性，借此以通透万物天造的样子。至人做到了这些，他的天性是完备的，他的精神是无缝的，物怎能侵入到他！就好比，醉酒者从车上摔了下来，虽会受伤但并不会死。他的骨节与非醉者几乎相同，但所受的伤害与非醉者不同，原因就是他的精神处于完备之中。也就是说，醉酒者怎么上车的他自己不知道，怎么摔下的他自己也不知道，死生惊惧因而都没能进入到他的内心，所以即使他违逆了物情也不会感到害怕。人的精神仅因为醉酒就可以保全，更何况因为顺应天道了呢？至人就是因为把自己藏身在天道里，所以万物都伤害不到他。"

五

【正本】

列御寇为伯昏无人射，引之盈贯，措杯水其肘上，发之，适矢复沓，方矢复寓。当是时，犹象人也。

伯昏无人曰："是射之射，非不射之射也。尝与汝登高山，履危石，临百仞之渊，若能射乎？"

于是无人遂登高山，履危石，临百仞之渊，背逡巡，足二分垂在外，揖御寇而进之。御寇伏地，汗流至踵。

伯昏无人曰："夫至人者，上窥青天，下潜黄泉，挥斥八极，神气不变。今汝怵然，尔于射也殆矣夫！"

【原文】

列御寇为伯昏无人射，引之盈贯，措杯水其肘上，发之，镝矢复沓，方矢复寓。当是时也，犹象人也。伯昏无人曰："是射之射，非不射之射也。当与汝登高山，履危石，临百仞之渊，若能射乎？"于是无人遂登高山，履危石，临百仞之渊，背逡巡，足二分垂在外，揖御寇而进之。御寇伏地，汗流至踵。伯昏无人曰："夫至人者，上窥青天，下潜黄泉，挥斥八极。神气不变。今汝怵然有恂目之志，尔于中也殆矣夫！"

【清源】

适矢复沓

原文为：镝矢复沓。

现据《庄子见独》相同文本清源。

当是时

原文为：当是时也。

"也"字明显冗余，删除。

尝与汝登高山

原文为：当与汝登高山。

"当"明显是"尝"的传抄错误。

今汝怵然

原文为：今汝怵然有恂目之志。

"有恂目之志"应该是后人对"怵然"的解注混入了正文。

尔于射也殆矣夫

原文为：尔于中也殆矣夫！

根据文脉，"中"没有来由，但如果是"射"，则前呼后应，浑然一体，必对无疑。

【见一】

盈贯

即满贯，本义指钱币穿满绳子，比喻达到了极限。贯的本义为穿钱的绳子。

适矢复沓，方矢复寓

非常不好理解的一句话，估计原文有误。如果原文无误，则"适矢"应该指已经射出去的箭，"方矢"指将要射出去的箭。"复沓"应该指箭都堆在一块，即射在同一点上。沓，音 dá，指堆在一起的或逐个叠放的薄的东西。复寓应该指箭一只接一只搭放到弓上。

象人

结合语境，它的含义极其清晰，就是面不改色心不跳，或就是后文特意用来对比的"神气不变"，用以描述列御寇的射术之高。它的反面是"不象人"，即"御寇伏地，汗流至踵"，也即口语中说的面无人色。

背逡巡，足二分垂在外，揖御寇而进之

必须想象出场景才能精准理解。从"揖御寇而进之"看，伯昏无人显然是面对列御寇的。这样，"背逡巡"肯定是指往背后退着走。"足二分垂在外"肯定是指脚板有一半悬空在外。逡巡，音 qūn xún，退着走。二分，语意模糊。但如果取分的本义一分为二，则语意清晰，就是脚的一半。

【今译】

列御寇为伯昏无人表演射术，他拉满弓箭，一只手肘上还放上一杯水，射击时，已经射出去的箭都射中在同一个位置，正要射出的箭是一支连着一支。当是时，他神气不变，完全就一个正常的人。伯昏无人说："你这是射之射，不是不射之射。我要是跟你一起上登高山，脚踩危石，临百仞之渊，你还能射吗？"于是无人真的就上登高山，脚踩危石，临百仞之渊，背朝后退，双脚的一半对外悬空，双手恭请御寇前来射箭。御寇顿时拜服在地，汗都流到了脚后跟。伯昏无人说："就至人来说，他上窥青天，下潜黄泉，挥斥八极，神气不变。现看你这副惊恐害怕的样子，你要再射几乎是没可能了啊！"

六

【正本】

范氏有子曰子华，善养私客，举国服之。有宠于晋君，不仕而居三卿之右，目所偏视，晋国爵之，口所偏非，晋国黜之，游其庭者侔于朝。子华使其侠客以智鄙相攻，强弱相凌，虽伤破于前，不用介意，终日以此为戏乐，国殆成俗。

禾生、子伯，范氏之上客，出行，经坰外，宿于田埂商丘开之舍。中夜，禾生、子伯二人相与言子华之名势，能使存者亡，亡者存，富者贫，贫者富。商丘开先窘于饥寒，潜于牖北听之，因假粮荷畚之子华之门。

子华之门徒皆世族也，缟衣缓步，顾见商丘开年老力弱，面目漆黑，衣冠不检，莫不眲之，既而狎侮欺诈，无所不为。商丘开恒无愠容，而诸客之技单。愈于戏笑，遂与商丘开俱乘高台，于众中慢言曰："有能自投下者赏百金。"众皆竞应。商丘开以为信然，遂先投下，形若飞鸟，扬于地，肌骨无伤。

范氏之党以为偶然，未巨怪也，因复指河曲之深隈曰："彼中有宝珠，泳可得也。"商丘开复从而泳之。既出，果得珠焉。

俄而范氏之藏大火。子华曰："若能入火取锦者，从所得多少赏若。"商丘开往无难色，入火往还，埃不漫，身不焦。

范氏之党以为有道，乃共谢之曰："吾不知子之有道而诞子，吾不知子之神人而辱子，子其愚我也，子其聋我也，子其盲我也，敢问其道。"

商丘开曰："吾无道。虽吾之心，亦不知所以。虽然，有一于此，试与子言。向子二客之宿吾舍也，闻誉范氏之势，能使存者亡，亡者存，富者贫，贫者富，吾诚之无二心，故不远而来。及来，以子党之言皆实也，唯恐诚之之不至，行之之不及，不知形体之所措，利害之所存也，心一而已，物无逆者，如斯而已。今方知子党之诞我，我内藏猜虑，外矜观听，追昔日之不焦不溺也，怛然内热，惕然震悸矣，水火岂复可近哉？"

自此之后，范氏门徒路遇乞儿马医，弗敢辱也。

宰我闻之，以告仲尼。仲尼曰："汝弗知乎？夫至信之人，可以感物也。商丘开信伪，物犹不逆，况彼我皆诚哉？小子识之！"

【原文】

范氏有子曰子华，善养私名，举国服之；有宠于晋君，不仕而居三卿之右。目所偏视，晋国爵之；口所偏肥，晋国黜之。游其庭者侔于朝。子华使其侠客以智鄙相攻，强弱相凌。虽伤破于前，不用介意。终日夜以此为戏乐，国殆成俗。禾生、子伯、范氏之上客，出行，经坰外，宿于田更商丘开之舍。中夜，禾生、子伯二人相与言子华之名势，能使存者亡，亡者存；富者贫，贫者富。商丘开先窘于饥寒，潜于牖北听之。因假粮荷畚之子华之门。子华之门徒皆世族也，缟衣乘轩，缓步阔视。顾见商丘开年老力弱，面目黎黑，衣冠不检，莫不眲之。既而狎侮欺诒，挡拯挨扰，亡所不为。商丘开常无愠容，而诸客之技单，怠于戏笑。遂与商丘开俱乘高台，于众中漫言曰："有能自投下者赏百金。"众皆竞应。商丘开以为信然，遂先投下，形若飞鸟，扬于地，骨无。范氏之党以为偶然，未讵怪也。因复指河曲之淫隈曰："彼中有宝珠，泳可得也。"商丘开复从而泳之。既出，果得珠焉。众昉同疑。子华昉令豫肉食衣帛之次。俄而范氏之藏大火。子华曰："若能入火取锦者，从所得多少赏若。"商丘开往无难色，入火往还，埃不漫，身不焦。范氏之党以为有道，乃共谢之曰："吾不知子之有道而诞子，吾不知子之神人而辱子。子其愚我也，子其聋我也，子其盲我也，敢问其道。"商丘开曰：'吾亡道。虽吾之心，亦不知所以。虽然，有一于此，试与子言之。曩子二客之宿吾舍也，闻誉范氏之势，能使存者亡，亡者存；富者贫，贫者富。吾诚之无二心，故不远而来。及来，以子党之言皆实也，唯恐诚之之不至，行之之不及，不知形体之所措，利害之所存也。心一而已。物亡迕者，如斯而已。今昉知子党之诞我，我内藏猜虑，外矜观听，追幸昔日之不焦溺也，怛然内热，惕然震悸矣。水火岂复可近哉？"自此之后，范氏门徒路遇乞儿马医，弗敢辱也，必下车而揖之。宰我闻之，以告仲尼。仲尼曰："汝弗知乎？夫至信之人，可以感物也。动天地，感鬼神，横六合，而无逆者，岂但履危险，入水火而已哉？商丘开信伪物犹不逆，况彼我皆诚哉？小子识之！"

【清源】

目所偏视，晋国爵之，口所偏非，晋国黜之

原文为：目所偏视，晋国爵之；口所偏肥，晋国黜之。

改"肥"为"非"。偏视则爵，偏非则黜，语境使然，自然而然。至于为何"肥"字会出现在这里，应该连误抄误辨都算不上，纯粹就是一个意外，就好比一个人走在路上一坨鸟屎掉到了头上纯粹就是意外一样。就这样明显的错误过往注家都不敢动一丝改动念头，竟然全都盲从张湛"音鄙，肥，薄也"的解注，学界真应该黜之。

终日以此为戏乐

原文为：终日夜以此为戏乐。

"夜"的多余比夜晚的明月都要明显，也竟然为全部过往注家所继承，实在不知道"古人"究竟有多大的权威力量，竟然可以使后世注家"终日以此为戏乐"。要是我的这个清源竟然还会被指责，我真的会"惶惶不可终日夜"。

经坰外，宿于田埂商丘开之舍

原文为：经坰外，宿于田更商丘开之舍。

改"田更"为"田埂"。稍微有些常识的人，都会本能地知道田埂，人类社会的诡异，很多时候真的超出正常人的想象。自张湛注"更当作叟"后，田埂就有了类似"种田的老头"这种诡异的含义。幸运的是，大浪淘沙，这个诡异的含义，没有在中国文化中沉淀下来，但愿它永远沉睡下去，不再醒来。其实，田埂地头是一个再常见不过的词语，含义直观可见，无须任何解释说明。"田埂商丘开之舍"的意思简单清晰，就是商丘开的房子就在田边上，现今的农村还极其普遍地存在着，它是农耕文明的必然产物。

子华之门徒皆世族也，缟衣缓步，顾见商丘开年老力弱，面目漆黑，衣冠不检，莫不睥之，既而狎侮欺诈，无所不为

原文为：子华之门徒皆世族也，缟衣乘轩，缓步阔视。顾见商丘开年老力弱，面目黎黑，衣冠不检，莫不眲之。既而狎侮欺诒，挡拯挨扰，亡所不为。

将"缟衣乘轩，缓步阔视"减缩为"缟衣缓步"。从语境需要看，乘轩和缓步是无法同时进行的。从"顾见商丘开年老力弱，面目漆黑，衣冠不检，莫不睥之，既而狎侮欺诈，无所不为"看，只有"缓步"才是语境需要的。错误的源头应该是原文作者，不太可能是传抄错误。

改"黎黑"为"漆黑"。"黎黑"即"黧黑"，"黧黑"即黑色。与其如此七弯八拐让人眼前漆黑一片，不如直接"漆黑"。更何况，用"漆黑"一词来形容一个年老力弱的老农，一点都不夸张。

改"莫不眲之"为"莫不睥之"。眲、睥本是同胞兄弟，无分彼此，奈何眲已死，睥还活着。死了的大家都已经完全陌生，活着的大家都基本面熟，既然文章是给活着的人看，那就用活着的"睥"较好。眲，音 nè，唯一出现过的地方，就在《列子》这里。所以，高度怀疑它原本就是睥的误辨误抄。睥，音 bì，斜着眼看，有厌恶或高傲之意。

改"狎侮欺诒"为"狎侮欺诈"。明显误辨误抄，然后再通假成训。

删除"挡拯挨扰"。明显是一个莫名其妙的错误，想都不用想，就应该立马删除。奈何各注家硬是爱得不行，当"九阳神功"一般供奉着，然后再加以解注，以显示博学多闻。

商丘开恒无愠容，而诸客之技单

原文为：商丘开常无愠容，而诸客之技单，憼于戏笑。

改"常"为"恒"。不改也行，只是容易导致一般读者理解上的歧义。

将"憼于戏笑"移至后句作首句。过往注家全都盲从张湛的句读，遂致形式逻辑和义理逻辑均不顺畅。

肌骨无伤

原文为：骹骨无。

骩明显是肌的误辨或误抄。空缺的字是一个古异体字，左石右为，无解，也应该是伤或破的误辨或误抄。鉴于这里的伤比破好，遂取伤。

未巨怪也，因复指河曲之深隈曰

原文为：未讵怪也。因复指河曲之淫隈。

明显的传抄错误，完全没必要搞什么"讵通假巨""淫通假深"之类的解注。

既出，果得珠焉

原文为：既出，果得珠焉。众昉同疑。子华昉令豫肉食衣帛之次。

删除"众昉同疑。子华昉令豫肉食衣帛之次"。理由一，完全没有语境需要。理由二，完全不可理解。理由三，删除后的文本，清晰自然，毫不违和。

埃不墁

原文为：埃不漫。

明显因为没能理解文本含义而误辨误抄。墁，音 màn，作动词用时，意为涂抹。漫则无解。有注家将其解注为污染，有点污染。

心一而已，物无逆者，如斯而已

原文为：心一而已。物亡迕者，如斯而已。

中间绝对不能用句号隔开。

改"物亡迕者"为"物无逆者"。理所当然。

今方知子党之诞我，我内藏猜虑，外矜观听，追昔日之不焦不溺也，怛然内热，惕然震悸矣

原文为：今昉知子党之诞我，我内藏猜虑，外矜观听，追幸昔日之不焦溺也，怛然内热，惕然震悸矣。

改"昉"为"方"。不言而喻。

改"追幸"为"追"。"追"能理解，"追幸"不能理解。

汝弗知乎? 夫至信之人, 可以感物也

原文为: 夫至信之人, 可以感物也。动天地, 感鬼神, 横六合, 而无逆者, 岂但履危险, 入水火而已哉?

被删除的部分, 明显是后人的感言误入了正文。

商丘开信伪, 物犹不逆

原文为: 商丘开信伪物犹不逆。

凡是中间没有断句的解注, 一定是没有理解文本。从前文"物无逆者"看, "物犹不逆"必须单独成句。否则, 就会像一切过往注家所注的那样, 将本句解注为类似"商丘开相信那些虚假的事物尚且能不受阻碍与伤害"这样毫无语境文脉的话。

【见一】

不仕而居三卿之右

三卿。很不好确定其准确含义, 尽管限定词清晰, 即晋国的三卿。如果是泛称的三卿, 一般指古代的司徒、司马、司空, 也可指上、中、下三卿 (卿本身指古代高级官名)。如果是特指的三卿, 则当指当时晋国的三大势力, 即韩、赵、魏。由于三卿的正确解读与否不是太影响寓意的确立, 那就根据三在古代一般表示多的传统, 将三卿理解为当时晋国的全部高级官员比较契合语境需要。

右。古代一般以右为贵。

整句话的意思是说, 子华虽然在晋国没有一官半职, 但在国君心目中的地位, 却比晋国当时任何一个高级官员都高。

侔

音 móu, 本义为等同、相等。

坰

音 jiōng, 本义为都邑的远郊。

假粮荷畚

不要拘泥于文字，其实就是行囊，相当于今天的行李箱。畚，音 běn，本义为用蒲草或竹篾编织的盛物器具。

缟衣

同样不能死于字下。其语境含义，应该就是用绫罗绸缎做成的高级衣服。绫罗绸缎在古代不是物理概念，而是文化概念，特指富贵。缟，音 gǎo，本义为未经染色的绢。

缓步

同样是比喻说法，大意应该等同于游手好闲。

而诸客之技单

单，语境含义极其清晰，就是单一、单薄的单，绝对不能盲从过往注家所谓通假"殚"的解读。全句跟黔驴技穷是一个意思。

众皆竞应

语境含义非常明确，众，不是观众，而是子华的门徒。竞应，不是争先恐后去跳，而是纷纷起哄，相当于现代所说的托。

扬于地

用法太过单一，很难但最终能获得准确理解。从寓言寓意的需要看，作者是想通过商丘开的行为后果来阐明"至信之人，可以感物"。所谓感物，就是"物无逆者"。"物无逆者"的具体表现，就是"形若飞鸟，扬于地，肌骨无伤"，就是"入火往还，埃不漫，身不焦"。所以，"扬于地"就是应该用来容易商丘开像飞鸟着地，不但无伤，而且飘逸，轻松自如。扬，就是飘扬的扬。如果将其解注为"飘飘摇摇地落到地上"，显然不是寓言寓意所需要的效果。

隈

音 wēi，本义为山或水弯曲的地方。

怛然内热，惕然震悸矣

怛。音 dá，本义为痛苦，语境含义应为惊惧。

内热。因害怕而内心灼热。

惕。音 tì，本义为害怕、放心不下。

震悸。因害怕而心悸。

【今译】

一户姓范的人家有个儿子叫子华，特别善于蓄养侠客，晋国上上下下莫不敬服于他。不仅如此，子华还深得晋国国君宠爱，虽然不曾在国君身边担任任何官职，但他的地位确实就在所有高官之上。凡子华对某人多看一眼的，某人就会被晋官加爵。凡子华对某人非议一句的，某人就会被罢官削爵。登门拜访的人，几可与朝廷比肩。子华让门下的侠客智鄙相攻，强弱相凌，搞得大家伤痕累累，可他一点都不在意，一天到晚沉溺于这样的游戏欢乐当中，差点都演化成了晋的一种风俗。

禾生、子伯二人，是范家的上等侠客，有次出远门经过一处郊外，就落宿在位于耕地旁边的一个叫商丘开的老农家里。夜半时分，禾生、子伯二人相继谈论子华的名声与势力，还说到了子华能让本该活下来的人死去，本该死去的人活下来，本就富有的人变得贫穷，本就贫穷的人变得富有。商丘开先是被饥寒折磨得窘迫不堪，刚好在窗户的北边听到了这些话，于是收拾行囊，前去投靠子华。

子华的那些门徒，原本就是些达官显贵出身，穿的是绫罗绸缎，走的是悠闲步伐，瞥见商丘开年老力弱，面目漆黑，衣冠不捡，无不对他白眼以待。接着，就对商老头狃侮欺诈，无所不为。商丘开脸上始终没有表现出丝毫不快，搞得那些门徒再也无招可使。在一番疲惫不堪的戏笑过后，子华的门徒便把商老头带到了一处高台，当着大家的面不无侮慢地说："谁要是能从这里跳下去，就赏给谁黄金百两。"门徒们全都竞相起哄。商老头则信以为真，抢先跳了下去，样子看上去就如一只飞鸟，飘逸地落到了地上，毫发无伤。

范家的那些党徒们以为纯属偶然，并没有觉得特别奇怪，于是顺势又用手指向河流弯处最深的一处水域说："那里边可藏着宝珠，谁要是能游到那里，谁就可以获得那些宝珠。"商老头又一次信以为真，游到了那个地方。当他从水里探出头时，还真的得到了一颗宝珠。

不久以后，范家的仓库发生了一场大火。子华说："谁要是能进入大火并从中取出锦缎，取出多少，就赏多少。"商老头脸上没有显露出一丝的畏难之情，从火中进进出出，身上连一点灰烬都没沾上，更别说什么身体被烧焦之类的了。

范家的党徒们这下意识到，商老头乃是一位有道高人，于是齐刷刷地拱手谢罪说："我们不知道您老人家原来是一位有道高人而戏弄了您，我们不知道您老人家原来是一位神人而侮辱了您，您就当我们是一帮蠢猪好了，您就当我们是一堆聋子好了，您就当我们是一群瞎子好了，我们斗胆向您求教大道。"

商丘开说："我没有什么大道啊。即使在我自己心里，我也不知道这究竟是怎么回事。不过，内心还是有那么一丁点儿感想，可以试着跟大家说说。先前，你们这儿有两位侠客投宿到我家，我偷听到了他们二位对范家势力的赞誉，说范家能使本该活下来的人死去，使本该死去的人活下来，让原本富有的人变得贫穷，使原本贫穷的人变得富有，我对他俩的话完全信以为真，没起丝毫疑心，所以才跋山涉水前来。刚来时，我以为你们家那些党徒们所说的话全都是真的，生怕自己的诚心不足够，生怕自己的行动不迅速，所以，根本就没来得及想我的身体要如何应对，想我的好处与坏处究竟在哪里，因为我的心思没有任何分散，我与外物也就没有什么违逆，就这么回事而已。现在，我刚刚知悉了你们家的那些党徒们其实是在欺骗我，我内心于是就生出了猜虑，对待外物便会受自己所看到的和所听到的影响，现在就算是想一想当初不被火烧不被水淹的情形来，我都惊骇不已，心有余悸，哪里还敢再回到水火中去呢？"

自此以后，范家的门徒即使在路上遇到的是乞儿马医，也绝不敢再起任何辱慢之心。

宰我听闻到这件事后，把它告诉给了孔子。孔子说："你难道还没有明白过来吗？人的信仰要是达到了最高境界，是可以感化外物的。商老头所信仰的其实都是一些不存在的事物，可事物都还是不跟他相违逆，更何况现今你我所信仰的，都是些真实存在的事物呢？宰我你可得记好了！"

七

【正本】

周宣王之牧正有役人梁鸯者，能养野禽兽，委食于园庭之内，虽虎狼雕鹗之类，无不柔驯者。雄雌在前，孳尾成群，异类杂居，不相搏噬也。王虑其术终于其身，令毛丘园传之。

梁鸯曰："鸯，贱役也，何术以告尔？惧王之谓隐于尔也，且一言我养虎之法。凡顺之则喜，逆之则怒，此有血气者之性也。然喜怒岂妄发哉？皆逆之所犯也。夫食虎者，不敢以生物与之，为其杀之之怒也；不敢以全物与之，为其碎之之怒也。时其饥饱，达其怒心。虎之与人异类，而媚养己者，顺也，故其杀之，逆也。然则吾岂敢逆之使怒哉？亦不顺之使喜也。夫喜之复也必怒，怒之复也常喜，皆不中也。今吾心无逆顺者也，则鸟兽之视吾，犹其类也。故游吾园者，不思高林旷泽，寝吾庭者，不恋深山幽谷，理使然也。"

【原文】

周宣王之牧正有役人梁鸯者，能养野禽兽，委食于园庭之内，虽虎狼雕鹗之类，无不柔驯者。雄雌在前，孳尾成群，异类杂居，不相搏噬也。王虑其术终于其身，令毛丘园传之。梁鸯曰："鸯，贱役也，何术以告尔？惧王之谓隐于尔也，且一言我养虎之法。凡顺之则喜，逆之则怒，此有血气者之性也。然喜怒岂妄发哉？皆逆之所犯也。夫食虎者，不敢以生物与之，为其杀之之怒也；不敢以全物与之，为其碎之之怒也。时其饥饱，达其怒心。虎之与人异类，而媚养己者，顺也；故其杀之，逆也。然则吾岂敢逆之使怒哉？亦不顺之使喜也。夫喜之复也必怒，怒之复也常喜，皆不中也。今吾心无逆顺者也，则鸟兽之视吾，犹其侪也。故游吾园者，不思高林旷泽；寝吾庭者，不愿深山幽谷，理使然也。"

【清源】

全章

本章几乎没有要清源的地方，真是太难得了。清源的几处，也只是从完美性和读者的顺畅阅读出发，不做清源也是完全可以的。

犹其类也

原文为：犹其侪也。

改"侪"为"类"。原因很单一，就是"侪"已经死了，而"类"还活着。不改的话，现代人必须借助他人解注才能顺畅理解，麻烦。侪，音 chái，本义为同辈、同类的人。

不恋深山幽谷

原文为：不愿深山幽谷。

改"愿"为"恋"。理由一，前有"不思高林旷泽"的思，思恋配搭自然而然。理由二，"愿"最好解注为恋，而不能解注为愿望。

【见一】

牧正

古官名。牧官之长，主管畜牧。

委食

等同于投食。构词法等同于委身。

雕鹗

从"虎狼雕鹗之类"看，雕鹗应该是雕、鹗。鹗，音 è，鸟的一种，性凶猛，背暗褐色，腹白色，常在水面上飞翔，捕食鱼类，俗称鱼鹰。

雄雌在前，孳尾成群

非常非常不好理解的一句话。反反复复沉思、想象，它的语境含义应该等同于"雄雌成群在前孳尾"，即"公的、母的成群结队当着大家的面进行哺乳、交配"。孳。音 zī，本义为繁殖、生息。从孳从子看，再结合尾的交配含义，解读为哺乳应该八九不离十。

时其饥饱，达其怒心

关键点，在理解"时"与"达"。那如何才能时与达呢？《庄子见独》《养生主》中的一句话可谓他山之钻："为善无近名，为恶无近刑，缘督以为经。"翻译过来就是："做自己喜欢的事情不要受到名称的限制，做自己不喜欢的事情不要硬碰硬，始终将自己的行为建立在观察督导的基础之上。"

虎之与人异类，而媚养己者，顺也，故其杀之，逆也

复制《庄子见独》《养生主》中完全同样的解读如下：

看上去容易理解，但一旦真正去理解，就发现其中非常有问题。问题表现在两个地方，一是媚养己者，一是故。

"媚养己者"前面一定掉了一个字。究竟是什么字，不知道，但句子的大意是清楚的，就是老虎不会伤害媚养自己的人。照过往解注本理解，老虎怎么可能讨好献媚养己的人？好养是养，坏养也是养，只要是养，老虎就会讨好献媚？文章完全没有这样的语境。文章极其明显的语境是"不敢以生物与之，为其杀之之怒也。不敢以全物与之，为其决之之怒也。时其饥饱，达其怒心。"这么做的养虎者，就叫媚养者，即养虎者向老虎讨好献媚。对于这样的养虎行为，才管它叫顺。否则，就叫逆。逆的结果，就是故其杀者，就是显出老虎嗜杀的本性。故，做动词用，还原出本性的意思。

然则吾岂敢逆之使怒哉？亦不顺之使喜也。夫喜之复也必怒，怒之复也常喜，皆不中也。今吾心无逆顺者也，则鸟兽之视吾，犹其类也

本寓言寓意的最最核心句，极具思想价值。字面意思十分简单，完全无须任何解注，将自己设想为动物本身而不是人就可以了，因为任何动物都不

会刻意使别的动物或喜或怒，因为任何动物都有它自然而然的或喜或怒。

之所以要单独拈出来，就是想凸显给读者，以引起读者对如此深刻思想的高度重视。

【今译】

周宣王牧正官手下有一位仆人，名叫梁鸯，他的特别之处在于能把野生的禽兽看管喂养好。当他把食物投放到园庭之中时，就算是虎狼雕鹗这类凶猛的动物，都没有不驯服于他的指挥的。各式各样的动物杂居在一块，公公母母都成群结队地当众进行哺乳、交配，而不会相互搏杀、撕咬。周宣王担心这么好的技艺失传，就下令让毛丘园前往传承。

梁鸯说："我呀，只是一个地位卑微的仆人，哪有什么特别的招数传授给你啊？但担心宣王说我对你隐瞒了什么，就暂且让我把养虎的招数说说吧。任何有血气的生物，依顺它的性子它就会欢喜，违逆它的性子它就会恼怒，这是一切有血气者的本性。可是，本性上的喜怒，难道是随便就会发生的吗？全都是因为有违逆才会发生啊。当我饲养老虎的时候，从来就不敢以活物喂养老虎，怕的是老虎杀活物时带来的恼怒。也不敢以全物喂养老虎，怕的是老虎撕吃时带来的恼怒。我总是能在适当的时候让老虎吃饱，以使老虎不会发怒。老虎作为与人不同的物类，都知道不伤害媚养自己的人，就是因为养虎者依顺了它呀。要是它展示出原本嗜杀的那一面，就是因为养虎者违逆了它啊。即便如此，我又怎敢违逆老虎以使它发怒？同样也不会依顺它以使它欢喜啊。因为，欢喜过后就会发怒，发怒过后又会常常转向欢喜，这些都会导致失败。要是我的心里根本就没有任何想要依顺或是违逆那些野生禽兽的念头，则那些鸟兽之类的禽兽看到我，就好像看到的是自己的同类。正因此，它们游、憩在我的园庭里，根本就不会想起什么高林旷泽，也根本不会对它们曾经的深山幽谷念念不忘，这就是因为天理的缘故啊。"

八

颜渊问于仲尼曰:"吾尝济乎觞深之渊,津人操舟若神。吾问焉,曰:'操舟可学耶?'曰:'可。善游者数能。若乃夫没人,则未尝见舟而便操之也。'吾问焉而不吾告,敢问何谓也?"

仲尼曰:"善游者数能,忘水也。若乃夫没人之未尝见舟而便操之也,彼视渊若陵,视舟若履,万方陈乎前而不得入其舍,何往而不暇!以瓦注者巧,以钩注者惮,以黄金注者殙。其巧一也,而有所矜,则重外也。凡外重者内拙。"

颜回问乎仲尼曰:"吾尝济乎觞深之渊矣,津人操舟若神。吾问焉,曰:'操舟可学邪?'曰:'可;能游者可教也,善游者数能。乃若夫没人,则未尝见舟而谡操之者也。'吾问焉,而不告。敢问何谓也?"仲尼曰:'诇!吾与若玩其文也久矣,而未达其实,而固且道与。能游者可教也,轻水也;善游者之数能也,忘水也。乃若夫没人之未尝见舟也而谡操之也,彼视渊若陵,视舟之覆犹其车却也。覆郤万物方陈乎前,而不得入其舍。恶往而不暇?以瓦抠者巧,以钩抠者惮,以黄金抠者惛。巧一也,而有所矜,则重外也。凡重外者拙内。"

全章

本章与《庄子见独》《达生》第四节高度相似。鉴于《庄子见独》已然出版,为避免前后冲突引起不必要的解注麻烦,现以已出版的为准,尽管已出版的未必最好或最完整,但义理逻辑都是通的。

善游者数能

原文为：能游者可教也，善游者数能。

据《庄子见独》清源。

未尝见舟而便操之也

原文为：未尝见舟而谡操之者也。

谡、便都不好，但"便"更方便理解，且《庄子见独》为"便"。

吾问焉而不吾告

原文为：吾问焉，而不告。

依《庄子见独》清源。

善游者数能，忘水也

原文为：讴！吾与若玩其文也久矣，而未达其实，而固且道与。能游者可教也，轻水也；善游者之数能也，忘水也。

据《庄子见独》清源。

若乃夫没人之未尝见舟而便操之也，彼视渊若陵，视舟若履，万方陈乎前而不得入其舍，何往而不暇

原文为：乃若夫没人之未尝见舟也而谡操之也，彼视渊若陵，视舟之覆犹其车却也。覆郤万物方陈乎前，而不得入其舍。恶往而不暇？

复制《庄子见独》相应解注如下：

之所以敢在没有任何凭证的情况下，对如此经典做如此大的修改，实在是因为原文无论义理还是逻辑都完全不通，一个会潜水的人怎么可能就必定会把翻车不当回事？再者，"会潜水的人"难道会比"善游者"更高明？善游者不会潜水？分析错误产生的原因，应该是后人不解"没人"，或是将"没人"错解为"会潜水的人"，于是将原文中的"若履"修改为"之覆"，再后人还是因为不解文本，就对"视舟之覆"又作注"犹其车却也"。至于覆郤，则完全是错上加错的结果。

以瓦注者巧，以钩注者惮，以黄金注者殙

原文为：以瓦抠者巧，以钩抠者惮，以黄金抠者惛。

据《庄子见独》清源。

凡外重者内拙

原文为：凡重外者拙内。

据《庄子见独》清源。

【见一】

吾尝济乎觞深之渊，津人操舟若神

济。同舟共济的济，渡的意思。

觞深。非常陌生且隐晦的一个词，但因为语境在，其含义是可以依凭纯粹理性推导出来的，即又陡又深。陡的意思从哪里来呢？只能从"觞"字里来。怎么来呢？觞的本义为盛酒器，天下盛酒器莫不都是陡的。如果不做是解，则"津人操舟若神""万方陈乎前而不得入其舍"都将因没有背景而不能理解。

津人。渡船的船夫。

善游者数能

乍一看上去几乎无法理解，以为原文有文字缺失，但熟读并理解了文本后，其含义还是非常清晰的，无须做任何文字补加，它明显是接"操舟可学耶？"的语气说的。所以，数能，就是操舟不多几次就能了。

若乃夫没人之未尝见舟而便操之也，彼视渊若陵，视舟若履，万方陈乎前而不得入其舍，何往而不暇

复制《庄子见独》相应解注如下：

正确理解文本的关键，在理解"没人"。理解没人的关键，在将没人跟忘水的义理接应上。结合庄子总体思想，没人即忘人，根本就不是什么"会潜水的人"这么水的解释。那到底是忘记什么的人呢？如果将"没人"解读为忘记自己的人，这句话和前文意思的前后逻辑关系就不太清楚。但将"没人"解读为"忘记周围存在的人"，前后语义就非常畅通。正是因为忘记深渊和舟，才能"视渊若陵，视舟若履，万方陈乎前而不得入其舍"。

【今译】

颜渊问孔子："我曾经在一个又陡又深的渡口渡河，摆渡船夫的操舟能力就如神一般。我于是问他：'你这样的操舟能力可以通过学习学到吗？'船夫说：'可以呀。善游者只要操舟几次就可以学到这种能力。但要是没人，则即使从没有看到过船都可以操得如我一样。'我问他原因但他没有告诉我，请问他说的话究竟是什么意思呢？"孔子说："所谓善游者只要操舟几次就可以学到这种能力，是指善游者能忘却水的存在。所谓要是没人则即使从没有看到过船都可以操得如他一样，是指一个忘记了周围存在的人，能把陡深的渊水看作只是山丘，能把渡船看作只是脚穿的鞋子，不论外在如何变化，他都始终不放心上，他到哪里不是闲庭信步！以瓦作赌注的时候就会尽显技巧，以钩作赌注的时候就会有所忌惮，以黄金作赌注的时候就会头昏眼花。赌技都一样，之所以心里会有所拘谨，就是因为太看重外在。大凡太过看重外在，便会导致内心笨拙。"

九

【正本】

孔子观于吕梁，悬水三十仞，流沫四十里，鱼鳖之所不能游也。见一丈夫游之，以为有苦而欲死也，使弟子并流而拯之。数百步而出，被发行歌而游于塘下。

孔子从而问焉，曰："吾以子为鬼，察子则人也。请问蹈水有道乎？"

曰："亡，吾无道。吾始乎故，长乎性，成乎命。与脐俱入，与汩偕出，从水之道而不为私焉。此吾所以蹈之也。"孔子曰："何谓始乎故，长乎性，成乎命？"曰："吾生于陆而安于陆，故也。长于水而安于水，性也。不知吾所以然而然，命也。"

【原文】

孔子观于吕梁，悬水三十仞，流沫三十里，鼋鼍鱼鳖之所不能游也。见一丈夫游之，以为有苦而欲死者也，使弟子并流而承之。数百步而出，被发行歌，而游于棠行。孔子从而问之，曰："吕梁悬水三十仞，流沫三十里，鼋鼍鱼鳖所不能游，向吾见子道之。以为有苦而欲死者，使弟子并流将承子。子出而被发行歌，吾以子为鬼也。察子，则人也。请问蹈水有道乎？"曰："亡，吾无道。吾始乎故，长乎性，成乎命，与齐俱入，与汩偕出。从水之道而不为私焉，此吾所以道之也。"孔子曰："何谓始乎故，长乎性，成乎命也？"曰："吾生于陵而安于陵，故也；长于水而安于水，性也；不知吾所以然而然，命也。"

【清源】

全章

《庄子见独》《达生》第九节与本章十分类似，现以已出版的为准，以免前后冲突。

鱼鳖之所不能游也

原文为：鼋鼍鱼鳖之所不能游也。

鼋鼍，音 yuán tuó，明显为冗余词，故予删除。那为什么不删除鱼鳖呢？因为它简明很多。

使弟子并流而拯之

原文为：使弟子并流而承之。

"拯"明显比"承"好，且《庄子见独》为拯。

被发行歌而游于塘下

原文为：被发行歌，而游于棠行。

改"棠行"为"塘下"。理由一，"棠行"不可理解。理由二，《庄子见独》为"塘下"。从这里可以明显看出,后人死守前人的原文而不敢有一字一符的改动,是多么的可笑。

吾以子为鬼,察子则人也。请问蹈水有道乎

原文为:吕梁悬水三十仞,流沫三十里,鼋鼍鱼鳖所不能游,向吾见子道之。以为有苦而欲死者,使弟子并流将承子。子出而被发行歌,吾以子为鬼也。察子,则人也。请问蹈水有道乎?

《庄子见独》的原文明显优于这里的原文。可见,死守前人的文字,有多么的迂腐可笑。

与脐俱入

原文为:与赍俱入。

赍不可解,脐可解。

吾生于陆而安于陆,故也

原文为:吾生于陵而安于陵。

复制《庄子见独》相应解注如下:

修改的根据,一是原文很可能原本就是"陆",因形近而误;二是"生于陵"跟"长于水"不搭,但如果是"生于陆",就不仅跟"长于水"很搭,而且跟"故"更搭。故就是"故土"的故。请结合【今译】理解。

【见一】

吕梁

不是单一名词,而是合成词,即吕水的堤堰。也只有设想孔子是站在堤堰之上,才能合理地看到"悬水三十仞,流沫四十里"以及"数百步而出,被发行歌而游于塘下"。

梁。本义为水桥,也有堤堰的意思。

悬水三十仞，流沫四十里

从下文"数百步而出，被发行歌而游于塘下"看，估计原文有误，主要是"里"字可能有误，但不知道正确的应该是什么。当然，也可能是文学的夸张手法，一如"飞流直下三千尺"。

仞。古代长度单位，周制八尺，汉制七尺。

脐

漩涡的形象说法，因为漩涡跟肚脐眼的形状很像。

汩

字面义不是很清晰，但语境义很清晰，就是水从下往上涌，与漩涡反向。

【今译】

孔子观赏于吕水的堤堰之上，看到堤堰下方水的落差有三十仞之高，溅起的水花能流到四十里开外，就连鱼鳖等都不能在其中游动。这时他竟然看到有一男子在那里游动，孔子以为该男子遭遇了什么困苦而欲自寻短路，于是便打发弟子顺水而下想把他救起来。但是，那男子竟然就在数百步之远的地方出现了，披散着头发一边唱歌，一边游水堤堰之下。孔子跟上去问道："我开始还以为是鬼呢，仔细看过才知道是人。请问如你这般游水有什么门道吗？"游水男子回答说："没有啊，我没有什么门道。我只不过始乎故，长乎性，成乎命。我与漩涡一起下入，又与涌流一起上出，我完全顺从水的流向而不带一丁点儿个人的想法。这就是我所谓游水的门道。"孔子又问："那你所谓的'始乎故，长乎性，成乎命'到底什么意思啊？"游水男子说："我生在陆地就安心于陆地，这就是故。我长在水里就安心于水里，这就是性。我不知道我为什么会是这样但保持这样，这就是命。"

十

【正本】

仲尼适楚，出游林中，见佝偻者承蜩，犹掇之也。

仲尼曰："子巧乎！有道耶？"

曰："我有道也。五六月累丸二而不坠，则失者锱铢。累三而不坠，则失者十一。累五而不坠，犹掇之也。吾处身也，若橛株之枸。吾执臂也，若槁木之枝。虽天地之大，万物之多，而唯蜩翼之知。吾不反不侧，不以万物易蜩之翼，何为而不得！"

孔子顾谓弟子曰："用志不分，乃凝于神，其佝偻丈人之谓乎！"

【原文】

仲尼适楚，出于林中，见佝偻者承蜩，犹掇之也。仲尼曰："子巧乎！有道邪？"曰："我有道也。五六月，累垸二而不坠，则失者锱铢；累三而不坠，则失者十一；累五而不坠，犹掇之也。吾处也，若橛株驹；吾执臂若槁木之枝。虽天地之大，万物之多，而唯蜩翼之知。吾不反不侧，不以万物易蜩之翼，何为而不得？"孔子顾谓弟子曰："用志不分，乃凝于神。其佝偻丈人之谓乎！"丈人曰："汝逢衣徒也，亦何知问是乎？修汝所以，而后载言其上。"

【清源】

《庄子见独》《达生》第三节与本章十分类似，现以已出版的为准，以免前后冲突。

累丸

原文为：累垸。

据《庄子见独》改，且"垸"明显没有"丸"明了。

吾处身也，若橛株之枸

原文为：吾处也，若橛株驹。

《庄子见独》文本明显优于这里的原文。现复制《庄子见独》相应解注如下：

原文为"若蹶株拘"，明显有误。因为，它首先在形式上应该与"若槁木之枝"一致，然后应该可以被理解。如果是"若蹶株拘"，就无法理解。遗憾的是，即使修改为"若橛株之枸"，也只是在形式上求得了一致，但意义还是不太能清晰理解，主要是枸无法训出跟语境相合的意思出来。橛株的意思也是不太能肯定，据传统解注，它指小木桩，这个意思将就能吻合这里的语境需要。

丈人曰："汝逢衣徒也，亦何知问是乎？修汝所以，而后载言其上。"

原位于章末，明显与语境不合，但不知何故会混入文本，故予删除。更何况，《庄子见独》也没有这句话。

【见一】

见佝偻者承蜩，犹掇之也

要在语境中理解佝偻者的隐晦含义。照常理，佝偻者行动不便，捕蝉困难，但因为"有道"，他在捕蝉时却好像顺手将蝉捡拾起来一样。其思想含义，就是神比形重要，也即"用志不分，乃凝于神"。

佝偻。音 gōu lou，弯腰驼背。

承蜩。意即粘蝉，这种古老的捕蝉方式现在还经常出现，本人曾在广州大学城亲眼见过。承字估计有误，怎么也训不出语境所需要的含义，但这并不影响对文本的理解。

蜩。音 tiáo，即古语蝉。

掇。音 duō，本义为拾取。

五六月累丸二而不坠，则失者锱铢。累三而不坠，则失者十一。累五而不坠，犹掇之也

复制《庄子见独》相应解注如下：

"五六月"三字十分费解，估计原文有丢失，或是拟文不当。正确的拟文应该是这样子的："五六月累丸二而不坠，则失者锱铢。七八月累三而不坠，则失者十一。九十月累五而不坠，犹掇之也。"或应该是这样子的："五六月累丸二而不坠者，则失者锱铢。累三而不坠者，则失者十一。累五而不坠者，犹掇之也。"前一种可以用来说明佝偻者累丸的时间长，后一种可以用来说明佝偻者累丸的天赋高。按庄子的整体思想，当是指佝偻者的天赋高。事实上，也只有天赋高的人才能真正地"用志不分"。

不反不侧

反。显然指蜩的反面，也即佝偻者的后面。

侧。显然指蜩的两侧，也即佝偻者的两侧。

【今译】

孔子到楚国去，在一片树林里游览时，看到一位驼背老头在粘蝉，粘得就如捡取一般。孔子问："您真是粘蝉高手呀！有什么说法吗？"驼背老头说："我有说法啊。一个人要是经过五六个月的练习，在杆头上连放两球而不掉落的，失手的次数就会不多。在杆头上连放三球而不掉落的，十次也就失手一次。但要是在杆头上连放五球都不掉落的，那粘蝉就可以如同捡取一般了。我站立的时候，就如木桩扎进地里。我拿杆的时候，就如枯木伸出旁枝。天地即使再大，万物即使再多，但我眼里只有蝉翼。我绝不往后看，也绝不左右看，总之，当一切都改变不了我对蝉翼的注意时，难道还能不粘得就如捡取一般吗！"

孔子回头对弟子们说："当心思没有任何分散的时候，神也就凝聚起来了，说的就是驼背老头这样的人啊！"

十一

【正本】

海上之人有好鸥鸟者，每旦之海上，从鸥鸟游。鸥鸟之至者，百数而不止。

其父曰："吾闻鸥鸟皆从汝游，汝取来，吾玩之。"

明日之海上，鸥鸟舞而不下也。

【原文】

海上之人有好沤鸟者，每旦之海上，从沤鸟游，沤鸟之至者百住而不止。其父曰："吾闻沤鸟皆从汝游，汝取来，吾玩之。"明日之海上，沤鸟舞而不下也。故曰：至言去言，至为无为。齐智之所知，则浅矣。

【清源】

鸥鸟

原文为：沤鸟。

沤鸟是什么鸟，不解释就不知道。改为鸥鸟，不解释就都知道。其实，沤鸟的唯一解释，就是鸥鸟。既如此，为什么不直接改过来而偏偏要作注呢？难道世上真的有人就喜欢麻烦？

百数而不止

原文为：百住而不止。

明显的传抄错误，改过来便是。如果非得以作注的方式来解释，实在不明白意义何在。

故曰：至言去言，至为无为。齐智之所知，则浅矣

原位于章末，明显是后人浅得不能再浅、错得不能再错的感言，故必须删除。

【见一】

海上之人有好鸥鸟者，每旦之海上，从鸥鸟游。鸥鸟之至者，百数而不止

看上去十分简明易懂的一句话，细究之下，其实过往解注无一正确。错误产生的原因，是由句读并由句读所引发的义理逻辑错误引起。句读是指，

"从鸥鸟游"后必须是句号。义理逻辑是指，句读正确后，"鸥鸟之至者，百数而不止"的义理，不是指"飞来的鸥鸟，一百只都不止"，而是指"鸥鸟数最多的时候，有一百多只"。两者的差别，集中在"至"的含义不同上。这不是吹毛求疵，或是刻意标新立异，而是解注经典所必须具备的细心和能力的内在要求。

明日之海上，鸥鸟舞而不下也

话语本身简单到凡能拿起这类书的人，都能理解。但通过这句话，整个寓言想要表达的寓意并不那么容易解说清楚，虽然很多人仅凭直觉就知道大概。但大概，不是真正学人的自我要求，真正的学人要取法乎上，力求清晰、完美。

"从鸥鸟游。鸥鸟之至者，百数而不止"与"明日之海上，鸥鸟舞而不下也"差别出现的原因是什么呢？显然是好鸥鸟者的父亲的那句话"汝取来"。也就是，好鸥鸟者没有取鸥鸟之心，鸥鸟就纷至沓来。好鸥鸟者有了取鸟之心，鸥鸟就一只都不下来。为什么会这样呢？已经懂了的人，确实无法通过纯粹的言语来完全传达给还没懂的人，还没懂的人必须经由言语然后超越言语自己实现理解的飞跃。请结合本篇第六个寓言尤其是寓言的核心句"夫至信之人，可以感物也"一并理解，还请结合下一个寓言及其核心句"和者，大同于物，物无伤者"一并理解，更请同时深度思考"纯粹"的力量和价值。

【今译】

一位常住海上的人，特别喜爱鸥鸟，几乎每天都会到海上，跟在鸥鸟的后面，同鸥鸟一起玩耍。一起玩耍的鸥鸟最多的时候，可达百只以上。

他的父亲说："我听说鸥鸟都喜欢跟你一块玩耍，要不你就捉几只回来，我也要玩耍玩耍。"

第二天，好鸥鸟者来到海上。可是，鸥鸟在天空中飞舞，就是不肯下来。

十二

赵襄子率徒十万，狩于中山，燔林百里。有一人从石壁中出，随烟烬上下，众谓鬼物。火过，其人徐行而出，若无所经涉者。襄子怪而留之，徐而察之：形色七窍，人也；气息音声，人也。

襄子问："奚道而处石？奚道而入火？"

其人曰："奚物而谓石？奚物而谓火？"

襄子曰："尔向之所出者，石也。尔向之所涉者，火也。"

其人曰："不知也。"

魏文侯闻之，问子夏曰："彼何人哉？"

子夏曰："商闻夫子之言曰：'和者，大同于物，物无伤者。游金石，蹈水火，皆可也。'"

文侯曰："吾子奚不为之？"

子夏曰："刳心去智，商未之能。虽然，试语之，可矣。"

文侯曰："夫子奚不为之？"

子夏曰："夫子能为之而能不为者也。"

文侯大悦。

【原文】

赵襄子率徒十万狩于中山，藉芿燔林，扇赫百里。有一人从石壁中出，随烟烬上下，众谓鬼物。火过，徐行而出，若无所经涉者。襄子怪而留之，徐而察之：形色七窍，人也；气息音声，人也。问奚道而处石？奚道而入火？其人曰："奚物而谓石？奚物而谓火？"襄子曰："而向之所出者，石也；而向之所涉者，火也。"其人曰："不知也。"魏文侯闻之，问子夏曰："彼何人哉？"子夏曰："以商所闻夫子之言，和者大同于物，物无得伤阂者，游金石，蹈水火，皆可也。"文侯曰："吾子奚不为之？"子夏曰："刳心去智，商未之能。虽然，试语之有暇矣。"文侯曰："夫子奚不为之？"子夏曰："夫子能之而能不为者也。"文侯大说。

【见一】

全章

由于无法清晰把握本寓言的究竟寓意是什么，导致解读遇到诸多无法克服的困难，故不解，不注，不译。现所作的【正本】，只是尽绵薄之力而为后人更好的研究提供一个视角，可信但不足信。

十三

【正本】

郑有神巫曰季咸，知人之生死存亡，祸福寿夭，期以岁月旬日，若神。郑人见之，皆弃而走。

列子见之而心醉，归以告壶子曰："始吾以夫子之道为至矣，则又有至焉者矣。"

壶子曰："吾与汝既其文，未既其实，尔固得道与？众雄而无雌，尔又奚卵焉？尔以道与世抗，必信。夫故使人得而相汝，尝试与来，以予示之。"

明日列子与之见壶子，出而谓列子曰："嘻，子之先生死矣，弗活矣，不以旬数矣。吾见怪焉，见湿灰焉。"

列子入，泣涕沾襟，以告壶子。壶子曰："向吾示之以地文，萌乎不震不止，是殆见吾杜德机也。尝又与来。"

明日，又与之见壶子，出而谓列子曰："幸矣，子之先生遇我也，有瘳矣，全然有生矣，吾见其杜权矣。"

列子入以告壶子，壶子曰："向吾示之以天壤，名实不入，而机发于踵，是殆见吾善者机也。尝又与来。"

明日，又与之见壶子。出而谓列子曰："子之先生不齐，吾无得而相焉。试齐，且复相之。"

列子入，以告壶子。壶子曰："向吾示之以太冲莫胜，是殆见吾衡气机也。鲵桓之审为渊，止水之审为渊，流水之审为渊，渊有九名，此处三焉。尝又与来。"

明日，又与之见壶子。立未定，自失而走。

壶子曰："追之。"

列子追之不及，反以报壶子曰："已灭矣，已失矣，吾弗及也。"

壶子曰："向吾示之以未始出吾宗，吾与之虚而委蛇，不知其谁何，因以为递靡，因以为波流，故逃也。"

然后列子自以为未始学而归，三年不出，为其妻爨，食豕如食人，于事无与亲，雕琢复朴，块然独以其形立，纷而封哉，一以是终。

【原文】

有神巫自齐来处于郑，命曰季咸，知人死生、存亡、祸福、寿夭，期以岁、月、旬、日如神。郑人见之，皆避而走。列子见之而心醉，而归以告壶丘子，曰："始吾以夫子之道为至矣，则又有至焉者矣。"壶子曰："吾与汝无其文，未既其实，而固得道与？众雌而无雄，而又奚卵焉？而以道与世抗，必信矣。夫故使人得而相汝。尝试与来，以予示之。"明日，列子与之见壶子。出而谓列子曰："嘻！子之先生死矣，弗活矣，不可以旬数矣。吾见怪焉，见湿灰焉。"列子入，涕泣沾襟以告壶子。壶子曰："向吾示之以地文，罪乎不诔不止，是殆见吾杜德几也。尝又与来！"明日，又与之见壶子。出而谓列子曰："幸矣，子之先生遇我也，有瘳矣。灰然有生矣，吾见杜权矣。"列子入告壶子。壶子曰："向吾示之以天壤，名实不入，而机发于踵，此为杜权。是殆见吾善者几也。尝又与来！"明日，又与之见壶子，出而谓列子曰："子之先生坐不斋，吾无得而相焉。试斋，将且复相之。"列子入告壶子。壶子曰："向吾示之以太冲莫朕，是殆见吾衡气几也。鲵旋之潘为渊，止水之潘为渊，流水之潘为渊，滥水之潘为渊，沃水之潘为渊，氿水之潘为渊，雍水之潘为渊，汧水之潘为渊，肥水之潘为渊，是为九渊焉。尝又与来！"明日，又与之见壶子。立未定，自失而走。壶子曰："追之！"列子追之而不及，反以报壶子，曰："已灭矣，已失矣，吾不及也。"壶子曰："向吾示之以未始出吾宗。吾与之虚而猗移，不知其谁何，因以为茅靡，因以为波流，故逃也。"然后列子自以为未始学而归，三年不出，为其妻爨，食豕如食人，于事无亲，雕琢复朴，块然独以其形立；纷然而封戎，壹以是终。

【清源】

此寓言见于已出版的《庄子见独》《应帝王》第五节。由于文本太长，一一叙述清源过程会显得太过啰唆，更主要是没有必要，故就此略过。【见一】则是基本照抄《庄子见独》的相应部分，一是为了避免前后冲突，二是为了读者阅读方便。

【见一】

吾与汝既其文，未既其实，尔固得道与？众雄而无雌，尔又奚卵焉？尔以道与世抗，必信

极为难解的一句话，主要是意思上难以连贯。

既。"既定"的既，表示动作已经完成了。

文。"文字"的文，指代事物的名称，相当于"名副其实"的名。

实。"名副其实"的实。

众雄而无雌，尔又奚卵焉。要看作是一个比方，"雄"相当于前文中的"文"，"雌"相当于前文中的"实"。卵，相当于文实相合后所包含的道。

道。特指列子自以为是的非道的道，类似口语中的"就你那水平"，其实就是"没有水平"的意思。

信。"信号"的信，相当于口语中的"露出马脚"。

吾见怪焉，见湿灰焉

一定要把湿灰看作是怪的具体内涵。怪就是"怪异"的怪，湿灰就是泼了水的灰，表示象征生命特征的温度的消失，估计庄子原文本就是死灰，即"死灰复燃"的死灰，这可从前文的"子之先生死矣，弗活矣，不以旬数矣"中得到印证。

向吾示之以地文，萌乎不震不止，是殆见吾杜德机也

这句话单独理解是无法做到的，必须结合后面几句类似的话才能得到理解。我们把四句话放到一起看：

向吾示之以地文，萌乎不震不止，是殆见吾杜德机也。

向吾示之以天壤，名实不入，而机发于踵，是殆见吾善者机也。

向吾示之以太冲莫胜，是殆见吾衡气机也。

向吾示之以未始出吾宗，吾与之虚而委蛇，不知其谁何，因以为弟靡，因以为波流，故逃也。

根据上下文，地文、天壤和太冲莫胜都是文，都是信，都是为神巫季咸所能相到的，且不失准确性，而"未始出吾宗"是神巫季咸所相不到的。正因此，神巫季咸才感到害怕而逃之夭夭。那地文、天壤、太冲莫胜、未始出吾宗四种情形的差别在哪里呢？地文其实相当于"万物负阴而抱阳"的阴，就是有形的可见的物体，它本身没有生命，处于死寂状态。天壤的字面含义是具象的天地，壤就是"土壤"的壤，本质含义是抽象的天，就是"万物负阴而抱阳"的阳，就是生命的原始依据，它虽然名实不入，但生机先验地存在于其中。太冲莫胜就是"万物负阴而抱阳，冲气以为和"中阴阳已经开始相冲相和但还没有生出具体有形物的状态，一如受精卵已然形成但还没有发育成人的状态，也就是相对于完整的人来说，它还是一种不齐全的状态。未始出吾宗就是大道所创生的一切物的状态，而这一切物，是任何个人都不能完全把握的。

本寓言要告诉我们的道理是，终极意义上的大道是任何个人都无法把握到的。由是可知，神巫季咸所谓的"知人之生死存亡，祸福寿夭，期以岁月

旬日，若神"是根本不可信的。那这句话本身是什么意思呢？必须结合语境理解。当壶子故意使出杜德机时，神巫季咸相到的是将死的死相。这样，杜德机就比较好理解了。杜，就是"杜绝"的杜，堵塞的意思。德，就是某一事物从道那里所分有的德性。机，就是"生机勃勃"的机，也即"天机"的机，事物发生的枢纽的意思。"善者机""衡气机"的机都是这个意思。杜德机的具体内涵就是不震不止。不震不止又是什么意思呢？这要首先弄懂"不震不止"的词组结构。它是"不见不散"式的偏正词组还是"不理不睬"式的联合词组呢？由于联合词组是可以简缩的，而偏正词组不可以简缩，比如"不理不睬"可以简缩为"不理睬"，而"不见不散"就不能简缩为"不见散"，而"不震不止"不能简缩为"不震止"，所以，"不震不止"就最好理解为偏正词组。当壶子显示给神巫季咸是不震不止时，神巫季咸看到的正是壶子想要给他看到的将死的死相，也即没有活动的迹象。由是推知，不震不止就是没有活动迹象的意思。

其他几句的含义，请参看【今译】。

幸矣，子之先生遇我也，有瘳矣，全然有生矣，吾见其杜权矣

瘳，音 chōu，病愈的意思。杜权非常不好理解，因为只此一用，实难确定含义。勉强解之，依据上下文，姑且将"杜"等同于上文中"杜德机"的杜，但杜德机是壶子的自用词，神巫季咸应该不知道杜德机这个东西的存在。顺此思路，权就只能理解为"权变"的权。具体到这个语境中，就是从原先看到的湿灰到现在看到了生机，这个过程就叫作杜权，也就是杜德机发生了权变。

子之先生不齐，吾无得而相焉。试齐，且复相之

关键是这个"齐"字原本究竟是"斋"还是"齐"？如果是斋，则完全没有前后语境，文章前面并没有交代壶子前两次是在"斋"后才让神巫季咸相的，那这里突然说壶子没有斋所以就无法相是不能成立的。那如果做齐又有什么根据呢？这得由"太冲莫朕"和"鲵桓之潘为渊，止水之潘为渊，流水之潘为渊，渊有九名，此处三焉"来决定。太冲莫朕很显然就是不齐，朕就是"朕兆"的朕，就是后文"体尽无穷，而游无朕"的朕。"渊有九名，此

102

处三焉"显然也是不齐。神巫季咸并不是一无是处，而是有很高的江湖地位，他能判断出大道之下的世俗事物的齐与不齐。

鲵桓之沜为渊，止水之沜为渊，流水之沜为渊，渊有九名，此处三焉

按原文，渊的九名是："鲵旋之潘为渊，止水之潘为渊，流水之潘为渊，滥水之潘为渊，沃水之潘为渊，氿水之潘为渊，雍水之潘为应帝王见独渊，汧水之潘为渊，肥水之潘为渊，是为九渊焉。"陆九渊大概就是取象于此。三渊的差别是什么呢？止水、流水好理解，就是指静止不动的水和流动着的水，鲵桓就不好理解。照字面意思，"鲵桓"的鲵，就是俗称的娃娃鱼，桓就是"盘桓"的桓，鲵桓就是娃娃鱼盘桓的地方。但这跟后面的止水和流水在形式上完全不搭，所以，猜想鲵桓应该有点问题，原词很可能是桓水，这样，桓水、止水、流水就非常协调了，桓水就是盘桓的水，盘桓的水就是旋转着的水，可能也就是回水。也就是说，水无论是回旋着，还是静止着，又或是前行着，都可能形成流水，各有不同，但都有其道。

沜。查不到合适的解释，结合语境，应该指很深的水。

三。双指，既指前面的三渊，也指前面的三机，即杜德机、善者机和衡气机。

向吾示之以未始出吾宗，吾与之虚而委蛇，不知其谁何，因以为递靡，因以为波流，故逃也

壶子是最接近大道但不是大道本身的一个人，他足以应对任何世俗意义上的所谓高人。神巫季咸就是世俗意义上的高人，壶子可以让他想看到什么就呈现什么，就如风吹草低、水流波随一般，让其摸不到北。神巫季咸再也看不到他一直以为自己能看到的确定性的东西，于是受到惊吓，落荒而逃。

成语"虚与委蛇"就来自庄子此处，但意思已经完全变质了。庄子的本意是，始终不固守任何有形之物，见招拆招，无招胜有招。

递靡。字面意思无解。特定语境下，应该与"望风披靡"的披靡意思相近，意即草木随风倒伏。

波流。就是道家意义上的"随波逐流"的波流，意即随顺万物自身之道。

然后列子自以为未始学而归，三年不出，为其妻爨，食豕如食人，于事无与亲，雕琢复朴，块然独以其形立，纷而封哉，一以是终

列子原以为自己的老师壶子是世界上道行最高的人，遇到神巫季咸后，又认为神巫季咸才是世界上道行最高的人。壶子于是以列子为中介而让自己与神巫季咸斗法，这才让列子意识到他从壶子这里学到的原来只是文而不是实，于是幡然醒悟：道原来不是认识，而是实践。所以，他回家后三年不出，放下大男人或是人的架子，不仅为他的妻子烧火做饭，而且像对待人一样对待猪狗之类的动物，凡事都不再区分你我亲疏，修身养性努力恢复到人的本初状态，一如土块一般地只显示自己的身形存在而不将自己的意愿加诸他物，即使内心里时不时冒出纠结的种子，但还是予以坚决地查封，直到老死。

"块然独以其形立，纷而封哉"就算语境十分清晰，也还是十分难解。对这类问题的最好解决办法，就是想象场景并文字直觉。

爨。音 cuàn，烧火做饭的意思。

豕。音 shǐ，本义为猪，但结合语境，明显是象征用法，指代一切动物。

【今译】

郑国有个名叫季咸的神巫，能够预卜人的生死存亡，福祸寿夭，时间可以精准到年月旬日，就像神一般的存在，以至于郑国人一见到他就纷纷躲避，唯恐逃之不及。

列子见过他后为之心醉，一回来就告知壶子说："打从一开始直到现在，我就以为老师您的道行是最高的，可现在呢，一个道行更高的人出现了。"

壶子于是说："我能给予你的，只是道的表面，而不是道的实质，你怎么可能得道呢？就好比，有再多的雄性而没有雌性也产生不了卵一样，你都没有道的实践怎能得道呢？你以你现在所谓的道来与俗世打交道，一定会露出马脚，也就是因为这个，你才得以让季咸看准你。要不你叫他来相相我，看我如何治他。"

第二天，列子便带季咸来见壶子，季咸相过壶子后出来对列子说："唉，你的老师快要死了，绝对没救了，十天之内必见分晓。我看见一种很怪异的东西，就如死灰一般难以复燃。"

列子进到屋里，哭得连衣服都湿了，并把刚才的情形告诉壶子。壶子说：

"刚才我展示给他的是地文，它的表现形式是没有任何活动迹象，他看到的大概就是我的杜德机了。叫他再来一次。"

第二天，季咸又相了一次壶子，出来对列子说："幸运啊，你的老师遇到我了，有希望得救了，已经完全看到生机了，我看见他的杜德机有好转了。"

列子进屋告诉壶子，壶子回答说："刚才我展示给他看的是天壤，它的表现形式是名实不入，但生机已经发生于脚底，他看到的大概就是我的善者机了。叫他再来一次。"

第二天，列子又带季咸来见壶子。季咸出来对列子说："你的老师显示得不完整，我没有相的完整对象。你让你的老师试着显示一个完整的他给我吧，然后我再来相。"

列子进屋，又把刚才的情形讲给壶子听。壶子说："刚才我展示给他的是太冲莫朕，他看到的大概就是我的衡气机了。就好比，回旋的深水处可以叫渊，静止的深水处可以叫渊，流动的深水处可以叫渊，渊其实可以有九种不同成因，这里只是其中的三个，我刚才也还只是展示我万机里的三机呢。叫他再来一次。"

第二天，列子又带季咸见了壶子。季咸还没来得及仔细相相，就失态地落荒而逃了。

壶子说："快追。"

可是列子已经追之不及，回来报告壶子说："他已经跑远了，我没能逮着他，我没他跑得快。"

壶子于是说："刚才我展示给他的是天下万有中可能的一切，我跟他见招拆招，他已经完全不知道我是谁了，我就如草一般见风便伏，就如波一般随水而流，所以他才会落荒而逃。"

然后列子这才意识到自己还只是学了道的皮毛而根本没有学到道的实质，于是打道回府，三年不出，放下作为男人或是人的架子，不仅为他的妻子烧火做饭，还像对待人一般对待猪狗之类的动物，凡事都不再区分你我亲疏，尽心尽力恢复到人的纯朴状态，就如土块一般只显示自己的形体存在而不加诸自己的意志，即使内心的活跃小兔不时蹦出来纷扰自己但还是坚决地将它查封起来，就这样一直终老到死。

十四

【正本】

列御寇之齐，中道而返，遇伯昏瞀人。

伯昏瞀人曰："奚方而返？"

曰："吾惊焉。"

曰："恶乎惊？"

曰："吾尝食于十浆而五浆先馈。"

伯昏瞀人曰："若是，则汝何为惊已？"

曰："夫内诚不解，形谍成光，以外镇人心，使人轻乎馈老，而齑其所患。夫浆人特为食羹之货，无多余之赢，其为利也薄，其为权也轻，而犹若是，而况于万乘之主乎！身劳于国而知尽于事。彼将任我以事，而效我以功。吾是以惊。"

伯昏瞀人曰："善哉！观乎汝处已，人将保汝矣！"

无几何而往，则户外之屦满矣。伯昏瞀人北面而立，敦杖蹩之乎颐。立有间，不言而出。

宾者以告列子，列子提屦，跣而走，暨乎门，曰："先生既来，曾不发药乎？"

曰："已矣。吾固告汝曰人将保汝，果保汝矣。非汝能使人保汝，而汝不能使人无保汝也，尔焉用之感豫出异也？必且有感。摇尔本性，又无谓也。与汝游者又莫汝告也，彼所小言，尽人毒也。莫觉莫悟，何相孰也。"

【原文】

子列子之齐，中道而反，遇伯昏瞀人。伯昏瞀人曰："奚方而反？"曰：

"吾惊焉。""恶乎惊？""吾食于十浆，而五浆先馈。"伯昏瞀人曰："若是，则汝何为惊已？"曰："夫内诚不解，形谍成光，以外镇人心，使人轻乎贵老，而鳘其所患。夫浆人特为食羹之货，多余之赢；其为利也薄，其为权也轻，而犹若是。而况万乘之主，身劳于国，而智尽于事；彼将任我以事，而效我以功，吾是以惊。"伯昏瞀人曰："善哉观乎！汝处己，人将保汝矣。"无几何而往，则户外之屦满矣。伯昏瞀人北面而立，敦杖蹩之乎颐。立有间，不言而出。宾者以告列子。列子提屦徒跣而走，暨乎门，问曰："先生既来，曾不废药乎？"曰："已矣。吾固告汝曰，人将保汝，果保汝矣。非汝能使人保汝，而汝不能使人无汝保也，而焉用之感也？感豫出异。且必有感也，摇而本身，又无谓也。与汝游者，莫汝告也。彼所小言，尽人毒也。莫觉莫悟，何相孰也。"

【清源】

此寓言见于已出版的《庄子见独》《列御寇》第一节。由于文本太长，一一叙述清源过程会显得太过啰唆，更主要的是没有必要，故就此略过。【见一】则是基本照抄《庄子见独》的相应部分，一是为了避免前后冲突，二是为了读者阅读方便。

【见一】

夫内诚不解，形渫成光，以外镇人心，使人轻乎馈老，而鲞其所患

非常非常不好理解的一段话，只能结合语境，勉强为之。

首先得明确整句话的主语始终是列御寇，即"内诚不解，形渫成光，以外镇人心，使人轻乎贵老"的主语是列御寇，"鲞其所患"的主语也是列御寇。

内。跟"形"相对应，内指列子的内心，形指列子表现给他人的印象。

渫。原字为"谍"。反复推敲，觉得"谍"应该是"渫（xiè）"的误抄。因为如果是谍，则文本完全无解。渫，含义同泄。

不解。应该是指列子的内心拘于某种身份而不能放下，其结果就是列子表现给人的印象是光，即"光而不耀"的光，相当于今天的炫酷。

成光。不是列子一种自然而然的行为，而是列子的一种带强烈主观意愿的行为，其目的是"外镇人心"，其根源是"内诚不解"。列子这种自抬身份的行为，就连"其为利也薄，其为权也轻"的浆人都能看得出来，并且用实际行动表示对他的谄媚，那"身劳于国而知尽于事"的万乘之主就更不用说了，他一定会"任我以事，而效我以功"。果真如是的话，则列子到齐国去，就会为外境所困，为国君所用。列子正是因为意识到这个问题，才"中道而返"。

轻乎馈老。原文为"轻乎贵老"，估计是"馈"误抄为"贵"，遂致语义含混不清。它的意思应该是，"五浆先馈"的那些人轻易就能辨认出列子的身份而优先给他上餐。这个理解，必须要以列御寇已经垂垂老矣为前提，但文中并没有列子已经垂垂老矣的交代。所以，老字的理解颇成问题。

齑。原字不清楚，如果就是"齑"，则其含义为粉碎，明显与语境不搭。如果原字是"赍（jī）"或"齑（jī）"，则同样没有适合语境的含义可供选取。由于整句话不好理解，所以，"齑"字究竟如何处理，实在找不到办法。有人强将其解注为招致，其实完全没有根据。万般无奈之下，将就解注为招致好了。

善哉！观乎汝处已，人将保汝矣

整句话的断句非常重要，如果按传统将其断句为："善哉观乎！汝处已，人将保汝矣！"会导致文本非常难以理解。事实上，无论是本章还是《列子》全书，断句都非常重要。

保。含义只能根据这里的特殊语境给出。从后面"无几何而往，则户外之屦满矣"看，列子家里聚集了很多人，这些人却又是些"小言"之人。所以，保的含义不会是因为列子受人拥戴而被保护，很可能是因为列子非常享受这种众星捧月、前呼后拥的感觉。可惜的是，列子的这种行为看似与他人打成一片，却与《庄子见独》《寓言》篇中阳子居因听从老子的话而与他人打成一片大不相同。列子与他人打成一片是"摇尔本性""莫觉莫悟""敞精神乎蹇浅"。

敦杖蹙之乎颐

敦杖即顿杖，即人站立不动时把手杖竖来握着。蹙，音 cù，接近的意思。整句话的意思是说，伯昏瞀人将手杖支在下巴底下。

宾者以告列子，列子提屦，跣而走，暨乎门

宾者。同傧者，本义为接引客人的人。

屦。音 jù，本义为用麻、葛等制成的单底鞋，后泛指鞋。

跣。音 xiǎn，本义为赤脚。

暨。音 jì，到的意思。

非汝能使人保汝，而汝不能使人无保汝也，尔焉用之感豫出异也？必且有感。摇尔本性，又无谓也

极难准确把握含义的一句话。难点之一是，断句难，这里的断句与其他所有解注本都不同。难点之二是，"尔焉用之感豫出异也"非常陌生，无论借助语境还是借助他山之石，似乎都难以清晰理解。

之。应该指"汝不能使人无保汝也"这种现象。

感豫出异。是否是这四个字构成一块，首先就无法确定。假设就这么确定，则感就是后文"必且有感"的感，其宾语就是"汝不能使人无保汝也"这个现象，其补语就是豫，快乐的意思。出异，就是表现出与他人的不同。

必且有感。是伯昏瞀人对列子必定是感豫出异了的肯定判断。列子的这种行为，动摇了他的本性，可惜列子对自己本性发生了动摇毫无察知，所以会"无谓"，也即无所谓。

【今译】

列御寇原本要去齐国，可在去的路上就折返了回来，回来路上遇到伯昏瞀人。

伯昏瞀人问："干吗折返回来呢？"

列御寇回答："我惊醒了。"

伯昏瞀人追问："因为什么？"

列御寇回答："我一路上有在十个地方吃饭，但有五个地方都优先给我上餐。"

伯昏瞀人又问："就这事，你怎么会被惊醒呢？"

列御寇回答："我内心确实还不曾完全开解，外在表现很有些气势凌人，目的就是为了对外能镇服他人之心，让那些五浆先馈的人轻易地就能优先给我上餐，这终究会招来祸患。浆人只不过是做些食羹类的小买卖，赚不到很多的钱，可以说他们不仅所赚利润微薄，而且其权力也非常轻微，如果他们都能这么做，那更能想象得到万乘之主会怎么做了！万乘之主可是为国操劳且事无巨细多能了然于胸啊。他一定会安置某个职位给我，并且会按照我的职位而检校我的功绩。我就是因为这个才被惊醒过来的。"

伯昏瞀人说："真是不错啊！从你对你自己行为的处理看，人们将会聚集到你身边。"

没过多久，伯昏瞀人前往列御寇所住之处，看到其门外满满一地的鞋子。伯昏瞀人面朝北边站立不动，用手杖顶住自己的下巴。站了小会儿后，一言未发就打道回府了。

接引客人的人立马告知列子，列子手提鞋子，光着脚丫赶忙追向门口，待到门口时，说："老师您既然已经来了，难道不开些药方吗？"

伯昏瞀人最后说："不说也罢。我上次有对你说过，人们会聚集到你身边，现在人们果然聚集到你身边了。不是你能够让人们聚集到你身边，而是你不能让人们不聚集到你身边，你难道是想借用这事让自己感到高兴并凸显自我吗？一定是这样的。这可动摇了你的本性啊，可你竟然对之一无所知。跟你待在一块的那些人又没有什么可以告诫你的，更何况他们那些人所说的尽是些小言小语，全都是些毒害人的东西。就你们这帮莫觉莫悟的人聚集在一块，哪里还能真正相知相识啊。"

十五

【正本】

阳子居南之沛，老聃西游于秦。邀于郊，至于梁而遇老子。老子中道仰天而叹曰："始以汝为可教，今不可也。"阳子居不答。

至舍，进盥漱巾栉，脱屦户外，膝行而前，曰："向者弟子欲请夫子，夫子行不闲，是以不敢。今闲矣，请问其故。"

老子曰："尔睢睢盱盱，尔谁与居！大白若辱，盛德若不足。"

阳子居蹴然变容曰："敬闻命矣！"

其往也，舍者迎将，其家公执席，妻执巾栉，舍者避席，炀者避灶。其反也，舍者与之争席矣！

【原文】

杨朱南之沛，老聃西游于秦，邀于郊。至梁而遇老子。老子中道仰天而叹曰："始以汝为可教，今不可教也。"杨朱不答。至舍，进盥漱巾栉，脱履户外，膝行而前，曰："向者夫子仰天而叹曰：'始以汝为可教，今不可教。'弟子欲请，夫子辞行不闲，是以不敢。今夫子闲矣，请问其过。"老子曰："而睢睢而盱盱，而谁与居？大白若辱，盛德若不足。"杨朱蹴然变容曰："敬闻命矣。"其往也，舍迎将家，公执席，妻执巾栉；舍者避席，炀者避灶。其反也，舍者与之争席矣。

【清源】

此寓言见于已出版的《庄子见独》《寓言》第六节。由于文本太长，一一叙述清源过程会显得太过啰唆，更主要是没有必要，故就此略过。【见一】则是基本照抄《庄子见独》的相应部分，一是为了避免前后冲突，二是为了读者阅读方便。

【见一】

盥漱巾栉

音 guàn shù jīn zhì，应该分别指洗手器皿、漱口用具、洗脸毛巾和梳头梳子。

睢睢盱盱

音 suī suī xū xū，意思不是很明确。根据语境，大意应该是指一个人眼睛直视，显出一副高高在上的样子。

大白若辱，盛德若不足

《老子见微》第 40 章有类似句子："大白如辱，广德如不足。"白话说就是，至白之道，就好像有所亏欠一样。至大之德，就好像不很完足一样。

蹴然

肃然起敬。这个意思跟传统解注完全不同，也没有为任何字典所收录，纯粹就是本人解庄时独自推导出来的意思，现复制《庄子见独》相应部分如下：

蹴，音 cù，就是"一蹴而就"的蹴，本义为踩、踏。就这里的语境看，这个意思明显不吻合这里的需要。庄子用到"蹴"的地方共 7 处：

《德充符》：子产蹴然改容更貌曰："子无乃称。"

《大宗师》：仲尼蹴然曰："何谓坐忘？"

《应帝王》：阳子居蹴然曰："敢问明王之治？"

《天　运》：子贡蹴蹴然立不安。

《田子方》：诸大夫蹴然曰："先君王也。"

《庚桑楚》：南荣趎蹴然正坐曰："若趎之年者已长矣……"

《寓　言》：阳子居蹴然变容曰："敬闻命矣！"

考察这个七个"蹴"字，都跟"然"连在一起用。如果要找一个可以通用的意思，那就是肃然起敬。传统惊恐、惊奇、惊讶、吃惊等解注，都应该自动放弃。

其往也，舍者迎将，其家公执席，妻执巾栉，舍者避席，炀者避灶。其反也，舍者与之争席矣

往。指阳子居"闻命"于老子之前。

舍者迎将。结合语境，这里的舍者明显包括了阳子居南之沛所住的旅舍的主人和伙计。迎将，迎送的意思。

反。指阳子居"闻命"于老子之后。

其家公执席，妻执巾栉。其家本身语意不明。结合语境，应该指旅舍的主人。

舍者避席。这里的舍者显然是相对其家来说的，指旅店的伙计。席，座席。

炀者避灶。炀，音 yáng，指向火取暖。灶，音 zào，结合炀的含义，当指取暖的炉灶。

舍者与之争席矣。可以照直理解为店里的伙计都与之争抢座席，形象表达阳子居不再睢睢盱盱，而是乐与大家一起生活，也可以将原话改为"舍者争与之席矣"后理解，结果都一样。

【今译】

阳子居南行到沛地，老聃恰好西行到秦国。阳子居于是邀约老聃在秦国郊区相见，到了梁地终于见着了老子。老子在回到阳子居住处的路上仰天而叹说："刚开始我还以为你是一个可以教化的人，现在看来不是这样的啊。"阳子居听后默不作声。

回到住处，给老子奉上全部洗漱用品后，阳子居把鞋子脱在户外，跪着来到老子面前，说："之前回来的路上我就想请教您老人家，但那时要赶路，所以就不敢问了。现在您老人家闲了下来，我想请问那其中的究竟。"

老子说："你看你那副高高在上、目中无人的样子，你能跟谁相处得来啊！真正的白，就好像有所亏欠一样。盛大的德，就好像不很完美一样。"

阳子居肃然起敬，改容易色，说："完全领会到您老人家的话了！"

在此之前，店里的人无论是迎阳子居进门还是送阳子居出门，一般都是店里的男主人给他搬凳子椅子，店里的女主人给上毛巾梳子，伙计们让给他位子，烤火的人让给他炉子。自那以后，店里无论谁，都争着想跟他坐一块了。

十六

【正本】

阳子之宋，宿于逆旅。逆旅人有妾二人，其一人美，其一人恶，恶者贵而美者贱。

阳子问其故，逆旅小子对曰："其美者自美，吾不知其美也。其恶者自恶，吾不知其恶也。"

阳子曰："弟子记之！行贤而去自贤，安往而不爱哉！"

【原文】

杨朱过宋，东之于逆旅。逆旅人有妾二人，其一人美，其一人恶；恶者贵而美者贱。杨子问其故。逆旅小子对曰："其美者自美，吾不知其美也；其恶者自恶，吾不知其恶也。"杨子曰："弟子记之！行贤而去自贤之行，安往而不爱哉！"

【清源】
全章

此寓言见于已出版的《庄子见独》《山木》第十节，文本以《庄子见独》为准，这并不意味坚持认为先来的就是对的好的，只是基于先来后到原则，仅此而已，以免前后冲突。

【见一】
逆旅小子

含义甚是不明，但并不影响文本的正确解读。勉强为之，大概指旅舍里的店小二。

行贤而去自贤

原文为：行贤而去自贤之行。

句法不通，遂据前文"其美者自美"行文格式修改。

行贤。主谓结构而非动宾结构，即行为贤良。

【今译】

阳子到宋国去，在一家旅馆里住了下来。旅馆店主有两个小妾，一个人长得好看，一个人长得不好看，长得不好看的受到店主宠爱，长得好看的受到店主冷落。

阳子问其中的原因，旅馆里的小二回答说："好看的那个人自以为自己好看，我也就看不到她的好看了。不好看的那个人自以为自己不好看，我也就看不到她的不好看了。"

阳子说："弟子们记好了！行为贤良而不自以为贤良，到哪里都会受到爱戴啊！"

十七

【正本】

天下有常胜之道，有常不胜之道。

常胜之道曰柔，常不胜之道曰刚。

二者易知，而人未之知。

故上古之言曰：

刚，先不己若者。

柔，先出于己者。

先不己若者，至于己若，殆矣。

先出于己者，无所殆矣。

以此胜一身若徒，以此任天下若徒。

谓不胜而自胜，不任而自任也。

【原文】

天下有常胜之道，有不常胜之道。常胜之道曰柔，常不胜之道曰强。二者亦知，而人未之知。故上古之言：强，先不己若者；柔，先出于己者。先不己若者，至于若己，则殆矣。先出于己者，亡，所殆矣。以此胜一身若徒，以此任天下若徒，谓不胜而自胜，不任而自任也。粥子曰："欲刚，必以柔守之；欲强，必以弱保之。积于柔必刚，积于弱必强。观其所积，以知祸福之乡。强胜不若己，至于若己者刚；柔胜出于己者，其力不可量。"老聃曰："兵强则灭，木强则折。柔弱者生之徒，坚强者死之徒。"

【清源】
全章
为方便读者直观理解起见，将全章行文格式做了全面改变。

天下有常胜之道，有常不胜之道
原文为：天下有常胜之道，有不常胜之道。
改"不常胜"为"常不胜"。理由一，"不常胜"不够思想级别，"常不胜"才够思想级别。真正的思想，带有恒定性。理由二，形式上应该与紧接后文（原文）"常不胜"相一致。

常胜之道曰柔，常不胜之道曰刚
原文为：常胜之道曰柔，常不胜之道曰强。
改"强"为"刚"。理由一，强必须解读为刚强，才合义理。理由二，有他山之钻可以印证。《黄帝见知》《名理》第九有说："以刚为柔者活，以柔为刚者伐。重柔者吉，重刚者灭。"理由三，刚柔一向为合成词，强柔则不是。

二者易知，而人未之知
原文为：二者亦知，而人未之知。
不用任何理由，是个人，就知道"亦"是"易"的笔误。只是有些后人太过迂腐，不敢指出前人的不是，遂用通假一说和之以稀泥。

故上古之言曰
原文为：故上古之言。
加"曰"，更符合古汉语行文习惯，也更顺口，经文也更无限趋近完美。

刚，先不己若者
原文为：强，先不己若者。

承前改。

先不己若者，至于己若，殆矣

原文为：先不己若者，至于若己，则殆矣。

改"若己"为"己若"，以使行文前后一致，更为顺畅。

删除"则"。就经文来说，前后义理多以神接而不以形接，故"则"完全冗余。

先出于己者，无所殆矣

原文为：先出于己者，亡，所殆矣。

属于"一眼看到对的，就知道不对的是不对的"，故无须再给出任何解释。

粥子曰："欲刚，必以柔守之；欲强，必以弱保之。积于柔必刚，积于弱必强。观其所积，以知祸福之乡。强胜不若己，至于若己者刚；柔胜出于己者，其力不可量。"老聃曰："兵强则灭，木强则折。柔弱者生之徒，坚强者死之徒。"

明显是后人为经文所作的引证之言，狗尾续貂，删之而后快。

【见一】
全章

完美经文。其所包含的思想价值，放之四海而皆准，置之万世而不移，尽管其思想本身早已全都包含在或《老子》或《庄子》之中。但因为其表达方式独树一帜，所以后人怎么称誉也不为过。可惜的是，它从未被清晰解读，因而也就从未广泛传播于人世间，进而也就从未留驻于众人之心。就中国道家思想的发扬光大而言，中国几千年的历史似乎完全停滞，唯愿现今能有伟大的转折。

天下有常胜之道，有常不胜之道

这句如冬日阳光一般的平易之言，对于绝大多数没有独立思考习惯的人来说，是不会在其化石一般的心中激起一丝的涟漪，但它确实就是致广大而尽精微。其实，在如此简白如话的经文面前，更多的解释，已经显得愚蠢可笑。念及圣人老子的圣言"下士闻道，大笑之。弗笑，不足以为道"，遂甘愿让自己显得愚蠢可笑来画蛇添足一番。

任何一件事情的成功与否，其实都不是人所能决定得了的。人所能决定得了的，就是相信任何事情都包含有道，诚如《老子见微》第 62 章所说的"道者，万物之注也"。光相信是远远不够的，还得行动。所谓行动，就是奋力去认知。光认知也还是不够的，更得绝对顺从。认知到道，顺从了道，就是成功，就是常胜。相反，没认知到道，违逆了道，就是失败，就是常不胜。

常胜之道曰柔，常不胜之道曰刚

制胜之道，一刚一柔。这是人们再熟知不过的话，但熟知并非真知。真知实在太难，有真人，然后才有真知。这句话的真知是，常胜之道不是一刚一柔，而就是柔。至于为什么是这样，这里拟不展开更进一步的探讨，只想引证圣人的圣言来印证。《老子见微》第 05 章有这样的圣言："天、地之间，其犹橐、籥与，虚而不淈。动而俞出，多闻数穷，不若守于中。"意思是说："天、地之间，就如布袋、管乐向外输出，内中虚空却妙用无穷。我们人世间的万般诸事，与其偏东爱西，不如虚心以待。"《黄帝见知》《大庭第二三》有这样的圣言："大庭之有天下也，安徐正静，柔节先定，常后而不先，体正以信仁，兹惠以爱人，弗敢以先人，故好德不争，立于不敢，行于不能，守雌节而坚之，弃雄节而因之，若此者，其民劳不倦，饥不怠，死不怨。"意思是说："大庭在位之时，他的做法是，安定，从容，正直，回归本心，做任何事之前，都想好要以柔节对待。他始终谋定而后动，绝不先入为主。他体察正义之所在并进而坚信仁义之美德，对民众广施恩惠并以之彰显他的爱民之心，从来就不敢居高临下。所以，他给人的感觉就是以道德为好而不与人相争，不逞勇逞能，坚守雌节而毫不动摇，摒弃雄节而因顺大道。正因此，老百姓才即使辛勤劳作也不觉得疲倦，即使饥肠辘辘也不觉得受到怠慢，即使出生入死也不心生怨恨。"天下一致而百虑，同归而殊途。

二者易知，而人未之知

真言。并非列子一人有此感叹，老子也同样有此感叹。《老子见微》第72章老子是这样感叹的："吾言甚易知也，甚易行也。而天下莫之能知也，莫之能行也。言有宗，事有君。其唯无知也，是以不我知。知者希，则我贵矣。是以圣人被褐而怀玉。"意思是说："我说的言语原本非常容易知晓，也非常容易践行。可天底下就是没有几个人能真正知晓，也没有几个人能真正践行。任何言语唯其有了道的源头，行动起来才会有了道的皈依。就因为不懂得上边这个道理，所以才对我讲的那些道理不能真正知晓。正因为知道上边这个道理的人实在太少，所以我才特别看重它。所以说，圣人总是身披着话语的布衣而怀揣着道的宝玉。"

上古之言

上古不是一个时间名词，而是一个哲学术语，特指真正的或任何事物最最开始的时刻。比如，此时此刻的你，就包含着上古时刻。你从无中走来，这个你还没有丝毫形成但后来真正就成了你的时刻，就是你的上古时刻。任何人，任何物，都是如此。

刚，先不己若者

越简单的字面，往往越不容易解释清楚。理解的难点，在对"先"的解读。从先的语境以及圣人老子"不敢为天下先"的思想看，先其实就是预先的先。全句话的意思就是说，常不胜之道的刚，就是预先以为他人不如自己。简直高妙到了天际。

柔，先出于己者

理解了前句，这句话作为对语，原本几乎无解的思想含义，竟然如山立大地般清晰可见。常胜之道的柔，就是预先以为他人都超出自己。简直高妙到了天际。

先不己若者，至于己若，殆矣

解注到此，这句话的含义已经水落石出。意思是说，预先就以为他人不如自己的人，一旦遇到跟自己势均力敌的人，就危险了。鸦片战争以来西方发达国家尤其是美国与中国的历史，已经极度深刻地证明了这句话，尤其是本章经文思想的极其伟大。

先出于己者，无所殆矣

顺水顺风，立马就知道这句话的意思了：要是预先就以为他人超出自己，那就几乎没有任何危险了。请一定在《今译》中来整体理解每句话简明而精微的思想含义。

以此胜一身若徒，以此任天下若徒

简单而温柔地告知人们，无论是保全自身，还是打拼天下，只要与柔为伍，就无往不胜。徒，用字有点不合语境，但大意是十分清晰的，就是伙伴，即与柔做伙伴，相当于信徒、教徒、党徒的徒，表示同一派系或信仰同一宗教。

谓不胜而自胜，不任而自任也

一句评语，没有思想价值，用法完全等同于"不战而（自）胜"。胜、任，其实就是胜任的物理拆分。

【今译】

天下存在常胜之道，也存在常不胜之道。

常胜之道是由于柔，常不胜之道是由于刚。

二者原本很容易就被认知，但就是没人真的认知。

所以，才有真正的有道之士说了以下这些话：

刚，是自己预先以为别人不如自己。

柔，是自己预先以为别人超出自己。

预先以为别人不如自己，等到别人赶上自己时，就危险了。

预先以为别人超出自己，则始终不会有什么危险。

这个道理不仅可以用来保全自身，还可以用来赢取天下。

这就叫没有保全而自然就有了保全，没有赢取而自然就有了赢取。

十八

【原文】

状不必童而智童，智不必童而状童。圣人取童智而遗童状，众人近童状而疏童智。状与我童者，近而爱之；状与我异者，疏而畏之。有七尺之骸，手足之异，戴发含齿，倚而趣者，谓之人；而人未必无兽心。虽有兽心，以状而见亲矣。傅翼戴角，分牙布爪，仰飞伏走，谓之禽兽；而禽兽未必无人心。虽有人心，以状而见疏矣。庖牺氏、女娲氏、神农氏、夏后氏，蛇身人面，牛首虎鼻：此有非人之状，而有大圣之德。夏桀、殷纣、鲁桓、楚穆，状貌七窍，皆同于人，而有禽兽之心。而众人守一状以求至智，未可几也。黄帝与炎帝战于阪泉之野，帅熊、罴、狼、豹、貙、虎为前驱，雕、鹖、鹰、鸢为旗帜，此以力使禽兽者也。尧使夔典乐，击石拊石，百兽率舞；箫韶九成，凤皇来仪：此以声致禽兽者也。然则禽兽之心，奚为异人？形音与人异，而不知接之之道焉。圣人无所不知，无所不通，故得引而使之焉。禽兽之智有自然与人童者，其齐欲摄生，亦不假智于人也；牝牡相偶，母子相亲，避平依险，违寒就温；居则有群，行则有列；小者居内，壮者居外；饮则相携，食则鸣群。太古之时，则与人同处，与人并行。帝王之时，始惊骇散乱矣。逮于末世，隐伏逃窜，以避患害。今东方介氏之国，其国人数数解六畜之语者，盖偏知之所得。太古神圣之人，备知万物情态，悉解异类音声。会而聚之，训而受之，同于人民。故先会鬼神魑魅，次达八方人民，末聚禽兽虫蛾。言血气之类心智不殊远也。神圣知其如此，故其所教训者无所遗逸焉。

【见一】

典型的怪、力、乱、神，故不解、不注、不译。

十九

【正本】

宋有狙公者，爱狙，养之成群，能解狙之意，狙亦得公之心，损其家口，充狙之欲。

俄而匮焉，将限其食。恐众狙之不驯于己也，先诳之曰："与若芧，朝三而暮四，足乎？"众狙皆起而怒。

俄而曰："与若芧，朝四而暮三，足乎？"众狙皆伏而喜。

【原文】

宋有狙公者，爱狙，养之成群，能解狙之意，狙亦得公之心，损其家口，充狙之欲。俄而匮焉，将限其食。恐众狙之不驯于己也，先诳之曰："与若芧，朝三而暮四，足乎？"众狙皆起而怒。俄而曰："与若芧，朝四而暮三，足乎？"众狙皆伏而喜。物之以能鄙相笼，皆犹此也。圣人以智笼群愚，亦犹狙公之以智笼众狙也。名实不亏，使其喜怒哉。

【清源】

全章

《庄子见独》《齐物论》第三节有本寓言的减缩版：

何谓朝三？狙公赋芧，曰："朝三而暮四。"众狙皆怒。曰："然则朝四而暮三？"众狙皆悦。名实未亏，而喜怒为用。

物之以能鄙相笼，皆犹此也。圣人以智笼群愚，亦犹狙公之以智笼众狙也。名实不亏，使其喜怒哉

原位于章末，明显是后人对寓言的感言，故删除。

【见一】

狙

音 jū，猴子。

芧

音 zhù，草名。

【今译】

宋国有位养猴的老头，特别喜欢猴子，不仅养了很多，而且还能看懂猴子的想法，猴子也很能逗老头开心，老头就算压减家人的开销，也要满足猴子们的吃饱喝足。

不久，家里实在接济不上了，于是打算限制猴子们的食料。老头因担心猴群不会驯服于自己，便假装对猴子们说："现在每天给你们吃的草料，早上三份，傍晚四份，够吗？"猴子们听了，全都站了起来，嗷嗷大叫。

老头接着说："那每天给你们的草料，早上四份，傍晚三份，够吗？"猴子们全都趴在地上，高兴不已。

二十

【正本】

纪渻子为王养斗鸡。

十日而问："鸡已乎？"

曰："未也，方虚骄而恃气。"

十日又问，曰："未也，犹应响景。"

十日又问，曰："未也，犹疾视而盛气。"

十日又问，曰："几矣，鸡虽有鸣者，已无变矣，望之似木鸡矣，其德全矣。异鸡无敢应者，返走矣。"

【原文】

纪渻子为周宣王养斗鸡，十日而问："鸡可斗已乎？"曰："未也；方虚骄而恃气。"十日又问。曰："未也；犹应影响。"十日又问。曰："未也；犹疾视而盛气。"十日又问。曰："几矣。鸡虽有鸣者，已无变矣。望之似木鸡矣，其德全矣。异鸡无敢应者，反走耳。"

【清源】

全章

本寓言亦见于已经出版的《庄子见独》《达生》第八节，现以已出版的为准，也不一一指出清源过程。

【见一】

渻

音 shěng。

方虚骄而恃气、犹应响景、犹疾视而盛气、望之似木鸡矣

明显四个不同的层次，没有读懂四个层次的分别，就没有读懂此寓言。

虚骄而恃气。字面意思就是没有本钱的骄矜，只依恃一股子斗气，相当于虚张声势或是匹夫之勇。

犹应响景。字面意思是对外在的响声做出反应，相当于被他人牵着鼻子走。

疾视而盛气。字面意思是能审视对方但盛气十足，相当于沉不住气。

望之似木鸡。字面意思是不为对方表象所动，相当于庄子《养生主》的"官知止而神欲行"。

【今译】

纪渻子为某一国君驯养斗鸡。过了十天，国君问："鸡可以斗了吗？"

纪渻子说："不可以，鸡尚有虚假的骄矜，只依恃一股子斗气。"

过了十天国君又问，纪渻子说："还是不可以，鸡对对方的声响尚会做出反应。"

过了十天国君又问，纪渻子说："差不多可以了，别的斗鸡无论怎么叫唤，它都完全不为所动，它看上去就好像一只木鸡，它的全部德性都已经集聚起来了。别的斗鸡根本就不敢应战，一看就退回去了。"

二一

【正本】
惠盎见宋康王，康王疾言曰："寡人之所悦者，勇有力也，不悦为仁义者也，客将何以教寡人？"

惠盎对曰："臣有道于此，使人虽勇，刺之不入，虽有力，击之不中，大王独无意耶？"

宋王曰："善。此寡人之所欲闻也。"

惠盎曰："夫刺之不入，击之不中，此犹辱也。臣有道于此，使人虽有勇，弗敢刺，虽有力，弗敢击。夫弗敢，非无其志也。臣有道于此，使人本无其志也。夫无其志也，未有爱利之心也。臣有道于此，使天下丈夫女子莫不欢然，皆欲爱利之。此其贤于勇有力也，四累之上也。大王独无意耶？"

宋王曰："此寡人之所欲得也。"

惠盎对曰："孔、墨是已。孔丘、墨翟，无地而为君，无官而为长，天下丈夫女子莫不延颈举踵，而愿爱利之。今大王，万乘之主也，诚有其志，则四境之内，皆得其利矣，其贤于孔、墨也远矣。"宋王无以应。

惠盎趋而出，宋王谓左右曰："辩矣，客之以说服寡人也！"

【原文】
惠盎见宋康王。康王蹀足謦欬疾言曰："寡人之所说者，勇有力也，不说为仁义者也。客将何以教寡人？"惠盎对曰："臣有道于此，使人虽勇，刺之不入；虽有力，击之弗中。大王独无意邪？"宋王曰："善；此寡人之所欲闻也。"惠盎曰："夫刺之不入，击之不中，此犹辱也。臣有道于此，使人虽有勇，弗敢刺；虽有力，弗敢击。夫弗敢，非无其志也。臣有道于此，使人本无其志也。夫无其志也，未有爱利之心也。臣有道于此，使天下丈夫女子莫不欢然皆欲爱利之。此其贤于勇有力也，四累之上也。大王独无意邪？"宋王曰："此寡人之所欲得也。"惠盎对曰："孔墨是已。孔丘墨翟无地而为君，无官而为长；天下丈夫女子莫不延颈举踵而愿安利之。今大王，万乘之主也；诚有其志，则四竟之内皆得其利矣。其贤于孔、墨也远矣。"宋王无以应。惠盎趋而出。宋王谓左右曰："辩矣，客之以说服寡人也！"

【清源】

康王疾言曰

原文为：康王蹀足謦欬疾言曰。

言以达意，达意即可。"康王疾言曰"已经完全满足文本义理需要，"蹀足謦欬"完全冗余，故予以删除。

寡人之所悦者

原文为：寡人之所说者。

改"说"为"悦"，明显是后人误抄然后用通假之说掩饰。今后凡类似问题，如无必要，不再一一提及，直接改过。

此其贤于勇有力也

原文为：此其贤于勇有力也，四累之上也。

这句话明显是对"寡人之所悦者，勇有力也，不悦为仁义者也，客将何以教寡人？"的最终回答，故"四累之上也"明显冗余，后人感言杂入正文可能性极大，故予删除。

天下丈夫女子莫不延颈举踵，而愿爱利之

原文为：天下丈夫女子莫不延颈举踵而愿安利之。

除标点外，改"安"为"爱"，以使形式和义理与前文"使天下丈夫女子莫不欢然，皆欲爱利之"相一致。

则四境之内，皆得其利矣
原文为：则四竟之内皆得其利矣。

"竟"明显是"境"的误抄或误辨，偏偏要以通假字解释说明，实在不解。

【见一】
惠盎
音 huì àng。

疾言
构词法类似疾步、疾走，表示快、迅速。结合语境，应该就是快言快语的意思。

延颈举踵
伸长脖子，踮起脚跟。形容盼望十分殷切。

踵，音 zhǒng，脚后跟。

客之以说服寡人也
理解为"客之以说＋服寡人也"最好。意思是说，客人仅仅以他的说辞就让我信服了。

【今译】
惠盎拜会宋康王，康王快言快语，说："我所喜爱的，就勇猛和有力两个方面，不喜爱所谓的仁义，客人想要拿什么来教导我呢？"

惠盎应答说："我有这么一个法子，使得他人再怎么勇猛，也刺不进，再怎么有力，也击不中，大王您难道不钟意吗？"

康王说："这个好。这才是我所想听的。"

惠盎说："即便刺不进，也击不中，但还是耻辱。我有个法子，使得他人即便很勇猛，但绝对不敢刺，即便很有力，也绝对不敢击。可这只是绝对不敢，并不能说明他人心中没有念头。我有个法子，能使他人根本就没有刺、击的念头。但即便心中没有刺、击的念头，并不能说明他人心中就有了爱利之心。我有个法子，使得天下男男女女无不开开心心，都想要爱利它。这可是比勇猛和有力好太多了。大王您难道不钟意吗？"

宋王说："这当然是我想要得到的啊。"

惠盎于是回答说："孔墨的学说就是这样的法子啊。孔子墨子二人，无地而为君，无官而为长，天下男男女女没有哪个不对它翘首以盼，都非常愿意爱它并从中得到好处。现今大王您，可是一国之君，假如真的有心于孔墨之道，则全天下的百姓，都将得到好处，这可比孔子和墨子还要贤明许多啊。"宋王无言以对。

惠盎连忙移步而出，宋王对左右说："说得很明白了，这位客人仅以他的说辞，就把我给说服了。"

周穆王第三

一

【原文】

周穆王时，西极之国有化人来，入水火，贯金石；反山川，移城邑；乘虚不坠，触实不硋。千变万化，不可穷极。既已变物之形，又且易人之虑。穆王敬之若神，事之若君。推路寝以居之，引三牲以进之，选女乐以娱之。化人以为王之宫室卑陋而不可处，王之厨馔腥蝼而不可飨，王之嫔御膻恶而不可亲。穆王乃为之改筑。土木之功，赭垩之色，无遗巧焉。五府为虚，而台始成。其高千仞，临终南之上，号曰中天之台。简郑卫之处子娥媌靡曼者，施芳泽，正蛾眉，设笄珥，衣阿锡，曳齐纨。粉白黛黑，佩玉环。杂芷若以满之，奏《承云》《六莹》《九韶》《晨露》以乐之。日月献玉衣，旦旦荐玉食。化人犹不舍然，不得已而临之。居亡几何，谒王同游。王执化人之袪，腾而上者，中天乃止。暨及化人之宫。化人之宫构以金银，络以珠玉；出云雨之上，而不知下之据，望之若屯云焉。耳目所观听，鼻口所纳尝，皆非人间之有。王实以为清都、紫微、钧天、广乐，帝之所居。王俯而视之，其宫榭若累块积苏焉。王自以居数十年不思其国也。化人复谒王同游，所及之处，仰不见日月，俯不见河海。光影所照，王目眩不能得视；音响所来，王耳乱不能得听。百骸六藏，悸而不凝。意迷精丧，请化人求还。化人移之，王若殒虚焉。既寤，所坐犹向者之处，侍御犹向者之人。视其前，则酒未清，肴未昲。王问所从来。左右曰："王默存耳。"由此穆王自失者三月而复。更问化人。化人曰："吾与王神游也，形奚动哉？且曩之所居，奚异王之宫？曩之所游，奚异王之圃？王闲恒有，疑暂亡。变化之极，徐疾之间，可尽模哉？"王大悦。不恤国事，不乐臣妾，肆意远游。命驾八骏之乘，右服骅骝而左绿耳，右骖赤骥而左白�，主车则造父为御，泰丙为右；次车之乘，右服渠黄而左逾轮，左骖盗骊而右山子，柏夭主车，参百为御，奔戎为右。驰驱千里，至于巨蒐氏之国。巨蒐氏乃献白鹄之血以饮王，具牛马之湩以洗王之足，及二乘之人。已饮而行，遂宿于昆仑之阿，赤水之阳。别日升于昆仑之丘，以观黄帝之宫；而封之以诒后世。遂宾于西王母，觞于瑶池之上。西王母为王谣，王和之，其辞哀焉。乃观日之所入。一日行万里。王乃叹曰："于乎，予一人不盈于德而谐于乐。后世其追数吾过乎！"穆王几神人哉！能穷当身之乐，犹百年乃徂，世以为登假焉。

【见一】

没看出有什么思想价值，故不解，不注，不译。

二

【原文】

老成子学幻于尹文先生，三年不告。

老成子请其过而求退，尹文先生揖而进之于室，屏左右而与之言曰："昔老聃之徂西也，顾而告予曰：有生之气，有形之状，尽幻也。造化之所始，阴阳之所变者，谓之生，谓之死；穷数达变，因形移易者，谓之化，谓之幻。造物者其巧妙，其功深，固难穷难终；因形者其巧显，其功浅，故随起随灭。知幻化之不异生死也，始可与学幻矣。吾与汝亦幻也，奚须学哉？"

老成子归，用尹文先生之言深思三月，遂能存亡自在，幡校四时，冬起雷，夏造冰。飞者走，走者飞。终身不箸其术，故世莫传焉。

子列子曰："善为化者，其道密庸，其功同人。五帝之德，三王之功，未必尽智勇之力，或由化而成。孰测之哉？"

【见一】

没看出有什么思想价值，故不解，不注，不译。

三

【原文】

觉有八征，梦有六候。奚谓八征？一曰故，二曰为，三曰得，四曰丧，五曰哀，六曰乐，七曰生，八曰死。此者八征，形所接也。奚谓六候？一曰正梦，二曰愕梦，三曰思梦，四曰寤梦，五曰喜梦，六曰惧梦。此六者，神所交也。不识感变之所起者，事至则惑其所由然；识感变之所起者，事至则知其所由然。知其所由然，则无所怛。一体之盈虚消息，皆通于天地，应于物类。故阴气壮，则梦涉大水而恐惧；阳气壮，则梦涉大火而燔焫；阴阳俱壮，则梦生杀。甚饱则梦与，甚饥则梦取。是以以浮虚为疾者，则梦扬；以沉实为疾者，则梦溺。藉带而寝则梦蛇，飞鸟衔发则梦飞。将阴梦火，将疾梦食。饮酒者忧，歌舞者哭。子列子曰："神遇为梦，形接为事。故昼想夜梦，神形所遇。故神凝者想梦自消。信觉不语，信梦不达，物化之往来者也。古之真人，其觉自忘，其寝不梦，几虚语哉？"

【见一】
没看出有什么思想价值，故不解，不注，不译。

四

【原文】
西极之南隅有国焉，不知境界之所接，名古莽之国。阴阳之气所不交，故寒暑亡辨；日月之光所不照，故昼夜亡辨。其民不食不衣而多眠。五旬一觉，以梦中所为者实，觉之所见者妄。四海之齐谓中央之国，跨河南北，越岱东西，万有余里。其阴阳之审度，故一寒一暑；昏明之分察，故一昼一夜。其民有智有愚。万物滋殖，才艺多方。有君臣相临，礼法相持。其所云为不可称计。一觉一寐，以为觉之所为者实，梦之所见者妄。东极之北隅有国曰阜落之国。其土气常燠，日月余光之照。其土不生嘉苗。其民食草根木实，不知火食，性刚悍，强弱相藉，贵胜而不尚义；多驰步，少休息，常觉而不眠。

【见一】
没看出有什么思想价值，故不解，不注，不译。

五

【正本】

周之尹氏大产，其役浸晨昏而弗息。

有老役夫筋力竭矣，而使之弥勤，昼则呻呼而即事，夜则昏惫而熟寐。昔昔梦为国君，居人民之上，总一国之事，游宴宫观，恣意所欲，其乐无比，觉则复役。人有慰喻其勤者，役夫曰："人生百年，昼夜各分。吾昼为人仆，苦则苦矣，夜为人君，其乐无比，何所怨哉？"

尹氏心营世事，虑钟家业，心形俱疲，夜亦昏惫而寐。昔昔梦为人仆，趋走作役，无不为也，数骂杖挞，无不至也，眠中呻呼，彻旦息焉。尹氏病之，以访其友。友曰："若位足荣身，资财有余，胜人远矣。夜梦为仆，苦逸反复，数之常也。若欲觉梦兼之，岂可得耶？"

尹氏闻其友言，宽其役夫之勤，减己思虑之事，疾并少间。

【原文】

周之尹氏大治产，其下趣役者侵晨昏而弗息。有老役夫筋力竭矣，而使之弥勤。昼则呻呼而即事，夜则昏惫而熟寐。精神荒散，昔昔梦为国君。居人民之上，总一国之事。游燕宫观，恣意所欲，其乐无比。觉则复役。人有慰喻其勤者。役夫曰："人生百年，昼夜各分。吾昼为仆虏，苦则苦矣；夜为人君，其乐无比。何所怨哉？"尹氏心营世事，虑钟家业，心形俱疲，夜亦昏惫而寐。昔昔梦为人仆，趋走作役，无不为也；数骂杖挞，无不至也。眠中噇吃呻呼，彻旦息焉。尹氏病之，以访其友。友曰："若位足荣身，资财有余，胜人远矣。夜梦为仆，苦逸之复，数之常也。若欲觉梦兼之，岂可得邪？"尹氏闻其友言，宽其役夫之程，减己思虑之事，疾并少间。

【清源】

周之尹氏大产，其役浸晨昏而弗息

原文为：周之尹氏大治产，其下趣役者侵晨昏而弗息。

改"大治产"为"大产"。大产含义清晰，大治产则语义含混。

改"其下趣役者"为"其役"。原文不可理解。改后，语境含义清晰。

改"侵"为"浸"。应该是误抄或误辨。侵，无法作语境解读。浸，则可据语境解读为淹没。

昔昔梦为国君

原文为：精神荒散，昔昔梦为国君。

据后文对比句"昔昔梦为人仆"清源。

游宴宫观

原文为：游燕宫观。

改"燕"为"宴"。

吾昼为人仆

原文为：吾昼为仆虏。

据后文"昔昔梦为人仆"改。

眠中呻呼

原文为：眠中噞呓呻呼。

据前文对语"昼则呻呼"改。噞呓，音 ān yì，说梦话。

苦逸反复

原文为：苦逸之复。

据行文常识改，"之"原本很可能就是"反"的误辨。

宽其役夫之勤

原文为：宽其役夫之程。

据前文的对应语"而使之弥勤"清源。

【见一】

周之尹氏大产

周的语境含义极不清晰，不知道究竟指时间，还是指地方。从寓言的寓意需要看，指时间可能要好些，相当于寓言常用的开首句"在很久很久以前"。

宫观

供帝王游憩的宫馆。

趋走作役

无法清晰解读，大意应该等同于劳碌奔波。

数骂杖挞

无法清晰解读，大意应该是数、骂、杖、挞，即数落、责骂、棒喝、鞭抽。

彻旦息焉

跟前文"浸晨昏"差不多一个意思，即从早到晚。

疾并少间

估计用词有误，非常难以清晰解读。勉力为之，"疾"就是疾病的疾，"并"就是一并的并，"少"就是减少的少，"间"就是间隔的间。合起来的意思，就是疾病也一并变得越来越少。

【今译】

从前有个姓尹的大户人家，驱使他家的仆人从早劳作到晚，一直就没有停过。

仆人中有一位老头，已经老得不太能干得动活了，可姓尹的还是更加使劲地驱使他，这位老者干的是上气不接下气。只是一旦到了夜里，这个老头因为疲惫不堪，倒头便睡。没有哪一个晚上，不是梦见自己成为国君，居人民之上，总一国之事，在宫廷里到处胡吃海喝，花天酒地，想怎么便怎样，快乐得简直无可比拟，醒来后又恢复到作苦役的状态。有人看到老头活太重了，想去劝慰劝慰，可这老头说："人生百年，昼夜各分。我白天作为仆人，苦是苦了点，但到了晚上，我就成了国君，快乐得无可比拟，我为什么还要心生怨恨呢？"

姓尹的一心扑在俗世的事业上，一天到晚就想着那份家业，搞得自己心身疲惫，每每到了晚上，也是因为疲惫不堪，而进入梦中。可他每天做的梦，都是自己成了别人的仆人，劳碌奔波，什么事都得干，数落责骂，棍鞭加身，什么气都得受，睡眠中上气不接下气，直到清晨才会停息下来。姓尹的很是忧心，于是前去拜访他的朋友。他的朋友说："老兄你位足荣身，资财有余，已经远远超出了他人。晚上梦见自己成为仆人，苦逸交替，这完全合乎天数啊。老兄你要想白天黑夜都是好的，怎么可能呢？"

姓尹的听懂了朋友的话，于是放宽了对老头的驱使，减少了自己的思虑，疾病于是也跟着越来越少发作了。

六

【正本】

郑人有薪于野者，遇骇鹿，击之，毙。恐人见之也，遽而藏诸隍中，覆之以蕉，不胜其喜。俄而遗其所藏之处，遂以为梦焉，顺途而咏其事。

傍人有闻者，用其言而取之。既归，告其室人曰："向薪者梦得鹿而不知其处，吾今得之，彼直真梦者矣。"室人曰："若将是梦见薪者之得鹿耶？讵有薪者耶？今真得鹿，是若之梦真耶？"夫曰："吾据得鹿，何用知彼梦我梦耶？"

薪者归，不厌失鹿。其夜真梦藏之之处，又梦得之之主。明日，按所梦而寻得之，遂讼而争之，归之士师。士师曰："若初真得鹿，妄谓之梦。真梦得鹿，妄谓之实。彼真取若鹿，而与若争鹿。室人又谓梦得人鹿，无人得鹿。今据有此鹿，请二分之。"

以闻郑君。郑君曰："嘻！士师复梦分人鹿乎？"访之国相。国相曰："梦与不梦，臣所不能辨也。欲辨觉梦，唯黄帝、孔丘。今无黄帝、孔丘，孰辨之哉？且循士师之言，可也。"

【原文】

郑人有薪于野者，遇骇鹿，御而击之，毙之。恐人见之也，遽而藏诸隍中，覆之以蕉。不胜其喜。俄而遗其所藏之处，遂以为梦焉。顺途而咏其事。傍人有闻者，用其言而取之。既归，告其室人曰："向薪者梦得鹿而不知其处；吾今得之，彼直真梦者矣。"室人曰："若将是梦见薪者之得鹿邪？讵有薪者邪？今真得鹿，是若之梦真邪？"夫曰："吾据得鹿，何用知彼梦我梦邪？"薪者之归，不厌失鹿。其夜真梦藏之之处，又梦得之之主。爽旦，案所梦而寻得之。遂讼而争之，归之士师。士师曰："若初真得鹿，妄谓之梦；真梦得鹿，妄谓之实。彼真取若鹿，而与若争鹿。室人又谓梦认人鹿，无人得鹿。今据有此鹿，请二分之。"以闻郑君。郑君曰："嘻！士师将复梦分人鹿乎？"访之国相。国相曰："梦与不梦，臣所不能辨也。欲辨觉梦，唯黄帝、孔丘。今亡黄帝孔丘，熟孰辨之哉？且恂士师之言可也。"

【清源】

郑人有薪于野者，遇骇鹿，击之，毙

原文为：郑人有薪于野者，遇骇鹿，御而击之，毙之。

改"御而击之，毙之"为"击之，毙"。理由一，"御"无法清晰解读。过往注家将其解读为"迎"，都从的是张湛的注。但至于如何就是迎，则没人愿意去问。除非无中生有，否则，御无论如何都训诂不出迎的含义的。既然如此，在不影响文本正确解读的情况下，不如一删了之。理由二，"毙之"的之，完全可以承前省。删除后，不但不会产生任何语义缺失，反倒使文本更为简明流畅，更符合古汉语行文风格。

覆之以樵

原文为：覆之以蕉。

改"蕉"为"樵"。理由一，"樵"更能吻合"薪于野者"这样的语境。理由二，蕉一般被理解为芭蕉或香蕉，无论哪种，这些似乎都是南方的农作物。而郑国，按当时地理，应该在北方。北方或许有蕉，但应该极少极少。

按所梦而寻得之

原文为：案所梦而寻得之。

"案"明显为"按"的讹误，完全不必通过通假解决，直接改过就好。

且循士师之言

原文为：且恂士师之言可也。

改不可直接理解的"恂"为可直接理解的"循"。

【见一】

遽而藏诸隍中

遽。音 jù，急、仓促。

隍。音 huáng，本义为没有水的护城壕。

室人

从后文"夫曰"逆推，指的肯定就是妻子。

讵

音 jù，岂、难道，用于反问。

不厌失鹿

原文应该有误，主要是"厌"字无法找到确凿的训诂依据。根据语境需要，它应该是甘字，即甘心的甘。【今译】按甘心处理。

士师

据《周礼·秋官司寇·士师朝士》载："士师之职，掌国之五禁之法，以左右刑罚。"

【今译】

郑国有个樵夫到郊野砍柴，遇到一头受到惊吓的鹿，就对它进行攻击，并击毙了它。樵夫担心被人发现，就赶急赶忙把它藏在一条干涸的河沟里，并用柴草将它盖好，内心充满了喜悦。不久之后，樵夫却忘记了鹿的藏身所在，便以为只是自己作了个梦，一路上反复念叨这件事。

路上刚好被一位路人旁听到了，路人根据他念叨的话，真的拿到了鹿。路人回到家里，跟自己的妻子说："刚刚有一位砍柴的人，做梦得到了一头鹿，可是忘记放到哪了，我现在得到了这头鹿，他做的梦其实是真的。"妻子回答说："哪里是砍柴的人梦见得到的鹿啊？哪里有什么砍柴的人啊？你所得到的鹿，难道不是你自己做的梦是真的吗？"丈夫说："我既然根据梦已经拿到了鹿，管它是他做的梦还是我做的梦啊？"

砍柴的人回到家里后，很不甘心到手的鹿丢了。晚上，他真的梦见了当时自己藏鹿的地方，又梦见了拿走鹿的人。第二天，他根据先晚的梦去寻找，还真找到了鹿，于是就打起了官司，官司最后落到了士师手上。士师说："你当初是真的得到了一头鹿，你却妄以为是在做梦。现在你真的只是在梦中得到了一头鹿，反又妄以为是事实。那个拿走你鹿的人真的拿走了你的鹿，而他与你因为鹿而起了争执。他的妻子又说他只是做梦得到了别人的鹿，其实是没有人得到过鹿。现在确实有这么一头鹿，那就一人一半好了。"

这事传到了郑国的国君耳里。国君说："哈哈！士师这是在梦里替人家分鹿吗？"于是便去咨询国相。国相说："梦与不梦，我也无能为力啊。如果想真的分辨清楚究竟是梦还不是梦，只有黄帝和孔子。现在，我们这里没有黄帝和孔子，谁能分辨得清呢？姑且依了士师所说的就可以了。"

七

宋阳里华子中年病忘,朝取而夕忘,夕与而朝忘,在途则忘行,在室而忘坐,今不识先,后不识今。阖室苦之。谒史而卜之,弗占。谒巫而祷之,弗禁。谒医而攻之,弗已。

鲁有儒生,自媒能治之,华子之妻、子以居产之半请其方。儒生曰:"此固非卦兆之所占,非祈祷之所禁,非药石之所已,吾试化其心,变其虑,庶几其瘳乎!"于是试露之而求衣,饥之而求食,幽之而求明。儒生欣然告其子曰:"疾可已也。然吾之方密,传世不以告人。试屏左右,独与居室七日。"从之。莫知其所施为也,而积年之疾一朝尽除。

华子既复,乃大怒,黜妻罚子,戈逐儒生。宋人执而问其所以,华子曰:"向吾忘也,荡荡然不觉天地之有无,今顿识既往,数十年来存亡、得失、哀乐、好恶,扰扰万绪起矣。吾恐将来之存亡、得失、哀乐、好恶之乱吾心如此也,须臾之忘,可复得乎?"

子贡闻而怪之,以告孔子。孔子曰:"此非汝所及乎!"顾谓颜回纪之。

【原文】

宋阳里华子中年病忘,朝取而夕忘,夕与而朝忘;在途则忘行,在室而忘坐;今不识先,后不识今。阖室毒之。谒史而卜之,弗占;谒巫而祷之,弗禁;谒医而攻之,弗已。鲁有儒生,自媒能治之,华子之妻子以居产之半请其方。儒生曰:"此固非卦兆之所占,非祈请之所祷,非药石之所攻。吾试化其心,变其虑,庶几其瘳乎!"于是试露之而求衣;饥之而求食;幽之,而求明。儒生欣然告其子曰:"疾可已也。然吾之方密,传世不以告人。试屏左右,独与居室七日。"从之。莫知其所施为也,而积年之疾一朝都除。华子既悟,乃大怒,黜妻罚子,操戈逐儒生。宋人执而问其以。华子曰:"曩吾忘也，荡荡然不觉天地之有无。今顿识既往，数十年来存亡、得失、哀乐、好恶，扰扰万绪起矣。吾恐将来之存亡、得失、哀乐、好恶之乱吾心如此也，须臾之忘，可复得乎？"子贡闻而怪之，以告孔子。孔子曰："此非汝所及乎！"顾谓颜回纪之。

【清源】
阖室苦之
原文为：阖室毒之。

据常识清源。

非祈祷之所禁
原文为：非祈请之所祷。

根据原文语境"谒史而卜之，弗占。谒巫而祷之，弗禁。谒医而攻之，弗已"和"非卦兆之所占，非祈请之所祷，非药石之所攻"清源。

非药石之所已
原文为：非药石之所攻。

改"攻"为"已"，据语境及后文"疾可已也"清源。

华子既复
原文为：华子既悟。

改"悟"为康复的"复"。一是理所当然，二是后文有"可复得乎"句。

戈逐儒生
原文为：操戈逐儒生。

按古汉语习惯，"操"字冗余。

【见一】
阳里华子
究竟是一个叫阳里华子的人，还是一个住在阳里叫华子的人，不是太能定夺。按整章的行文看，后一种对的可能性要大很多。

自媒

相当于现今"自媒体"的自媒，自己发声。

瘳

音 chōu，本义为病愈。

【今译】

宋国阳里有位叫华子的中年人，得了健忘症。早上拿了什么东西，晚上就忘了。晚上给了什么东西，早上就忘了。在路上会忘记走，在家里会忘记坐。现在记不得过去，过后记不得现在。全家人苦恼不已。请打卦的人占卜，不起作用。请巫师念经，不起作用。请医生诊断，不起作用。

鲁国有个儒生，自吹能将之治好。华子全家妻小以一半的家产请儒生前来治疗。儒生说："这本来就不是打卦就能起作用的，不是念经就能起作用的，不是施药就能起作用的。我尝试开化他的内心，改变他的思虑，说不定就能痊愈。"于是，儒生试着让他光个身子而使他求要衣服，试着让他饿个肚子而使他求要食物，试着让他两眼一抹黑而使他求要光明。儒生十分高兴告诉他家的孩子说："病完全可以治好啊。不过，我的治疗方法要保密，永远不要为外人所知道。请把左右都给我支开，我要单独同他住上七天。"家里人表示同意。没人知道儒生究竟做了些什么，只是华子多年的病一下子就根除了。

华子从健忘症中康复过来后，勃然大怒，不但休掉了妻子，还惩罚了孩子，更操起棍子赶走了儒生。宋国人终于把他制服后，问他为什么要这样，华子说："过去我得了健忘症时，内心里空空荡荡，不知道天地中有任何东西存在。现在，我一下子就想起了我的过往一切。数十年来的存亡、得失、哀乐、好恶，一下子扰得我心神不宁。我担心将来的存亡、得失、哀乐、好恶，也会像现在这样。那时，我想要哪怕须臾的健忘，还有可能再得到吗？"

子贡听说后，觉得怪异，便去告知孔子。孔子说："这可不是你所能达到的境界啊！"回过头告诉颜回要他把这事给记录下来。

八

【正本】

秦人逢氏有子，少而慧，及壮而有迷罔之疾。闻歌以为哭，视白以为黑，飨香以为臭，尝甘以为苦，行非以为是。意之所之，天地四方，水火寒暑，无不倒错者焉。

杨氏告其父曰："鲁之君子多术艺，将能已乎？汝奚不访焉？"

其父之鲁，过陈，遇老聃，因告其子之症。老聃曰："汝庸知汝子之迷乎？今天下之人皆惑于是非，昏于利害，同疾者多，固莫有觉者，且一身之迷不足倾一家，一家之迷不足倾一乡，一乡之迷不足倾一国，一国之迷不足倾天下。天下尽迷，孰倾之哉？向使天下之人，其心尽如汝子，汝则反迷矣。哀乐、白黑、香臭、是非，孰能正之？且吾之此言未必非迷，而况鲁之君子迷之尤者，焉能解人之迷哉？不若归也。"

【原文】

秦人逢氏有子，少而惠，及壮而有迷罔之疾。闻歌以为哭，视白以为黑，飨香以为朽，尝甘以为苦，行非以为是：意之所之，天地、四方，水火、寒暑，无不倒错者焉。杨氏告其父曰："鲁之君子多术艺，将能已乎？汝奚不访焉？"其父之鲁，过陈，遇老聃，因告其子之证。老聃曰："汝庸知汝子之迷乎？今天下之人皆惑于是非，昏于利害。同疾者多，固莫有觉者。且一身之迷不足倾一家，一家之迷不足倾一乡，一乡之迷不足倾一国，一国之迷不足倾天下。天下尽迷，孰倾之哉？向使天下之人其心尽如汝子，汝则反迷矣。哀乐、声色、臭味、是非，孰能正之？且吾之此言未必非迷，而况鲁之君子迷之邮者，焉能解人之迷哉？荣汝之粮，不若遄归也。"

【清源】

少而慧

原文为：少而惠。

明显为误抄，改过便是，无须通假。

飨香以为臭

原文为：飨香以为朽。

香、臭向来相反相成，没必要再混入"朽"再解释为臭。

因告其子之症

原文为：因告其子之证。

明显讹误，奈何要坚持通假一说？

哀乐、白黑、香臭、是非

原文为：哀乐、声色、臭味、是非。

改"声色"为"白黑"。依据为前文的"视白以为黑"。

改"臭味"为"香臭"。依据为前文的"飨香以为臭"。

而况鲁之君子迷之尤者

原文为：而况鲁之君子迷之邮者。

改"邮"为"尤"，不言自明。

不若归也

原文为：荣汝之粮，不若遄归也。

清源后的句子，已然完全满足语境需要。

【见一】

秦人逢氏有子，少而慧，及壮而有迷罔之疾

一句很简单也没有什么特别思想含义的话，单拈出来说一下，是想凸显该寓言的寓意，主要是指成人社会的集体性迷茫，而小孩不太会。所以，这句话是不可以减缩为"秦人逢氏有子，有迷罔之疾"的。小孩是本真的，但被社会化后，就异化了。

【今译】

秦国逢姓人家有位小孩，小时候非常聪慧，长大后却得了一种错乱病。听到歌声以为是哭泣，看到白的以为是黑的，闻到香味以为臭味，尝到甜的以为是苦的，行为错了以为是对的。总之，凡他能念及的任何东西，无论是天地四方，还是水火寒暑，没有什么不是颠倒错乱了的。

一位姓杨的人告诉他父亲说："鲁国有很多奇技淫巧之人，或许能治好你儿子的病，为什么不去寻访寻访呢？"

这位父亲于是前往鲁国。经过陈国时，遇到了老聃，并趁机告诉老聃他儿子的病症。老聃说："你怎么知道你儿子得的是错乱病呢？当今全天下人都惑于是非，昏于利害，得这种病的人多了，能觉察到这种病的人就少了。再说，一身之迷不足倾覆一家，一家之迷不足倾覆一乡，一乡之迷不足倾覆一国，一国之迷不足倾覆天下。天下尽迷了，还有谁能去倾覆它啊？要是天下人的心思，全都跟你儿子一样，那错乱的就是你自己了。哀乐、白黑、香臭、是非，谁能说个明白？再说了，我说的这些话本身就未必不是错乱，更何况鲁国那些所谓的君子，他们自己就错乱到不知所以，哪里还能帮助别人解脱错乱啊？你不如就此打道回府好了。"

九

【正本】

燕人生于燕，长于楚，及老而还本国。过晋国，同行者诳之。

指城曰："此燕国之城。"其人愀然变容。

指社曰："此若里之社。"其人喟然而叹。

指舍曰："此若先人之庐。"其人涓然而泣。

指坟曰："此若先人之冢。"其人哭不自禁。

同行者大笑曰："予昔绐若，此晋国耳。"其人大惭。

及至燕，真见燕国之城社，真见先人之庐冢，悲心便微。

【原文】

燕人生于燕，长于楚，及老而还本国。过晋国，同行者诳之；指城曰："此燕国之城。"其人愀然变容。指社曰："此若里之社。"乃喟然而叹。指舍曰："此若先人之庐。"乃涓然而泣。指垅曰："此若先人之冢。"其人哭不自禁。同行者哑然大笑，曰："予昔绐若，此晋国耳。"其人大惭。及至燕，真见燕国之城社，真见先人之庐冢，悲心更微。

【清源】

大笑

原文为：哑然大笑。

哑然难以解释清楚，索性删除。

指坟曰

原文为：指垅曰。

原文不通，估计"垅"是"坟"的误辨误抄。

予昔诳若

原文为：予昔绐若。

改"绐"为"诳"，以使与前文"同行者诳之"相一致。不改也可以，只是会带来理解上的麻烦，毕竟绐字很陌生。绐，音 dài，欺诈、哄骗。

悲心便微

原文为：悲心更微。

改"更"为"便"，明显的传抄错误，完全不必通假。

【见一】

愀然

悲伤的样子。愀，音 qiǎo。

此若里之社

里。应该指故里。

社。本义为土地神。

喟然

叹气的样子。喟，音 kuì。

涓然

形容眼泪像细细的流水一样。

【今译】

有位燕国人，虽然在燕国出生，但在楚国长大。老了的时候，想要落叶归根。经过晋国时，一同回乡的人想骗他玩玩。

他指指城墙说："这是燕国的城墙。"那人立马显出一副悲伤的样子。

他指指神庙说："这是你老家的神庙。"那人立马长吁短叹起来。

他指指房舍说："这是你家先祖的房子。"那人立马眼泪刷地流了下来。

他指指坟墓说："这是你家先祖的墓地。"那人立马哭得忘乎所以。

一同回乡的人这才哈哈大笑说："我刚刚只是骗你玩玩而已，这里还是晋国呢。"那人顿时觉得惭愧不已。

等到了燕国，真见到了燕国的城墙和神庙，真见到了先祖的房子和墓地，那人的悲伤之情便大大减轻了。

仲尼第四

一

【正本】

仲尼闲居，子贡入侍，而见忧色。子贡不敢问，出告颜回，颜回援琴而歌。

孔子闻之，果召回入，问曰："若奚独乐？"

回曰："夫子奚独忧？"

孔子曰："先言尔意。"

回曰："吾昔闻之夫子曰'乐天知命故无忧'，回所以乐也。"

孔子愀然。有间，曰："有是言哉？汝之意失矣。此吾昔日之言尔，请以今言为正。汝徒知乐天知命之无忧，未知乐天知命有忧之大也。今告若其实：'修一身，任穷达，知去来之非我，无变乱于心虑，尔之所谓乐天知命之无忧也；向吾修诗书，正礼乐，将以治天下，遗来世，非但修一身、治鲁国而已，而鲁之君臣日失其序，仁义益衰，情性益薄，此道不行一国与当年，其行天下与来世矣？吾始知诗书礼乐无救于治乱，而未知所以革之之方，此乐天知命者之所忧也。'"

颜回北面拜手，曰："回亦得之矣。"

出告子贡，子贡茫然自失，归家沉思七日，不寝不食，以至骨立。颜回重往喻之，乃反丘门，弦歌诵书，终身不辍。

【原文】

仲尼闲居，子贡入侍，而有忧色。子贡不敢问，出告颜回。颜回援琴而歌。孔子闻之，果召回入，问曰："若奚独乐？"回曰："夫子奚独忧？"孔子曰："先言尔志。"曰："吾昔闻之夫子曰：'乐天知命故不忧'，回所以乐也。"孔子愀然有间曰:"有是言哉? 汝之意失矣。此吾昔日之言尔,请以今言为正也。汝徒知乐天知命之无忧,未知乐天知命有忧之大也。今告若其实。修一身,任穷达,知去来之非我,亡变乱于心虑,尔之所谓乐天知命之无忧也。曩吾修《诗》《书》,正礼乐,将以治天下,遗来世;非但修一身,治鲁国而已。而鲁之君臣日失其序,仁义益衰,情性益薄。此道不行一国与当年,其如天下与来世矣? 吾始知《诗》《书》、礼乐无救于治乱,而未知所以革之之方。此乐天知命者之所忧。虽然,吾得之矣。夫乐而知者,非古人之谓所乐知也。无乐无知,是真乐真知;故无所不乐,无所不知,无所不忧,无所不为。《诗》《书》、礼乐,何弃之有? 革之何为? "颜回北面拜手曰:"回亦得之矣。"出告子贡。子贡茫然自失,归家淫思七日,不寝不食,以至骨立。颜回重往喻之,乃反丘门,弦歌诵书,终身不辍。

【清源】

先言尔意

原文为:先言尔志。

理由一,就语境看,应该用"意"而不是"志"。理由二,后文"汝之意失矣"刚好印证理由一。

乐天知命故无忧

原文为:乐天知命故不忧。

据后文"汝徒知乐天知命之无忧"清源,以使前后形式一致。

今告若其实

此句后应该使用单引号,以使理解顺畅而连贯。否则,会出现理解上的破碎和困难。

向吾修诗书,正礼乐,将以治天下,遗来世,非但修一身、治鲁国而已,而鲁之君臣日失其序,仁义益衰,情性益薄,此道不行一国与当年,其行天下与来世矣?

原文为:曩吾修《诗》《书》,正礼乐,将以治天下,遗来世;非但修一身，治鲁国而已。而鲁之君臣日失其序，仁义益衰，情性益薄。此道不行一国与当年，其如天下与来世矣？

标点作了全面修改。

改曩为向。

改《诗》《书》为"诗书"。理由一，句子语境清晰，去掉书名号不会产生歧义。理由二，以使与紧接的"礼乐"形式相一致。后文相应部分全都依此清源。

改"其如天下与来世矣"中的"如"为"行"，以使句子前后形式一致，且义理可以清晰解读。

此乐天知命者之所忧也

原文为：此乐天知命者之所忧。

加"也"，语气和义理会更完整和完美。

虽然，吾得之矣。夫乐而知者，非古人之谓所乐知也。无乐无知，是真乐真知；故无所不乐，无所不知，无所不忧，无所不为。《诗》《书》、礼乐，何弃之有？革之何为？

明显是后人在没有读懂原文情况下抒发的感言，所以跟原文很不搭。删除后的【正本】，形式完整，义理明确。

归家沉思七日

原文为：归家淫思七日。

改"淫"为沉或深，应该是传抄讹误。

【见一】

仲尼闲居，子贡入侍，而见忧色。子贡不敢问，出告颜回，颜回援琴而歌
要把这句话放到整个寓言看，否则，会觉得不知所云。

整个寓言是，子贡侍奉孔子时看到孔子面带忧色，但不知道究竟是怎么回事，于是便去告知颜回。颜回听了，以为自己知道老师是因为什么而面带忧色，于是想通过抚琴而歌的方式，提醒自己的老师不要那么忧心，要用行动为他自己曾经说过的话作注："乐天知命故无忧。"可是，颜回会错了孔子的意，他只是"乐天知命之无忧，而未知乐天知命有忧之大"。当孔子向颜回解释为什么"知乐天知命有忧之大"后，颜回算是即闻即悟了，但子贡不行。不但不行，子贡在深入思考了七天七夜后，也还是不行，以致整个人因为不吃不睡而瘦得皮包骨。颜回不忍，便前去做子贡的思想工作。子贡在终于懂得了自己的老师为何会不开心后，重新回到孔子身边，认真修治诗书礼乐，希望通过自己的努力，将孔子"治天下，遗来世"的宏愿发扬和光大下去。

若奚独乐

独。万万不可理解为单独或独自，这明显不合语境需要，可惜过往注家全都作如是解。独修饰的不是颜回，而是乐，跟后文的忧相对，其含义应该是单单、偏偏或只是的意思。

拜手

古代汉族男子一种跪拜礼。正坐时，两手拱合，低头至与手心平，而不及地。

骨立

相当于骨瘦如柴。

【今译】

孔子在家里闲着，子贡前去侍候，一眼就看到老师面带忧色。子贡不敢追问，出来后就将看到的告诉给了颜回，颜回于是一边操琴一边高歌。

孔子听到琴声和歌声后，果然把颜回叫进了屋里，并问颜回："你怎么只是单单抒发喜悦？"

颜回回答说："老师您怎么只是单单感到忧伤？"

孔子说："先说说你的意思。"

颜回说："我曾听老师您说过：'乐天知命才不会有什么忧伤'，这就是我为什么单单只是抒发喜悦的原因啊。"

孔子显出来一副忧伤的样子。过了一会儿，说："我说过这话吗？你恐怕会错意了。这只是我曾经说过的话罢了，请你以我现在说的为准。你只知道乐天知命没有忧伤这一面，而不知道乐天知命还有更大的忧伤的另一面啊。现在让我来告诉你它是什么意思：'只管把自己的修为做好，不管自己最终是穷困还是显达，知道穷困和显达不是自己所能决定得了的，所以内心深处始终不会有任何变乱，这就是你所说的知道乐天知命就没有忧伤吧。一直以来，我修诗书，正礼乐，希望的是它可以用来治理天下，可以万世流芳，而不只是为了涵养一下我个人的身心、治理一下鲁国而已。可是，现在就连鲁国的君臣都日益失去了该有的次序，仁义道德也日见衰微，人们的性情也日见轻薄，我所做的这一切既然连鲁国和当下都不能施行，哪里还能寄希望于它能施行于天下和未来呢？我已经知道了诗书礼乐对整治世道起不来什么大的作用，但我确实又不知道究竟有什么好的法子能改变这一局面，这就是我所说的乐天知命还有大的忧伤的原因所在啊。'"

颜回面朝老师行了一个跪拜礼，说："学生我明白了。"

颜回出门后，把这事说给了子贡听。子贡听后心里头一片茫然，回到家里想了七天七夜，不睡也不吃，瘦成了皮包骨。颜回再次前去做了一番开解，子贡这才重新回到孔子门下，弦歌诵书，一生都不曾停歇过。

二

【正本】

陈大夫聘鲁，私见叔孙氏。

叔孙氏曰："吾国有圣人。"

陈大夫曰："非孔丘耶？"

叔孙氏曰："是也。"

陈大夫曰："何以知其圣乎？"

叔孙氏曰："吾常闻之颜回曰：'孔丘能废心而用神。'"

陈大夫曰："吾国亦有圣人，子弗知乎？"

叔孙氏曰:"圣人孰谓?"

陈大夫曰:"老聃之弟子有亢仓子者,得聃之道,能以耳视而目听。"

鲁侯闻之大惊,使上卿厚礼而致之,亢仓子应聘而至,鲁侯卑辞请问之。

亢仓子曰:"传之者妄。我能视听不用耳目,不能易耳目之用。"

鲁侯曰:"此增异矣。其道奈何?寡人终愿闻之。"

亢仓子曰:"我体合于心,心合于气,气合于神,神合于无。其有介然之有,微然之音,虽远在八荒,近在眉睫,来干我者,我必知之,乃不知是我七孔四肢之所觉,心腹六藏之所知,其自知而已矣。"

鲁侯大悦。他日以告仲尼,仲尼笑而不答。

【原文】

陈大夫聘鲁,私见叔孙氏。叔孙氏曰:"吾国有圣人。"曰:"非孔丘邪?"曰:"是也。""何以知其圣乎?"叔孙氏曰:"吾常闻之颜回曰:'孔丘能废心而用形。'"陈大夫曰:"吾国亦有圣人,子弗知乎?"曰:"圣人孰谓?"曰:"老聃之弟子有亢仓子者,得聃之道,能以耳视而目听。"鲁侯闻之大惊,使上卿厚礼而致之。亢仓子应聘而至。鲁侯卑辞请问之。亢仓子曰:"传之者妄。我能视听不用耳目,不能易耳目之用。"鲁侯曰:"此增异矣。其道奈何?寡人终愿闻之。"亢仓子曰:"我体合于心,心合于气,气合于神,神合于无。其有介然之有,唯然之音,虽远在八荒之外,近在眉睫之内,来干我者,我必知之。乃不知是我七孔四支之所觉,心腹六藏之所知,其自知而已矣。"鲁侯大悦。他日以告仲尼,仲尼笑而不答。

【清源】

陈大夫曰

原文为:曰。

补足"陈大夫"只是为了清晰,不补也完全可以。全书类似问题都采用此种处理方式,不再一一说明。

孔丘能废心而用神

原文为：孔丘能废心而用形。

改"形"为"神"，理由一，就寓言本身的寓意需要而言，就必须改"形"为"神"。理由二，寓言本身"我体合于心，心合于气，气合于神，神合于无"的神，必须就是"废心而用神"的神。

其有介然之有，微然之音，虽远在八荒，近在眉睫，来干我者，我必知之，乃不知是我七孔四肢之所觉，心腹六藏之所知，其自知而已矣

原文为"其有介然之有，唯然之音，虽远在八荒之外，近在眉睫之内，来干我者，我必知之。乃不知是我七孔四支之所觉，心腹六藏之所知，其自知而已矣。"

改"唯然之音"为"微然之音"。前者不好理解，后者一看便明。不改当然也可以。

改"远在八荒之外，近在眉睫之内"为"远在八荒，近在眉睫"。清源后的句子含义跟原文没有任何差别，但更简美顺畅。

改"四支"为"四肢"。

【见一】

聘

访问。古代指代表国家访问友邦。

孔丘能废心而用神

一定要结合后文"体合于心，心合于气，气合于神，神合于无"一起，才能理解，一定要结合道家总体思想才能理解，一定要对"神合于无"有过亲身体验才能理解。这句话还有另外一个表达形式，即《庄子见独》《人间世》第一节的"无听之以耳而听之以心，无听之以心而听之以气。耳止于听，心止于符。气也者，虚而待物者也。唯道集虚。虚者，心斋也。"孔子"废心而用神"相当于庄子所说的"心止于符"。亢仓子"神合于无"则相当于"虚而待物者也"。

亢仓子

详情不明。据说是春秋时期陈国人，得老子之道，能视听不用耳目，著有《亢仓子》一书。这里拟选取《亢仓子·全道》一段，以供读者对比理解本章寓言的寓意：

物也者，所以养性也。今世之惑者，多以性养物，则不知轻重也。是故圣人之于声也，滋味也，利于性则取之，害于性则捐之，此全性之道也。故圣人之制万物也，全其天也，天全则神全矣。神全之人，不虑而通，不谋而当，精照无外，志凝宇宙，德若天地，然上为天子而不骄，下为匹夫而不惛，此之为全道之人。

体合于心，心合于气，气合于神，神合于无

千万不可受文字束缚，直接理解为前文提到的"虚者，心斋也"就可以了。大白话说就是，把内心绝对空出来。

介然之有

小得不能再小的有形存在。

仲尼笑而不答

寓言寓意的核心句。可惜的是，作者交代得很不清楚。猜想作者的想法是，孔子的理念众所周知，那就是仁义。孔子以仁义观照世界自然看不到介然之有，也听不到微然之音，自然也就认识不到世界的本来面目。也就是说，本寓言的寓意，指向非常明确，那就是主张仁义的孔子，其实是谈不上圣的。

【今译】

陈大夫访问鲁国，因私事拜会了叔孙氏。

叔孙氏说："我国有圣人。"

陈大夫说："说的是孔子吧？"

叔孙氏说："是啊。"

陈大夫说："怎么就知道他是圣人呢？"

叔孙氏说："我常常从颜回那里听说：'孔子能废心而用神。'"

陈大夫说："我国也有圣人，你应该不知道吧？"

叔孙氏说："谁啊？"

陈大夫说："老子有个弟子，叫亢仓子，他深得老子之道，能够用耳朵看，用眼睛听。"

鲁候听了后，震惊不已，派遣一位身份尊贵的人带上一份厚礼去聘请亢仓子。亢仓子接受了聘礼来到鲁国，鲁候非常谦卑地向亢仓子请教用耳朵看、用眼睛听的方法。

亢仓子说："这是传话者自己的臆想。我能够视听不用耳目，而不能使耳目的功能交换使用。"

鲁候说："这就更稀奇了。怎么做到的呢？我很想听个究竟。"

亢仓子说："我体合于心，心合于气，气合于神，神合于无。这样，只要有东西存在，只要有声响发出，哪怕是远在天边，或是近在眼前，只要接触到我，我就必定能知道它的存在，我并不知道我所觉察到的，究竟是因为我的七孔四肢，还是因为我的心腹六藏，我只是自然而然就知道了而已。"

鲁候听说后十分开心。不久，他把这事说给了孔子听。孔子听后，笑而不答。

三

【正本】

商太宰见孔子曰："丘圣者欤？"

孔子曰："圣则丘何敢，然则丘博学多识者也。"

商太宰曰："三王圣者欤？"

孔子曰："三王善任智勇者，圣则丘弗知。"

商太宰曰："五帝圣者欤？"

孔子曰："五帝善任仁义者，圣则丘弗知。"

商太宰曰："三皇圣者欤？"

孔子曰："三皇善任因时者，圣则丘弗知。"

商太宰大骇，曰："然则孰者为圣？"

孔子动容。有间，曰："西方之人有圣者焉，不治而不乱，不言而自信，不化而自行，荡荡乎民无能名焉。丘疑其为圣，弗知真为圣欤？真不圣欤？"

【原文】

商太宰见孔子曰："丘圣者欤？"孔子曰："圣则丘何敢，然则丘博学多识者也。"商太宰曰："三王圣者欤？"孔子曰："三王善任智勇者，圣则丘弗知。"曰："五帝圣者欤？"孔子曰："五帝善任仁义者，圣则丘弗知。"曰："三皇圣者欤？"孔子曰："三皇善任因时者，圣则丘弗知。"商太宰大骇，曰："然则孰者为圣？"孔子动容有闲，曰："西方之人有圣者焉，不治而不乱，不言而自信，不化而自行，荡荡乎民无能名焉。丘疑其为圣。弗知真为圣欤？真不圣欤？"商太宰嘿然心计曰："孔丘欺我哉！"

【清源】

商太宰嘿然心计曰："孔丘欺我哉！"

原位于章末，现删除。理由一，寓言的中心在谈论"圣"，孔子说完了，也就应该完了，因为完整了。理由二，如果不删除，则寓言本来很肯定性的寓意，就变得不那么肯定了。

【见一】

商太宰

商是人的姓还是地名，不太能确定。从寓言本身的需要出发，理解为姓比较好，即一位商姓的太宰。太宰，古代官职名，在不同的朝代，其职责和地位不同，大致职责是"掌管国家的六种典籍，用来辅佐国王治理国家"。

不言而自信

不需要对老百姓说什么，就自然地获得老百姓的信任。

156

荡荡乎民无能名焉

荡荡。宽广无边的样子。

名。动词，相当于称呼。

【今译】

一位姓商的太宰在会见孔子时问："你配称圣人吗？"

孔子说："我哪里配得上。不过，我还是博学多识的。"

商太宰又问："那三王呢？"

孔子说："三王只是善于任用真正的智勇之士罢了。至于是否配称圣人，我完全不知道。"

商太宰又问："五帝呢？"

孔子说："五帝只是善于任用真正的仁义之士罢了。至于是否配称圣人，我完全不知道。"

商太宰再问："那三皇呢？"

孔子说："三皇只是善于任用能够因时而动的人。至于是否配称圣人，我完全不知道。"

商太宰十分震撼，说："那究竟有谁配称圣人？"

孔子神色为之一变。过了一会儿，说："西方有个可配称圣人的人。他对国家不加治理而国家就得到了治理，不对百姓说些什么就取得了百姓的信任，不对天下进行教化天下就使天下自行运转，他的行为方式就好比大海般浩荡无边，百姓完全不知道该如何来称呼他。我只是猜度他就是那所谓的圣人，但完全不知道他是否真的就是圣人，或其实根本就不是圣人。"

四

【正本】

子夏问孔子曰："颜回之为人奚若？"

孔子曰："回之仁，贤于丘也。"

子夏曰："子贡之为人奚若？"

孔子曰："赐之辨，贤于丘也。"

子夏曰："子路之为人奚若？"

孔子曰："由之勇，贤于丘也。"

子夏曰："子张之为人奚若？"

孔子曰："师之庄，贤于丘也。"

子夏避席而问曰："然则四子者，何为事夫子？"

孔子曰："居！吾语汝。夫回能仁而不能反，赐能辨而不能讷，由能勇而不能怯，师能庄而不能同。兼四子之有以易吾，吾弗许也，此其所以事吾而不二也。"

【原文】

子夏问孔子曰："颜回之为人奚若？"子曰："回之仁贤于丘也。"曰："子贡之为人奚若？"子曰："赐之辨贤于丘也。"曰："子路之为人奚若？"子曰："由之勇贤于丘也。"曰："子张之为人奚若？"子曰："师之庄贤于丘也。"子夏避席而问曰："然则四子者何为事夫子？"曰："居！吾语汝。夫回能仁而不能反，赐能辨而不能讷，由能勇而不能怯，师能庄而不能同。兼四子之有以易吾，吾弗许也。此其所以事吾而不贰也。"

【清源】

不二

原文为"不贰"。"三心二意"已经是现代习惯用法，大家耳熟能详，"不贰"则已经作古，故改之，虽然不改也可以。

【见一】

避席

古人席地而坐，避席就是离席起身，以表敬意。

师能庄而不能同

相当于说子张因为死守庄重之道而不能和光同尘。

【今译】

子夏问孔子说："颜回的为人怎样？"

孔子说："颜回的仁慈，好过我。"

子夏问："那子贡呢？"

孔子说："子贡的善辩，好过我。"

子夏问："子路呢？"

孔子说："子路的勇敢，好过我。"

子夏问："那子张呢？"

孔子说："子张的庄重，好过我。"

子夏肃然起敬，起身问孔子说："既然如此，那这四个人为何还要侍奉老师您呢？"

孔子说："坐下，我来给你说说。颜回仁慈是仁慈，但不能变通。子贡善辩是善辩，但不能节制。子路勇敢是勇敢，但不能退让。子张庄重是庄重，但不能合群。把他们四人的全部所长拿来同我交换，我也绝不会答应，这就是他们四人全都侍奉着我而没有二心的原因啊。"

五

【正本】

列子既师壶丘子林，友伯昏瞀人，乃居南郭，从之处者，日数而不及。虽然，列子亦微焉，朝朝相与辨，无不闻。而与南郭子连墙二十年，不上谒请，相遇于道，目若不相见者。门之徒役以为列子与南郭子有敌。

有自楚来者，问列子曰："先生与南郭子奚敌？"

列子曰："南郭子貌充心虚，耳无闻，目无见，口无言，心无知，往将奚为？虽然，试与汝偕往。"

阅弟子四十人同行，见南郭子，果若尸居焉，而不可与接。顾视列子，形神不相偶，而不可与群，俄而指列子之弟子末行者与言，侃侃然若雄辩者。列子之徒骇之。反舍，咸有疑色。

列子曰："得意者无言，进知者亦无言。用无言为言亦言，用无知为知亦知。无言与不言，无知与不知，亦言亦知，亦无所不言，亦无所不知，亦无所言，亦无所知，如斯而已，汝奚妄骇哉？"

【原文】

子列子既师壶丘子林，友伯昏瞀人，乃居南郭。从之处者，日数而不及。虽然，子列子亦微焉，朝朝相与辨，无不闻。而与南郭子连墙二十年，不上谒请；相遇于道，目若不相见者。门之徒役以为子列子与南郭子有敌不疑。有自楚来者，问子列子曰："先生与南郭子奚敌？"子列子曰："南郭子貌充心虚，耳无闻，目无见，口无言，心无知，形无惕。往将奚为？虽然，试与汝偕往。"阅弟子四十人同行。见南郭子，果若欺魄焉，而不可与接。顾视子列子，形神不相偶，而不可与群。南郭子俄而指子列子之弟子末行者与言，衎衎然若专直而在雄者。子列子之徒骇之。反舍，咸有疑色。子列子曰："得意者无言，进知者亦无言。用无言为言亦言，无知为知亦知。无言与不言，无知与不知，亦言亦知。亦无所不言，亦无所不知；亦无所言，亦无所知。如斯而已。汝奚妄骇哉？"

【清源】

门之徒役以为列子与南郭子有敌

原文为：门之徒役以为列子与南郭子有敌不疑。

按后句"先生与南郭子奚敌？"语气，"不疑"明显冗余，删除。

耳无闻，目无见，口无言，心无知

原文为：耳无闻，目无见，口无言，心无知，形无惕。

根据语境"南郭子貌充心虚"，"形无惕"冗余，且不知道其本身究竟是何含义，故删除。

果若尸居焉

原文为：果若欺魄焉。

欺魄。传统解注多从张湛注，意为土人。但土人是什么，又不得而知。于是，后人又一本正经地追释为古代求雨时的土偶。只是，这样的解释除了见于此处，在其他文献中似乎找不到印证。孤证不信。更何况，很难设想把求雨这个宗教般行为的象征物命名为"欺魄"，因为任何时代，"欺"都不是一个好听的字。现根据寓言寓意的需要，借用《庄子见独》《在宥》第一节"无解其五藏，无擢其聪明，尸居而龙见，渊默而雷声，神动而天随，从容无为而万物炊累焉"的意境，用"尸居"替代"欺魄"，似乎再好不过。

侃侃然若雄辩者

原文为：衎衎然若专直而在雄者。

改"衎衎"为"侃侃"。衎衎，音 kànkàn，传统解注为刚直，字典收录的也是这个意思。但字典收录的来源，很可能就是此处，故很不足信。根据语境，此处"衎衎"训为"侃侃"较为合适。既然"衎衎"大家都倍感陌生，而"侃侃"因侃侃而谈大家都熟悉，于是索性直接改为"侃侃"最好，以免增加阅读上的解注麻烦。

改"若专直而在雄者"为"若雄辩者"。原文无解，而清源后的【正本】，恰好合乎语境义理逻辑需要。

【见一】

全章

本寓言寓意很好，但行文水平欠佳，不通俗，不流畅，雕琢痕迹太重。

日数而不及

非常不好明确理解，估计原文有误。现假设原文无误，则根据语境，它应该是指列子的弟子跟从列子的时间长，而不是指跟从列子的人数多，"日"相对应的不是"数"，而是后文的"年"。请结合【今译】理解。

列子亦微焉

根据后文第八节的"子之术微矣",微的含义很清晰,就是列子的道术很精微。

南郭子

南郭应该是一个专有名词,即一个地方。南郭子应该就是指南郭这个地方一位有道之人,因为"子"是用来表尊称的。

不上谒请

措辞有点怪异。还好,语境在,意思还是清晰的,大概相当于"没有专门登门拜访"。

貌充心虚

实在难以理解。千沉百默,这个词应该不是一个联合词组,而是一个转折词组,即貌虽充,心却虚。尽管这么理解较为符合语境,但貌充还是很不好理解。如果单从语境看,貌充的表现形式是:若尸居焉,而不可与接。

阅弟子四十人同行

阅。实在难以训诂。现根据语境,选取阅的"总聚、汇集"义稍显合适。最好是将其改为"集"或"聚"。

顾视列子,形神不相偶,而不可与群,俄而指列子之弟子末行者与言,侃侃然若雄辩者

形神不相偶。语境含义模糊,因为它既可以理解为南郭子自身的形神不相偶,也可以理解为南郭子与列子形神不相偶。前者的语境是"果若尸居焉,而不可与接",后者的语境是"顾视列子,形神不相偶,而不可与群,俄而指列子之弟子末行者与言"。两相权衡,取语境靠近的后者稍好。

指列子之弟子末行者与言。南郭子为什么要指定跟列子弟子中的末行者交谈呢?这是因为列子带来的这四十位弟子,可能遵循的是儒家的那套礼仪,先入门的走先,后入门的走后,最后入门的走尾。这套人为的行为方式在"耳

无闻，目无见，口无言，心无知"的南郭子看来，非常可笑。于是，南郭子试图以"用无言为言亦言，用无知为知亦知。无言与不言，无知与不知，亦言亦知，亦无所不言，亦无所不知，亦无所言，亦无所知"的方式来破除这一陋习。列子弟子们的大骇，不是因为南郭子说了什么，而是因为南郭子不是跟自己鼎鼎大名的老师说，而是跟最不起眼最没资格的弟子说。这则寓言并不是要说列子的不是，相反，是要通过呈现一个鲜活的场景，来高度赞美列子的道术有多么的精妙。列子知道南郭子是谁，但他的全部弟子都不知道，以致有弟子以为列子跟南郭子有敌意。正因此，"列子既师壶丘子林，友伯昏瞀人，乃居南郭，从之处者，日数而不及。虽然，列子亦微焉，朝朝相与辨，无不闻"的铺垫，才有意义。

侃侃然若雄辩者。平时大家看到的南郭子是"耳无闻，目无见，口无言，心无知"，但这只是表象。真相是，如有必要，立马就可以是"耳无闻，目无见，口无言，心无知"的反面，即"侃侃然若雄辩者"，此即所谓的"低调，是有能随时高调的本钱。"

进知者

进。义同《庄子见独》《养生主》第二节"臣之所好者道也，进乎技矣"的进，超越的意思。

【今译】

列子自拜师壶丘子林门下并结友伯昏瞀人后，就一直住在南郭。追随列子的弟子们，时间不可以天来计算。尽管如此，由于列子的道行精微，还是能天天跟弟子们辩论，以致列子的名声无人不知。可是，列子与南郭子隔墙而居二十年，不曾有一次专程登门拜访。两人即使有时候在路上相遇，也好像没看到对方一般。列子的弟子们都以为列子与南郭子之间存有敌意。

一位来自楚国的弟子，忍不住问列子说："老师您与南郭子之间为什么会存有敌意啊？"

列子说："南郭子外表虽然很是充实，但内心却是非常清虚。他耳朵不听，眼睛不看，嘴里不说，心中不知。我能跟他说些什么呢？不过，我可以尝试着与你一起去探个究竟。"

于是，列子召集四十位弟子一起前往拜见南郭子。果然，南郭子就好像死尸一般，简直就没有办法可以跟他打交道。南郭子看到列子一行的到来，跟列子无论是外表还是内心，都偶合不到一块，完全一副不合群的样子。过了一会儿，他指了指走在末尾的那位弟子，说要跟他聊聊，结果表现得从容不迫，雄辩滔滔。列子的弟子们惊骇不已。直至回到家里，大家都还面带疑惑之色。

列子说："领会真意的人是不需要说话的，超越知道的人也不需要说话。用不说话作为说话也是一种说话，用不知道作为知道也是一种知道。没有话说与不需要说话，没有知道与并不知道，也是一种说话，也是一种知道，也是一种什么话都说了，也是一种什么知道都知道，也是什么都没说，也是什么都不知道。就这么简单，你们为什么竟要表现得那么惊骇不已呢？"

六

【原文】

子列子学也，三年之后，心不敢念是非，口不敢言利害，始得老商一眄而已。五年之后，心更念是非，口更言利害，老商始一解颜而笑。七年之后，从心之所念，更无是非；从口之所言，更无利害。夫子始一引吾并席而坐。九年之后，横心之所念，横口之所言，亦不知我之是非利害欤，亦不知彼之是非利害欤，外内进矣。而后眼如耳，耳如鼻，鼻如口，口无不同。心凝形释，骨肉都融；不觉形之所倚，足之所履，心之所念，言之所藏。如斯而已。则理无所隐矣。

【见一】

《黄帝第二》第三节已有类似文本，寓意也差不多，故就此略过。

七

初，列子好游。

壶子曰："御寇好游，游何所好？"

列子曰："游之所好，无故。人之游也，观其所见。我之游也，观之所变。游乎游乎！未有能辨其游者。"

壶子曰："御寇之游固与人同欤，而曰固与人异欤？凡所见，亦恒见其变。游物之无故，不知我亦无故。务外游，不知务内观。外游者求备于物，内观者取足于身。取足于身，游之至也。求备于物，游之不至也。"

于是列子终身不出，自以为不知游。

【原文】

初，子列子好游。壶丘子曰："御寇好游，游何所好？"列子曰："游之乐所玩无故。人之游也，观其所见；我之游也，观之所变。游乎游乎！未有能辨其游者。"壶丘子曰："御寇之游固与人同欤，而曰固与人异欤？凡所见，亦恒见其变。玩彼物之无故，不知我亦无故。务外游，不知务内观。外游者求备于物；内观者取足于身。取足于身，游之至也；求备于物，游之不至也。"于是列子终身不出，自以为不知游。壶丘子曰："游其至乎！至游者，不知所适；至观者，不知所眂，物物皆游矣，物物皆观矣，是我之所谓游，是我之所谓观也。故曰：游其至矣乎！游其至矣乎！"

【清源】

壶子曰

原文为：壶丘子曰。

从《列子》全书看，壶丘子应该就是《黄帝第二》第十三节的壶子，故统一为壶子。

游之所好，无故

原文为：游之乐所玩无故。

清源的理由，是为了更好地衔接前问的"游何所好"。

游物之无故

原文为：玩彼物之无故。

无论形式，还是义理，都要求作如是清源。

壶丘子曰："游其至乎！至游者，不知所适；至观者，不知所眄，物物皆游矣，物物皆观矣，是我之所谓游，是我之所谓观也。故曰：游其至矣乎！游其至矣乎！"

原位于章末，明显跟语境不搭。删除后，寓言完整，寓意清晰。

【见一】

初，列子好游

"初"字很不好理解，因为没有语境。从后文"于是列子终身不出，自以为不知游"看，初应该就是当初。至于当初究竟是什么时候，因为已经无关寓意，所以也就不去追究了。

取足于身，游之至也。求备于物，游之不至也

很高妙但很容易产生误读误解的一句话，主要是"至"容易被误解。事实上，过往解注因为把握不到寓言的寓意，全都把它解读为"最高境界"之类的意思了。但仔细考校上下文，句中的至，只是达到的意思。从寓言整体上分析，列子之所以好游，是因为他想通过外游而知道世界的变化。可在壶子看来，要想知道世界的变化，并不只有通过外游才能实现，内观就可以实现。况且，外游还要"求备于物"，而内观，自身就可以取足。既然自身就可以取足，那游就很容易到达，而"求备于物"，则仅仅通过外游是到达不了的。请借助【今译】理解。

当初，列子特别爱好出游。

壶子说："列子你这么爱好出游，因为什么啊？"

列子说："因为能看到没有一成不变的物。别人的出游，只是看到他们能看到的物。我的出游，能看到一切物都在变化。虽然都是游啊游，但没有人能分辨出游其实会有所不同。"

壶子说："列子你的出游跟别人的出游原本就没有什么不同，而你却硬要说跟别人很不相同吗？凡是我们所能看得见的物，也总是能看得见它的变化。只知道通过出游才知道物没有一成不变的，其实我们自己就没有一成不变的。你只知道致力于外游，而不知道致力于内观。外游的人要求助于外物的完备，而内观的人仅求助于自身的完备就可以了。立足于自身的完备，仅通过出游就可以实现。求助于外物的完备，仅通过出游是无法实现的啊。"

于是列子终其一生都不再出游，只因为他认识到自己不知道什么才叫出游。

八

【正本】

龙叔谓文挚曰："子之术微矣。吾有疾，子能已乎？"

文挚曰："唯命所听。然先言子所病之症。"

龙叔曰："吾乡誉不以为荣，国毁不以为辱；得而不喜，失而弗忧；视生如死，视富如贫，视人如豕，视己如人；处吾之家，如逆旅之舍；观吾之乡，如戎蛮之国。凡此众疾，爵赏不能劝，刑罚不能威，利害不能易，哀乐不能移，固不可事国君，交亲友，御妻子，制仆隶，此奚疾哉？奚方能已之乎？"

文挚乃命龙叔背明而立，文挚自后向明而望之，既而曰："嘻！吾见子之心矣，方寸之地虚矣，几圣人也！今以圣智为疾者，或由此乎！非吾浅术所能已也。"

【原文】

龙叔谓文挚曰："子之术微矣。吾有疾，子能已乎？"文挚曰："唯命所听。然先言子所病之证。"龙叔曰："吾乡誉不以为荣，国毁不以为辱；得而不喜，失而弗忧；视生如死；视富如贫；视人如豕；视吾如人。处吾之家，如逆旅之舍；观吾之乡，如戎蛮之国。凡此众疾，爵赏不能劝，刑罚不能威，盛衰利害不能易，哀乐不能移。固不可事国君，交亲友，御妻子，制仆隶。此奚疾哉？奚方能已之乎？"文挚乃命龙叔背明而立，文挚自后向明而望之。既而曰："嘻！吾见子之心矣：方寸之地虚矣。几圣人也！子心六孔流通，一孔不达。今以圣智为疾者，或由此乎！非吾浅术所能已也。"

【清源】

然先言子所病之症

原文为：然先言子所病之证。

改"证"为"症"，显而易见。

视己如人

原文为：视吾如人。

改"吾"为"己"，以免产生无谓的歧义。

利害不能易

原文为：盛衰利害不能易。

去掉"盛衰"，显而易见。

几圣人也

原文为：几圣人也！子心六孔流通，一孔不达。

被删除的部分，明显隔断了前后原有的无缝连接，且句子本身无法进行合乎语境需要的理解。

【见一】

原文平白如话，没有需要特别加以解释的地方。

龙叔对文挚说:"您的道术非常精微啊。我得了一种病,您能治好吗?"

文挚说:"唯命所听。不过,您得先把病的症状给我说说。"

龙叔说:"我不以全乡对我赞誉就以为荣光,并不以全国对我诋毁就以为耻辱。即使得到了什么,也不感到喜悦。即使失去了什么,也不觉得忧伤。我把活着看作已经死去,把富足看作是贫穷,把人看作是猪,把自己看作是他人。我即便待在家里,也以为走在路上。看我自己的家乡,就如看异国他乡。所有这些症状,爵赏不能劝,刑罚不能威,利害不能易,哀乐不能移,导致我根本就无法侍奉国君,结交亲友,驾驭妻子,驯服仆隶,这是什么病啊?您能想办法把它治好吗?"

文挚于是叫龙叔背光站好,然后从龙叔的后背对他进行透视,完后对他说:"哈哈,我看见您的心了,方寸之地已经虚空了,跟圣人相差无几了!您只是把圣人一般的智慧看作了疾病,原因就在这里啊!这哪里是我那表浅的道术所能医治得了的啊。"

九

【正本】

无所由而恒生者,道也。

由生而生,故虽终而不亡,恒也。

有所由而恒死者,亦道也。

由死而死,故虽未终而自亡者,亦恒也。

故无所由而生谓之道,由道得终谓之恒。

有所由而死亦谓之道,由道得死者亦谓之恒。

【原文】

无所由而常生者，道也。由生而生，故虽终而不亡，常也。由生而亡，不幸也。有所由而常死者，亦道也。由死而死，故虽未终而自亡者，亦常也。由死而生，幸也。故无用而生谓之道，用道得终谓之常；有所用而死者亦谓之道，用道而得死者亦谓之常。季梁之死，杨朱望其门而歌。随梧之死，杨朱抚其尸而哭。隶人之生，隶人之死，众人且歌，众人且哭。

【清源】

无所由而恒生者，道也

原文为：无所由而常生者，道也。

改"常"为"恒"，主要是为了避免误读误注，因为经常有注家或读者将"常"理解为经常。以下统改。

由生而生，故虽终而不亡，恒也

原文为：由生而生，故虽终而不亡，常也。由生而亡，不幸也。

删除"由生而亡，不幸也"，它明显是后人在完全不理解经文的情况下所作的感言，然后又被再后人抄入正文。

由死而死，故虽未终而自亡者，亦恒也

原文为：由死而死，故虽未终而自亡者，亦常也。由死而生，幸也。

删除"由死而生，幸也"。理由同上。

故无所由而生谓之道，由道得终谓之恒

原文为故无用而生谓之道，用道得终谓之常。

"用"明显是"由"的误抄或误辨。

有所由而死亦谓之道，由道得死者亦谓之恒

原文为：有所用而死者亦谓之道，用道而得死者亦谓之常。季梁之死，杨朱望其门而歌。随梧之死，杨朱抚其尸而哭。隶人之生，隶人之死，众人且歌，众人且哭。

原文简直不可理喻，可惜后世注家竟然全都死守硬扛，也是不可理喻。难怪列子在《黄帝第二》第十七节中会有感言："二者易知，而人未之知"。

【见一】

全章

精妙绝伦的经文，奈何高言难止于众人之心，过往注家无一人解读清晰。

无所由而恒生者，道也

字面意思已经非常清晰，无须再作任何解读，请回看《天瑞第一》第一节。为帮助读者更进一步深入理解，现引入《庄子见独》《大宗师》第一节的一段真言："夫道，有情有信，无为无形。可传而不可受，可得而不可见。自本自根，先天地生而不为久，长于上古而不为老。"翻译过来就是："道，它真实存在，带有规律性，自然而然，没有形体。它虽然可以口口相传，但就是不能手手相授。它可以让人得到，但就是不能让人看到。它以自己为本，又以自己为根，它比天地都要先生但并不显得久远，比上古都还要有年纪但并不显得衰老。"

由生而生，故虽终而不亡，恒也

没有丰富的想象力和坚定的信仰力，其实是不太能理解这句极其朴素又极其深邃的话。我们可以以任一生物为例来阐释说明。就以大熊猫为例吧，因为它最容易被担心灭绝。熊猫当然为道所生，但它不仅仅只为道所生，它还得为道所生除道以外的其他的生而生，比如，它必须是借助道所生的水、土、光、气、竹等出生或维持生。不管这个链条拉得有多长，也不管这个链条的终始点在哪里，由众生而生的有形可见的熊猫，即便是一时灭绝了，但它究竟是无法灭绝的，只要大自然恢复出熊猫能够出生和生存的条件，灭绝了的熊猫终究还是能出生并生存，它永远不会被灭亡。这是恒定的。有人会以已经灭绝了的恐龙为例反驳，其实不值一驳。首先，仅靠考古就以为恐龙曾经在地球上大规模存在过，是完全经不起理性的严苛拷问的。其次，即便恐龙曾经存在过，而后又灭绝了，但我们人类已经经历的时间还非常短暂，我们根本就无法预知百万年、亿万年之后，恐龙又是否在地球上真的会重生。

即使地球上不会再出现，但我们渺小的人类还是无法知道它是否会在浩渺宇宙中的其他星球出现。注意了，道言说的，远不是地球，远不是银河系，远不是我们所能想象的一切星系，而是宇宙，是一切，至大无外，至小无内。

有所由而恒死者，亦道也

理解了"无所由而恒生者，道也"，也就应该同时理解这句话。一切因生而生的，都得死，这也是道。

由死而死，故虽未终而自亡者，亦恒也

虽然前面已经详尽解读了这句话的对语"由生而生，故虽终而不亡，恒也"，但要清晰理解这句话本身，还是很有难度，还得借助丰富的想象力。什么叫由死而死呢？道不生不死，但为道所生的一切，都会死，都是从出生那一刻就由一系列连续不断的死亡所构成，这是恒定的。比如，一个人从其出生那一刻起，就伴随着死，一直到死，都是一个死死连环相扣的过程，即使他还没死，即使他正在生长，但最终还是会自然走向死亡。

故无所由而生谓之道，由道得终谓之恒

这句话的重心在后半句，前半句同本章的第一句。后半句意在说明，一切生命，因为道而生，又因为道而死，这是恒定的。为方便阅读理解，还是将《天瑞第一》第一节的一段话复制到此：

有生不生，有化不化。不生者能生生，不化者能化化。生者不能不生，化者不能不化，故常生常化。常生常化者，无时不生，无时不化。不生者疑始，不化者往复。往复，其际不可终，疑始，其道不可穷。

【今译】

没有任何缘由而自身永恒生存，这就是道。

由道而生的一切生命，即使生命终结了也不会消失，这是恒定的。

一切有缘由的生命最终都得死亡，这也是道。

因为死亡而死亡的生命，即便还没有死亡但还是会自然死亡，也是恒

定的。

所以，没有任何缘由而自身永恒生存的，可以称之为道。因为道而必然要死亡的，可以称之为恒。

一切有缘由的生命最终都得死亡，也可以称之为道。因为道也最终都要死亡的，也可以称之为恒。

十

【正本】

目将眇者，反睹秋毫。

耳将聋者，反闻蚋飞。

口将爽者，反辨淄渑。

鼻将窒者，反觉焦朽。

体将僵者，反亟奔逸。

心将迷者，反识是非。

故物不至者则不反。

【原文】

目将眇者，先睹秋毫；耳将聋者，先闻蚋飞；口将爽者，先辨淄渑；鼻将窒者，先觉焦朽；体将僵者，先亟犇佚；心将迷者，先识是非：故物不至者则不反。

【清源】

反睹秋毫

原文为：先睹秋毫。

根据章末总结句"故物不至者则不反"改"先"为"反"。全章统改。

反巫奔逸

原文为：先巫犇佚。

据语境需要改"犇佚"为"奔逸绝尘"的奔逸。

【见一】

全章

文本太过雕琢，义理其实非常简单，完全等同于本篇第二节亢仓子所说的话："我体合于心，心合于气，气合于神，神合于无。其有介然之有，微然之音，虽远在八荒，近在眉睫，来干我者，我必知之，乃不知是我七孔四肢之所觉，心腹六藏之所知，其自知而已矣。"

目将眇者，反睹秋毫

眇。音 miǎo，瞎了一只眼，后亦指两眼俱瞎。

秋毫。鸟兽在秋天新长出来的细毛，比喻细微之物。

反闻蚋飞

蚋，音 ruì，小蚊。

口将爽者，反辨淄渑

爽。差失，违背。

淄渑。音 zī miǎn，淄水和渑水的并称。

故物不至者则不反

文本的核心句，意思完全等同于"不极端则不极致"。

【今译】

原文在作了【见一】后，已然简明，无须今译。

十一

郑之圃泽多贤，东里多才。圃泽之役有伯丰子者，行过东里，遇邓析。

邓析顾其徒而笑曰："为若舞彼来者，奚若？"其徒曰："所愿知也。"

邓析谓伯丰子曰："汝知养养之义乎？受人养而不能自养者，犬豕之类也。养物而物为我用者，人之功也。使汝之徒食而饱，衣而息，执政之功也。长幼群聚，而为牢藉庖厨之物，奚异犬豕之类乎？"伯丰子不应。

伯丰子之从者越次而进曰："大夫不闻齐鲁之多机乎？有善治土木者，有善治金革者，有善治声乐者，有善治书数者，有善治军旅者，有善治宗庙者，群才备也，而无相位者，无能相使者。位之者无知，使之者无能，而为知之与能之使焉。执政者，乃吾之所使，子奚矜焉？"

邓析无以应，目其徒而退。

郑之圃泽多贤，东里多才。圃泽之役有伯丰子者，行过东里，遇邓析。邓析顾其徒而笑曰："为若舞，彼来者奚若？"其徒曰："所愿知也。"邓析谓伯丰子曰："汝知养养之义乎？受人养而不能自养者，犬豕之类也；养物而物为我用者，人之力也。使汝之徒食而饱，衣而息，执政之功也。长幼群聚而为牢藉庖厨之物，奚异犬豕之类乎？"伯丰子不应。伯丰子之从者越次而进曰："大夫不闻齐鲁之多机乎？有善治土木者，有善治金革者，有善治声乐者，有善治书数者，有善治军旅者，有善治宗庙者，群才备也。而无相位者，无能相使者。而位之者无知，使之者无能，而知之与能为之使焉。执政者，乃吾之所使；子奚矜焉？"邓析无以应，目其徒而退。

【清源】

养物而物为我用者，人之功也

原文为：养物而物为我用者，人之力也。

改"力"为"功"，理由是，养的含义有两种，一种是"犬豕之类"，一种是"人之功"，这从后文的"执政之功也"和"奚异犬豕之类"可以明显看出。所以，力明显是功的误辨误抄。

无能相使者。位之者无知

原文为：无能相使者，位之者无知。

中间必须用句号，否则文本无法通畅理解。

而为知之与能之使焉

原文为：而知之与能为之使焉。

必须改动"为"的位置，否则无法作合乎语境的理解，应该是传抄错误。

【见一】

邓析

前545年—前501年，郑国大夫，也即下文指称的"执政"和"大夫"，否则，文本完全读不通。过往注家全都没有读通本典故，就因为这个。

为若舞彼来者

"舞"字用得有点突兀，有点"舞文弄墨"的感觉，但语境含义还是清晰的，耍弄的意思。

汝知养养之义乎

造句有些晦涩，但仔细研读文本，也将就能接受，毕竟邓析是想"舞"伯丰子一行，故意把话说得不清不楚，然后再自个解读，以达到嘲弄的目的。其实，把"义"改为"别"最好，"汝知养养之别乎"，即你知道养和养的差别吗？

如果结合语境具体分析，那就是，同样是养，养和养是有差别的。一种是"受人养而不能自养"，这属于猪狗之类畜生的被养。一种是"养物而物为我用"，这属于人对猪狗之类的养。邓析自以为自己是执政，是后一种养。伯丰子是类似猪狗之类"食而饱，衣而息"的被养，是前一种养。

而为牢藉庖厨之物

行文手法真的很不高明，太过造作，很难准确把握其真实含义，【今译】不译。反反复复静默想象，通过"受人养而不能自养者，犬豕之类也"和"而为牢藉庖厨之物，奚异犬豕之类乎"这样的语境，大致把握到"牢藉庖厨之物"应该是对猪狗牛羊之类动物的喻称。

牢。养牲畜的圈。

藉。无法找到合乎语境的含义。猜想"牢藉庖厨"一词是类似"头昏脑胀"这样的"主谓 + 主谓"结构词组。

伯丰子不应

从"郑之圃泽多贤"句看，伯丰子的不应，应该是指伯丰子乃贤德之人，对邓析等的无端挑衅不予理睬。

位之者无知，使之者无能

之。明指相位，暗指执政。

【今译】

郑国的圃泽有很多的贤人，而东里有很多的才子。圃泽的贤人当中一位叫伯丰子的，他在经过东里时，偶遇到邓析。

邓析回头对弟子们打趣说："我来替你们耍弄耍弄前来的这批人，怎样？"随行的弟子们说："正如我们所愿。"

邓析于是对着伯丰子说："你知道养与养之间的含义有什么差别吗？受人养而不能自养，就是猪啊狗啊之类的动物。养物而物为我用，这才是人的功劳。使得你们这些人有饭吃，有衣穿，就是我这个执政的功劳啊。像你们这样一大堆的老老少少走在一块，而为牢藉庖厨之物，跟猪啊狗啊之类的动物有什么差别吗？"伯丰子不予理会。

伯丰子的一位随从越过队伍来到前面说道："邓大夫您难道没有听说过齐鲁大地有很多机巧之人吗？有善治土木者，有善治金革者，有善治声乐者，有善治书数者，有善治军旅者，有善治宗庙者，各式各样的人才都非常完备啊，但就是没有相位（执政），因为没有人能够被使唤。如果占据相位的人无知，行权相位的人无能，那就必定会为有知的人和有能的人所役使。您作为执政者，实则是为我们所役使，您还有什么可以自矜的呢？"

邓析不知道如何回答，只好用眼睛示意他的弟子们一起告退。

十二

【正本】

公仪伯以力闻诸侯，堂溪公言之于周宣王，王备礼以聘之。公仪伯至，观形，懦夫也。

宣王心惑而疑曰："汝之力何如？"

公仪伯曰："臣之力，能折春蚕之股，堪秋蝉之翼。"

王作色曰："吾之力者，能裂犀兕之革，曳九牛之尾，犹憾其弱。汝折春蚕之股，堪秋蝉之翼，而以力闻天下，何也？"

公仪伯长息退席，曰："善哉！王之问也，臣敢以实对。臣之师有商丘子者，力无敌于天下，而六亲不知，以未尝用其力故也。臣以死事之，乃告臣曰：'人欲见人所不见，修人所不为。夫有易于内者，无难于外。于外无难，故名不出其家。'今臣之名闻于诸侯，是臣违师之教，显臣之能者也。然则臣之名闻不以负其力者，以能用其力者也。"

【原文】

公仪伯以力闻诸侯，堂溪公言之于周宣王，王备礼以聘之。公仪伯至；观形，懦夫也。宣王心惑而疑曰："女之力何如？"公仪伯曰："臣之力能折春螽之股，堪秋蝉之翼。"王作色曰："吾之力者能裂犀兕之革，曳九牛之尾，犹憾其弱。女折春螽之股，堪秋蝉之翼，而力闻天下，何也？"公仪伯长息退席，曰："善哉！王之问也。臣敢以实对。臣之师有商丘子者，力无敌于天下，而六亲不知；以未尝用其力故也。臣以死事之。乃告臣曰：'人欲见其所不见，视人所不窥；欲得其所不得，修人所不为。故学视者先见舆薪，学听者先闻撞钟。夫有易于内者无难于外。于外无难，故名不出其一家。'今臣之名闻于诸侯，是臣违师之教，显臣之能者也。然则臣之名不以负其力者也，以能用其力者也；不犹愈于负其力者乎？"

【清源】

春蚕

原文为：春螽。

螽，音 zhōng，一种昆虫，身体绿色或褐色，善跳跃，对农作物有害。根据语境需要，大家熟知的"春蚕"显然完胜大家都不熟知的"春螽"。

人欲见人所不见，修人所不为

原文为：人欲见其所不见，视人所不窥；欲得其所不得，修人所不为。故学视者先见舆薪，学听者先闻撞钟。

显然是后人的注被杂入了正文，故务必删除。删除后的文本，形式完整，义理完足。

然则臣之名闻不以负其力者，以能用其力者也

原文为：然则臣之名不以负其力者也，以能用其力者也；不犹愈于负其力者乎？

清源理由同上。

【见一】

能折春蚕之股，堪秋蝉之翼

股。本义为大腿。

堪。不堪一击的堪，表示承受。

裂犀兕之革

犀兕。音 xī sì，犀牛和兕。犀牛，形状略像牛，角生在鼻上，皮粗而厚。兕，古书上所说的雌犀牛。

革。本义为去毛的兽皮。

夫有易于内者，无难于外。于外无难，故名不出其家

字面义虽然很简单，但要落到现实场景，非常困难，尽管寓言本身已经非常清晰地呈现了一次场景。

如果再打一个比方，比如说，一个人非常非常有钱，但周围的人都不知道他有钱，那他就不会被任何因为钱而产生的困难所难住，这或许就可以叫"有易于内者，无难于外"。相反，如果一个人非常非常有钱，但大家都知道他有钱，那他就很可能被因为钱而产生的困难所难住。

不以负其力者，以能用其力者也

寓言的寓意所在。寓意是，重要的不在一个人拥有什么，而在于对所拥有的如何使用。能承受最小的使用，才是使用的最高境界。可能能类比的是，骑自行车的最高境界，不是能骑多快，而是能骑多慢。

【今译】

公仪伯以力气闻达于诸侯，堂溪公将这事告知给了周宣王，宣王用大礼将公仪伯聘用到了身边。待公仪伯来到宣王身边，宣王看了看公仪伯的外貌，纯粹就一懦夫形象。

宣王心中大感困惑，问："你的力气怎样？"

公仪伯说："我的力气，能折断春蚕的大腿，承受秋蝉的翅膀。"

宣王脸色为之一变，说："我的力气，能撕裂犀兕的厚皮，能拽住九牛的尾巴，就这样，我还遗憾自己力气的弱小。你只是能折断春蚕的大腿，承受秋蝉的翅膀，而竟然以力气闻达天下，这究竟是怎么回事呢？"

公仪伯长长地叹了一口气，站起身来对宣王说："真是好啊！大王您的责问，我只得据实回答。我有个老师，叫商丘子，力气无敌于天下，而亲朋好友却无人知晓，就因为他从未使用过他的力气啊。我死心塌地地跟从他，他才告诉我说："人应该看见别人所不能看见的，修为别人所不能修为的。只有在内心深处以为真的不难，那做起事来也就没有难度了。只有做事起来没有难度，那他的名声就不会超出家门。'现今我的名声竟然为诸侯所听闻，大概是因为我违背了老师的教诲，在哪里显示过我的能耐啊。不过，我的名声不是来自我背负多大的力气，而是来自我能如何使用力气啊。"

十三

【正本】

中山公子牟者，魏国之贤公子也。好与贤人游，不恤国事，而悦赵人公孙龙，乐正子舆笑之。

公子牟曰："子何笑牟之悦公孙龙也？"

子舆曰："公孙龙之为人也，行无师，学无友，佞给而不中，曼衍而无家，好怪而妄言，欲惑人之心，屈人之口。"

公子牟变容曰："何子状公孙龙之过欤！请闻其实。"

子舆曰："吾笑龙之诈孔穿，言'善射者，能令后镞中前括，发发相及，矢矢相属，前矢造准而无绝落，后矢之括犹衔弦，视之若一焉。'孔穿骇之。龙曰：'此未其妙者。逢蒙之弟子曰鸿超，怒其妻而怖之，引乌号之弓，綦卫之箭，射其目，矢注眸子而眶不睫，矢坠地而尘不扬。'是岂智者之言欤？"

公子牟曰："智者之言，固非愚者之所晓。后镞中前括，后均于前。矢注眸子而眶不睫，尽矢之势也。子何疑焉？"

子舆曰："子，龙之徒，焉得不饰其缺？吾又言其尤者。龙诳魏王曰：'有意不心。有指不至。有物不尽。有影不移。发引千钧。白马非马。孤犊未尝有母。'其背类反伦，不可胜言也。"

公子牟曰："子不喻至言，而以为尤也，尤其在子矣。夫无意则心同。无指则皆至。尽物者常有。影不移者，说在改也。发引千钧，势至等也。白马非马，形名离也。孤犊未尝有母，非孤犊也。"

子舆曰："子以公孙龙之鸣，皆令也。设令发于余窍，子亦将承之。"

公子牟默然良久。告退，曰："请待余日，更竭子论。"

【原文】

中山公子牟者，魏国之贤公子也。好与贤人游，不恤国事；而悦赵人公孙龙。乐正子舆之徒笑之。公子牟曰："子何笑牟之悦公孙龙也？"子舆曰："公孙龙之为人也，行无师，学无友，佞给而不中，漫衍而无家，好怪而妄言。欲惑人之心，屈人之口，与韩檀等肄之。"公子牟变容曰："何子状公孙龙之过欤？请闻其实。"子舆曰："吾笑龙之诒孔穿，言'善射者能令后镞中前括，发发相及，矢矢相属；前矢造准而无绝落，后矢之括犹衔弦，视之若一焉。'孔穿骇之。龙曰：'此未其妙者。逢蒙之弟子曰鸿超，怒其妻而怖之。引乌号之弓，綦卫之箭，射其目。矢注眸子而眶不睫，矢隧地而尘不扬。'是岂智者之言与？公子牟曰："智者之言固非愚者之所晓。后镞中前括，钧后于前。矢注眸子而眶不睫，尽矢之势也。子何疑焉？"乐正子舆曰：'子，龙之徒，焉得不饰其阙？吾又言其尤者。'龙诳魏王曰：'有意不心。有指不至。有物不尽。有影不移。发引千钧。白马非马。孤犊未尝有母。'其负类反伦，不可胜言也。"公子牟曰：'子不谕至言而以为尤也，尤其在子矣。夫无意则心同。无指则皆至。尽物者常有。影不移者，说在改也。发引千钧，势至等也。白马非马，形名离也。孤犊未尝有母，非孤犊也。"乐正子舆曰："子以公孙龙之鸣皆条也。设令发于余窍，子亦将承之。"公子牟默然良久，告退，曰："请待余日，更竭子论。"

【清源】

乐正子舆笑之

原文为：乐正子舆之徒笑之。

观诸语境，"之徒"明显冗余，故删除。

曼衍而无家

原文为：漫衍而无家。

改"漫衍"为"曼衍"，以使与已出版的《庄子见独》《天下》第六节"以卮言为曼衍，以重言为真，以寓言为广"的曼衍相一致，避免无谓的冲突。

欲惑人之心，屈人之口

原文为：欲惑人之心，屈人之口，与韩檀等肆之。

据奥卡姆剃刀"如无必要，勿增实体"的原则剃除"与韩檀等肆之"。删除后的文本，不缺不失，简明流畅。

吾笑龙之诈孔穿

原文为：吾笑龙之诒孔穿。

改"诒"为"诈"，只因陌生的"诒"本身就是熟悉的"诈"的意思，估计因形近而误，后人再强行通假，与《黄帝第二》第六节的"狎侮欺诈"同。诒，音 dài。

后均于前

原文为：钧后于前。

改"钧"为"均"，不以通假糊弄。"后"前移，义理逻辑使然。

焉得不饰其缺

原文为：焉得不饰其阙。

改"阙"为"缺"，古同。

子不喻至言

原文为：子不谕至言。

谕，古同喻，意思为明白、理解。既如此，不如直接改过，以免后人再反复解注。更何况，原本就很可能是传抄错误。

【见一】

乐正子舆

从"中山公子牟""赵人公孙龙"的拟句看，"乐正"应该不是指姓，而是指地。之所以要出来啰唆一下，是因为过往解注都认为是指姓。其实，指啥都不重要，因为它完全无关寓言的旨意。

佞给而不中，曼衍而无家，好怪而妄言

佞给。拟词怪异，无法清晰解读。勉力为之，结合语境和佞的本义为"用花言巧语谄媚"，将其解读为"出于讨好的目的给出"。

不中。不跟真正的事理相吻合。

曼衍。展开。

无家。没有权威依据，或不出自名门正派。

前矢造准而无绝落，后矢之括犹衔弦

造准。拟词怪异。大意应该是准确射中目标。

绝落。拟词怪异。大意应该是没有一支箭掉落。

括。箭的末端。

衔弦。指后箭的末端还搭在弦上。

引乌号之弓，綦卫之箭

乌号。不必在意内涵，看作没有特别含义的专有名词即可。

綦卫。不必在意内涵，看作没有特别含义的专有名词即可。

后镞中前括，后均于前

镞。音 zú，箭头。

后均于前。据语境，最好理解为后面的箭跟前面的箭等高，所以才能"视之若一"。

矢注眸子而眶不睫

注。注入，此处特指极其接近，就仿佛要进入一般。

眸子。眼睛的瞳孔。

眶。眼眶。

不睞。语境含义只能是不眨眼。

有意不心。有指不至。有物不尽。有影不移。发引千钧。白马非马。孤犊未尝有母

确实就是背类反伦，所以不解，不注，不译。

设令发于余窍，子亦将承之

余窍。公孙龙那些背类反伦的话，都是从口这一窍发出的。如果不是，就是余窍。余窍中的哪些窍可以发声呢？只能是肛门了。所以，余窍是放屁的文雅说法。这应该不是子舆想要这样文雅地说，而是文本需要这样文雅地表达，是文化传统的产物。文化传统有压迫性，只有真正的伟大人物才敢反抗这种压迫。比如，有个伟人就曾经以极其诗意的方式，高调而直白地反抗过这种压迫："不须放屁，试看天地翻覆。"

承。不好准确把握其微妙含义，可能是奉承的承，也可能是承接、继承的承。考诸语境"智者之言，固非愚者之所晓"，前者稍胜。

更竭子论

有些注本为"更谒子论"。揣来摩去，还是"竭"好。因为，公子牟是公孙龙的粉丝，想要"屈人之口"。屈人之口，就是竭。竭，竭尽。而如果是谒，就没有语境支撑。

【今译】

中山的公子牟，是魏国的一位有贤能公子。他的爱好，就是与所谓的贤人一块游学，以致连国事都不放在心上。他很喜爱赵国的公孙龙，乐正的子舆常常笑话他。

公子牟说："您为什么总是笑话我喜爱公孙龙啊？"

子舆说："公孙龙这个人呀，行为没有师承，学习没有诤友，总是讨好式地说话但又不合事理，展开论证时无门无派，总喜欢发表一些怪异的看法而又胡说八道，其目的就是惑乱他人的心智，征服他人的口舌。"

公子牟改容变色说："您怎么把公孙龙的过失说得如此不堪啊！请以事实为依据吧。"

子舆说："我曾经笑话过公孙龙对孔穿的一次欺诈，他对孔穿说：'善于射箭的人，能让后箭的头接上前箭的尾，发发相及，矢矢相属，以致前箭准确射中目标而绝不会掉落，后箭的箭尾还搭在弦上，看上去就好像一个一字。'孔穿对之十分惊骇。公孙龙又说：'这还不是最高妙的。逢蒙有个弟子叫鸿超，鸿超因为对妻子发怒而想吓唬她，于是引乌号之弓，綦卫之箭，向她的眼睛射去，箭都进了眼眶，但他妻子的眼睛眨都没眨一下，箭就掉到地上，连一丝的灰尘都没有扬起。'这难道是一个智者所应该说的话吗？"

公子牟说："智者所说的话，原本就是愚蠢之人所不能知晓的啊。后箭的头射中前箭的尾，是因为后射的箭跟先射的箭处在同样的高度。箭都进了眼眶而眼睛眨都不眨一下，是因为箭的势头已经消失殆尽。您为什么对此还要加以怀疑呢？"

子舆说："您呀，作为公孙龙的学徒，怎么会不为自己的老师掩饰缺陷？我再给你说说公孙龙更为过分的一件事。他曾经欺骗魏王说：'有意不心。有指不至。有物不尽。有影不移。发引千钧。白马非马。孤犊未尝有母。'类似这些背类反伦的话，简直不胜枚举。"

公子牟说："您只是因为不明白这些高妙的话语，才会以为怪异，怪异的其实是你自己啊。夫无意则心同。无指则皆至。尽物者常有。影不移者，说在改也。发引千钧，势至等也。白马非马，形名离也。孤犊未尝有母，非孤犊也。"

子舆说："在您看来，凡是公孙龙所说的，都是道理。假使道理是公孙龙放的一个屁，您也会张口把它接住。"

公子牟沉默了好一阵子。告退的时候，他说："换个时间，我再把你说服。"

十四

尧治天下五十年，不知天下治欤，不治欤？不知亿兆之戴己欤，不戴己欤？顾问左右，左右不知。问外朝，外朝不知。问在野，在野不知。

尧乃微服游于康衢，闻童儿谣曰："立我蒸民，莫匪尔极。不识不知，顺帝之则。"

尧喜问曰："谁教尔为此言？"

童儿曰："我闻之大夫。"

问大夫，大夫曰："古诗也。"

尧还宫，召舜，因禅以天下，舜不辞而受之。

【原文】

尧治天下五十年，不知天下治欤，不治欤，不知亿兆之愿戴己欤，不愿戴己欤？顾问左右，左右不知。问外朝，外朝不知。问在野，在野不知。尧乃微服游于康衢，闻儿童谣曰："立我蒸民，莫匪尔极。不识不知，顺帝之则。"尧喜问曰："谁教尔为此言？"童儿曰："我闻之大夫。"问大夫，大夫曰："古诗也。"尧还宫，召舜，因禅以天下。舜不辞而受之。

【清源】

闻童儿谣曰

原文为：闻儿童谣曰。

根据古汉语习惯和下文"童儿曰"将"儿童"清源为"童儿"。

【见一】

全章

一则无论行文还是寓意都极其高妙的寓言，跟顶级庄子所构想的任何一则寓言都有得一比，简直就是清水芙蓉，值得任何智慧之人反复默念。

亿兆

天下万民。

顾问左右，左右不知。问外朝，外朝不知。问在野，在野不知

只有在完全理解寓言的寓意后，才能真正懂得这句极其简明又极其深刻的话。它其实是想告诉人们，真正好的国家治理，是人们意识不到好不好的存在的治理。意识到不好的治理，当然是不好的治理。意识到好的治理，也并非是最好的治理。唯有完全意识不到好不好的存在的治理，才是好的治理。正如好的心脏，不是能感知它的好的存在，或是感知到它不好的存在，而是完全感知不到它的存在。请再仔细重温第三节的这段话：

西方之人有圣者焉，不治而不乱，不言而自信，不化而自行，荡荡乎民无能名焉。丘疑其为圣，弗知真为圣欤？真不圣欤？

康衢

含义甚是模糊，估计原文有误，它本身的含义是宽阔平坦的大路。从寓言的语境需要出发，它跟大街小巷的含义应该较为接近，【今译】将按此处理。

立我蒸民，莫匪尔极。不识不知，顺帝之则

颇具古风古韵的一段话，乍看上去几乎不可理解，但一旦理解后，平如白话，堪称中华文明古风古韵的典范。

立。就是"己欲立而立人"的立，使动词。

我蒸民。我们大家，等同于前文的"亿兆"。蒸，音 zhēng，同烝、众、多。

莫匪尔极。太难清晰解读了。千百次地问，它必须要是"顺帝之则"的反面才能顺畅解读。即，"莫匪"是"顺"的反面，"尔极"是"帝之则"的反面。"尔极"好理解，就是你这一极，也就是你纯粹的个人。"帝之则"不好理解，但能理解，帝就是天帝，则就是法则，总起来说，就是自然法则。

难就难在，怎么才能把"莫匪"训成"顺"的反面。顺的反面显然是不（顺），既如此，"莫匪"就要等同于不（顺）。莫可以等同于不，匪也可以等同于不，但"莫匪"就无法等同于不。怎么办呢？此时是要理服从于事呢，还是事要服从于理？也即，就世界的究竟而言，是理在事先，还是事在理先？凡事到了根本，就是理在事先。人们是首先看到事，才能实事求是。但从事本身的发生来说，"是"在使事成为"事"。否则，"事"有"是"就不能理解。借助这样的思维逻辑，"莫匪"其实就是莫，就是匪，应该是一种远古用法，不是表双重否定，而仅只表单纯的强烈否定。听说在拉丁语中，双重否定就表示强烈的否定。而这里的语境，恰恰就需要这样强烈的否定。由于本人缺乏这方面的学养，举不出相同的例子，所以特别期待有这方面的专家在看到这里时能予以特别的指教。

不识不知。无论作什么样的解释，都不会比引证老子的思想更有说服力。《老子见微》第 65 章是这么说的："古之为道者，非以明民也，将以愚之也。民之难治也，以其知也。故以知知邦，邦之贼也。以不知知邦，邦之德也。恒知此两者，亦稽式也。恒知稽式，是谓玄德。玄德深矣，远矣，与物反矣，乃至大顺。"意思是说："真正依道而行的人，不会将民众分别得明明白白，而是将他们混沌在一块。民众之所以难以治理，就因为这所谓的对民众明明白白分别的知。如果以一种'我无所不知'的姿态去认知天下，那就会为害天下。如果以一种'我自知无知'的姿态去认知天下，那就会造福天下。把以上两个范式始终牢记在心，就构成了第三个有根有据的范式。永远永远都不偏离这三个范式，这才称得上有了原始的自然德性。原始的自然德性既深且远，因顺事物之自然，乃至于能无所不顺。"事实上，老子的这段话跟"立我蒸民，莫匪尔极。不识不知，顺帝之则"完全等值，跟本寓言的寓意也完全等值。所以，凡事到了极致，就是一，就是佛家的"归元无二路，方便有多门"。

古诗也

古诗的核心，不在时间上的久远，而在义理上的本源，它主要不是诗，而是哲学，是人的心灵在没被俗世污染的情况下，对大自然和人类社会的天才直觉。所以，古诗基本上都纯而不杂，深远隽永，饱含哲理。

还宫，召舜，因禅以天下，舜不辞而受之

乍看上去就如一片雪花，飘然而落，平淡无奇，但一旦放到显微镜下审视，立马就会被它的精巧唯美所震撼。

尧其实就是"立我蒸民，莫匪尔极。不识不知，顺帝之则"的化身，且化身到连尧自己都"不知天下治欤，不治欤？不知亿兆之戴己欤，不戴己欤？"但他并不知道有"立我蒸民，莫匪尔极。不识不知，顺帝之则"这样的说法，待他一听说，立马就心领而神会，有他乡遇知音之感，所以才会"喜问"。当他知道"立我蒸民，莫匪尔极。不识不知，顺帝之则"这个说法竟然是古诗时，他释然了，他豁然了，他得到印证了：治理天下不在任何人，而在"不识不知，顺帝之则"。也就是说，治理天下不在治理者个人的能力有多强多大，而在能不能让天下人成为天下人自己，正如《老子见微》第25章所说的"道大，天大，地大，王亦大。王，法地，地。法天，天。法道，道。法自然"。当尧对此彻底明白过来后，他就把天下禅让给了舜。而舜，完全明白尧的意图，也十分认同尧的五十年治理，所以他没有任何辞让就接受了，这完全是一种超脱后的坦然。"舜不辞而受之"想要说明，尧是圣人，舜也是圣人。何为圣人？庄子说得太到位了。《庄子见独》《齐物论》第七节有说："圣人不从事于务，不就利，不违害，不喜求，不缘道，无谓有谓，有谓无谓，而游乎尘垢之外。"意思是说："圣人不在俗务中打转，不刻意趋就好处，不刻意逃避害处，不以被求为喜，不掩饰自己的道行，众人眼中的有，或许就是圣人眼中的无。众人眼中的无，或许又是圣人眼中的有。总之，他游心于尘世之外。"可惜的是，这段话即使有了翻译，在一般人看来，也还是会非常难懂。

【今译】

尧致力于治理天下已经长达五十年，不知道天下到底是得到了治理，还是没有得到治理？不知道天下百姓对自己究竟是爱戴，还是不爱戴？他向身边的人打听，身边的人都说不知道。他向外朝的人打听，外朝的人也说不知道。他向民间人士打听，民间人士还是说不知道。

尧于是决定到大街小巷去微服私访，私访中他听到一首童谣。童谣说："我等黎民百姓完全挺立天地之间，完全感觉不到您个人的一丝德性。您完全就是一副无知无识的样态，完全依顺着上天的法则。"

尧喜不自禁，问一位童儿："是谁教你这么说的呀？"

童儿说："我是从一位大夫那里听闻来的。"

尧于是去问大夫。大夫说："古诗啊。"

尧回到宫里后，把舜召了回来，并顺便把天下禅让给了他。舜没做任何辞让，就接受了禅让。

十五

【正本】

关尹曰：

在己无居，形物自著。

其动若水，其静若镜，其应若响。

物自违道，道不违物。

善若道者，亦不用耳，亦不用目，亦不用力，亦不用心。欲若道而用视听形智以求之，弗当矣，瞻之在前，忽焉在后，用之弥满六虚，废之莫知其所，亦非有心者所能得远，亦非无心者所能得近，唯默而得之。

知而忘情，能而不为，真知真能也。

【原文】

关尹喜曰："在己无居，形物其著，其动若水，其静若镜，其应若响。故其道若物者也。物自违道，道不违物。善若道者，亦不用耳，亦不用目，亦不用力，亦不用心。欲若道而用视听形智以求之，弗当矣。瞻之在前，忽焉在后；用之弥满，六虚废之，莫知其所。亦非有心者所能得远，亦非无心者所能得近。唯默而得之而性成之者得之。知而忘情，能而不为，真知真能也。发无知，何能情？发不能，何能为？聚块也，积尘也，虽无为而非理也。"

【清源】

全章

全章改动较大，尤其是分段很重要。如果不做清源后这样的分段，会觉得义理凌乱，理解起来会十分困难。

关尹曰

原文为：关尹喜曰。

去"喜"，理由一，关尹名喜，叫关尹喜不合适。理由二，关尹在全书中多次出现，当统一名称。

在己无居，形物自著

原文为：在己无居，形物其著。

改"其"为"自"，明显是传抄错误。《庄子见独》《天下》第五节也可以作证，即"关尹曰：'在己无居，形物自著'"

其动若水，其静若镜，其应若响

原文为：其动若水，其静若镜，其应若响。故其道若物者也。

"故其道若物者也"明显是后人对"其动若水，其静若镜，其应若响"所做的注，且明显是错误的注，故删除。

用之弥满六虚，废之莫知其所

原文为：用之弥满，六虚废之，莫知其所。

原文的断句，导致文本不可解读。

唯默而得之

原文为：唯默而得之而性成之者得之。

"而性成之者得之"不可解读。删除后的【正本】，恰能清晰解读。

知而忘情，能而不为，真知真能也

原文为：知而忘情，能而不为，真知真能也。发无知，何能情？发不能，何能为？聚块也，积尘也，虽无为而非理也。

被删部分"发无知，何能情？发不能，何能为？聚块也，积尘也，虽无为而非理也"明显冗余，当属后人对"知而忘情，能而不为，真知真能也"的误解误注。

【见一】

关尹

先秦道家流派，曾为关令，与老子同时，著有《关尹子》九篇，书中有不少警句，如"勿轻小事，小隙沉舟。勿轻小物，小虫毒身。勿轻小人，小人贼国"。

在己无居，形物自著

意思很简单，就是凡事只要自己退出了，事物的本来面目就自然会显明。

在己无居。完全可以按"无居己"理解。

著。显著的著。

其动若水，其静若镜，其应若响

道家箴言。类似思想，庄子的话更加唯美深邃。为增强理解，现将《庄子见独》《刻意》篇中的一段话复制于下：

圣人之生也天行，其死也物化。静而与阴同德，动而与阳同波。不为福先，不为祸始。感而后应，迫而后动，不得已而后起。去知与故，遁天之理。故无天灾，无物累，无人非，无鬼责。其生若浮，其死若休。不思虑，不豫谋。光矣而不耀，信矣而不期。其寝不梦，其觉无忧。其神纯粹，其魂不罢。虚无恬淡，乃合天德。

翻译过来就是：

圣人活着的时候一切都依天而行，死去之后就与物俱化。他静的时候就如阴气聚集不动，动的时候就如阳气上下波动。他不会为了一段所谓的幸福而去开启幸福之门，更不会为了一段所谓的祸患而去制造祸患之端。他只会在有所感知后才会做出反应，只会在受到压迫时才会有所行动，逼不得已的情况下才会奋身而起。他绝不固守自己已有的知识或见地，他依顺的一定是上天本身就先在的道理。所以圣人不会遭受到什么天的灾难、物的牵累、人的非议、鬼的指责。他把生看作浮游，把死看作休息。他不去人为思虑，也不去人为预谋。他光芒四射而不耀人眼球，讲究信用而不心怀期待。他睡觉时没有梦魇，醒觉时没有忧愁。正因为他的精神与上天合一而不掺杂私念，所以他的灵魂始终在动用却一点都不会疲惫。唯有内心虚无恬淡，才能与上天所赋浑然一体。

物自违道，道不违物

把物理解为人，就可以了。即，人自违道，道不违人。人有自由意志，可以依道而行，也可以逆道而行。

善若道者，亦不用耳，亦不用目，亦不用力，亦不用心。欲若道而用视听形智以求之，弗当矣，瞻之在前，忽焉在后，用之弥满六虚，废之莫知其所，亦非有心者所能得远，亦非无心者所能得近，唯默而得之

天才作品，堪称经文中的经文，价值连城。

善若道者。善即善于。若道，跟道相若，也即跟道保持一致。

欲若道。想要跟道相一致。

视听形智以求之。即用目、用耳、用力、用心等去寻求。

弗当矣。绝对不适当。弗，表绝对否定。

瞻之在前，忽焉在后。当你想从道的前边去看明白道时，刹那间它就跑到你后边去了。

用之弥满六虚，废之莫知其所。你如果善于用道，则道的功用可以充满整个宇宙。如果你根本就不想用道，那道就不知道去了哪里。六虚，四方上下。所，住所的所。《黄帝见知》《前道第二一》有段与此思想基本相同但表达更为清晰的话："道有原而无端，用之者实，弗用者空，合之而溢美，循之而有常，古之贤者，道之是行。"意思是说："大道有它的本原，却又无边无际，用过它的人会觉得它很真实，没用过它的人会觉得它很空泛，人们的行为跟它相吻合时，它就会洋溢出美好，依循它而行动时，就会发觉其中有规律，那些真正的贤德之人，一切都依道而行。"

亦非有心者所能得远，亦非无心者所能得近。这是一段有针对性的话，针对那些以为"对道越有心道就离你越远，对道越无心道就离你越近"这样错误的言论说的。同样的思想，圣人老子说得更为简明深邃："天道无亲，恒与善人。"

唯默而得之。既然道"亦非有心者所能得远，亦非无心者所能得近"，那道究竟能为谁所得呢？唯默而得之。其实，默也是不能得道的，只是必须这样表达而已。对此有更进一步兴趣的读者，可参看《庄子见独》《知北游》第一节。

知而忘情，能而不为，真知真能也

非常独特的思想。

知而忘情。很难清晰解读。但因为它是真知，我们可以借助庄子认为的真知来帮助解读。《庄子见独》《德充符》第五节的这段话或许会带来帮助："有人之形，无人之情。有人之形，故群于人。无人之情，故是非不得于身。眇乎小哉，所以属人也。謷乎大哉，独成其天。"意思是说："人虽然从上天那里分有了人的形貌，但最好还是不要带有人的私意。人的形貌，只是起将人归于一类的作用。不带人的私意，才能使得外在的是是非非不入于内心。一切人为的东西，都是多么的渺小啊！唯有与生俱来的东西，才是真正的伟大！"

能而不为。列子自己的思想是这句话最好的解读，即本篇第十二节的"不以负其力者，以能用其力者也"。当然，这句话由于没有语境，还可以作其他也能成立的解读。比如，一个人或一个国家完全有能力去制服另一个人或另一个国家，但基于天道，就是不去制服，这就是真能。

【今译】

关尹曾经说过这些话：

只要把自身从事物中抽离出来，事物就自然而然变得显明。

其动若水，其静若镜，其应若响。

物自违道，道不违物。

那些善于跟道保持一致的人，亦不用耳，亦不用目，亦不用力，亦不用心。想跟道保持一致却试图通过使用视听形智来获得，那是绝对办不到的。因为，你要是想从道的前面去看明白它，刹那间它就跑到你后边去了。要是你能正确使用道，它就可以存在于一切之中。要是你废弃道，那它就不知道跑到哪儿去了。道也不是说你有心于它，它就离你远远的，也不是你无心于它，它就靠你近近的，你只有通过静默才能得到它。

知道是怎么回事但不掺入自己的私情，完全有能力做到但就是节制自己不去做，这才是真正的知道和真正的能力。

汤问第五

一

【正本】

殷汤问于夏革曰:"古初有物乎?"

夏革曰:"古初无物,今何得物?后之人将谓今之无物,可乎?"

殷汤曰:"然则物无先后乎?"

夏革曰:"物之终始,初无极已。始或为终,终或为始,何知其纪?然自物之外,朕所不知也。"

殷汤曰:"然则上下四方有极有尽乎?"

夏革曰:"不知也。"

汤固问。革曰:"无则无极,有则有尽。朕何以知之?然无极之外复无极,无尽之中复无尽。无极复无极,无尽复无尽,朕以是知其无极无尽也,而不知其有极有尽也。"

汤又问曰:"四海之外奚有?"

革曰:"犹齐州也。"

汤曰:"汝奚以实之?"

革曰:"朕东行至营,人民犹是也。问营之东,复犹营也。西行至豳,人民犹是也。问豳之西,复犹豳也。朕以是知四海之不异是也。"

汤又问:"物有巨细乎?有修短乎?有同异乎?"

革曰:"渤海之东不知几亿万里,有大壑焉。九野之水,莫不注之,而无增无减焉。其中有山焉,其高周旋三万里,其顶平处九千里,山之中间相去七万里,所居之人皆仙圣之种,一日一夕飞相往来者,不可数焉;上古有大椿者,以八千岁为春,八千岁为秋。朽壤之上有菌芝者,生于朝,死于晦;

江浦之间生幺虫，其名曰焦螟，群飞而集于蚊睫，弗相触也，栖宿去来，蚊弗觉也。吴楚之国有大木焉，其名为柚，碧树而冬生，实丹而味酸，齐州珍之，渡淮而北，而化为枳焉。生皆全矣，分皆足矣。吾何以识其巨细？何以识其修短？何以识其同异？"

【原文】

殷汤问于夏革曰："古初有物乎？"夏革曰："古初无物，今恶得物？后之人将谓今之无物，可乎？"殷汤曰："然则物无先后乎？"夏革曰："物之终始，初无极已。始或为终，终或为始，恶知其纪？然自物之外，自事之先，朕所不知也。"殷汤曰："然则上下八方有极尽乎？"革曰："不知也。"汤固问。革曰："无则无极，有则有尽；朕何以知之？然无极之外复无无极，无尽之中复无无尽。无极复无无极，无尽复无无尽。朕以是知其无极无尽也，而不知其有极有尽也。"汤又问曰："四海之外奚有？"革曰："犹齐州也。"汤曰："汝奚以实之？"革曰："朕东行至营，人民犹是也。问营之东，复犹营也。西行至豳，人民犹是也。问豳之西，复犹豳也。朕以是知四海、四荒、四极之不异是也。故大小相含，无穷极也。含万物者，亦如含天地。含万物也故不穷，含天地也故无极。朕亦焉知天地之表不有大天地者乎？亦吾所不知也。然则天地亦物也。物有不足，故昔者女娲氏炼五色石以补其阙；断鳌之足以立四极。其后共工氏与颛顼争为帝，怒而触不周之山，折天柱，绝地维；故天倾西北，日月星辰就焉；地不满东南，故百川水潦归焉。"汤又问："物有巨细乎？有修短乎？有同异乎？"革曰："渤海之东不知几亿万里，有大壑焉，实惟无底之谷，其下无底，名曰归墟。八纮九野之水，天汉之流，莫不注之，而无增无减焉。其中有五山焉：一曰岱舆，二曰员峤，三曰方壶，四曰瀛洲，五曰蓬莱。其山高下周旋三万里，其顶平处九千里。山之中间相去七万里，以为邻居焉。其上台观皆金玉，其上禽兽皆纯缟。珠玕之树皆丛生，华实皆有滋味；食之皆不老不死。所居之人皆仙圣之种；一日一夕飞相往来者，不可数焉。而五山之根无所连著，常随潮波上下往还，不得暂峙焉。仙圣毒之，诉之于帝。帝恐流于西极，失群仙圣之居，乃命禺强使巨鳌十五举首而戴之。迭为三番，六万岁一交焉。五山始峙。而龙伯之国有大人，举足不盈数步而暨五山之所，一钓而连六鳌，合负而趣归其国，灼其骨以数焉。于是岱舆员峤二山流于北极，沉于大海，仙圣之播迁者巨亿计。帝凭怒，侵减龙伯之国使，侵小龙伯之民使短。至伏羲神农时，其国人犹数十丈。从中州以东四十万里得僬侥国，人长一尺五寸。东北极有人名曰诤人，长九寸。荆之南有冥灵者，以五百岁为春，五百岁为秋。上古有大椿者，以八千岁为春，八千岁为秋。朽壤之上有菌芝者，生于朝，死于晦。春夏之月有蠓蚋者，因雨而生，见阳而死。终北之北有溟海者，天池也，有鱼焉。其广数千里，其长称焉，其名为鲲。有鸟焉，其名为鹏，翼若垂天之云，其体称焉。世岂知有此物哉？大禹行而见之，伯益知而名之，夷坚闻而志之。江浦之间生麼虫，其名曰焦螟，群飞而集于蚊睫，弗相触也。栖宿去来，蚊弗觉也。离朱子羽方昼拭眥扬眉而望之，弗见其形；俪俞师旷方夜擿耳俯首而听之，弗闻其声。唯黄帝与容成子居空峒之上，同斋三月，心死形废；徐以神视，块然见之，若嵩山之阿；徐以气听，砰然闻之，若雷霆之声。吴楚之国有大木焉，其名为柚，碧树而冬生，实丹而味酸。食其皮汁，已愤厥之疾。齐州珍之，渡淮而北，而化为枳焉。鸲鹆不逾济，貉逾汶则死矣。地气然也。虽然，形气异也，性钧已，无相易已。生皆全已，分皆足已。吾何以识其巨细？何以识其修短？何以识其同异哉？"

【清源】

然自物之外，朕所不知也

原文为：然自物之外，自事之先，朕所不知也。

从语境只言说"物"看，"自事之先"显然是冗余的，故必须删除。

然则上下四方有极有尽乎

原文为：然则上下八方有极尽乎？

改"上下八方"为"上下四方"。理由一，纯粹理性的结果。上下八方不可理解，上下四方容易理解。理由二，可以印证。《庄子见独》《逍遥游》第一节有"上下四方有极乎"句式。

改"有极尽"为"有极有尽"，不改也可以，但最好改，以使与后面的行文相吻合，强烈增加阅读的顺畅感。

然无极之外复无极，无尽之中复无尽

原文为：然无极之外复无无极，无尽之中复无无尽。

删除的"无"字，一是义理使然，二是可从《庄子见独》《逍遥游》第一节"无极之外，复无极也"得到印证。

无极复无极，无尽复无尽

原文为：无极复无无极，无尽复无无尽。

承前改，以使前后一致。

渤海之东不知几亿万里，有大壑焉。九野之水，莫不注之，而无增无减焉。其中有山焉，其高周旋三万里，其顶平处九千里，山之中间相去七万里，所居之人皆仙圣之种，一日一夕飞相往来者，不可数焉；上古有大椿者，以八千岁为春，八千岁为秋。朽壤之上有菌芝者，生于朝，死于晦；江浦之间生幺虫，其名曰焦螟，群飞而集于蚊睫，弗相触也，栖宿去来，蚊弗觉也。吴楚之国有大木焉，其名为柚，碧树而冬生，实丹而味酸，齐州珍之，渡淮而北，而化为枳焉。生皆全矣，分皆足矣。吾何以识其巨细？何以识其修短？何以识其同异

原文为：渤海之东不知几亿万里，有大壑焉，实惟无底之谷，其下无底，名曰归墟。八纮九野之水，天汉之流，莫不注之，而无增无减焉。其中有五山焉：一曰岱舆，二曰员峤，三曰方壶，四曰瀛洲，五曰蓬莱。其山高下周旋三万里，其顶平处九千里。山之中间相去七万里，以为邻居焉。其上台观皆金玉，其上禽兽皆纯缟。珠玕之树皆丛生，华实皆有滋味；食之皆不老不死。所居之人皆仙圣之种；一日一夕飞相往来者，不可数焉。而五山之根无所连著，常随潮波上下往还，不得暂峙焉。仙圣毒之，诉之于帝。帝恐流于西极，失群仙圣之居，乃命禺强使巨鳌十五举首而戴之。迭为三番，六万岁一交焉。五山始峙。而龙伯之国有大人，举足不盈数步而暨五山之所，一钓而连六鳌，合负而趣归其国，灼其骨以数焉。于是岱舆员峤二山流于北极，沉于大海，仙圣之播迁者巨亿计。帝凭怒，侵减龙伯之国使，侵小龙伯之民使短。至伏羲神农时，其国人犹数十丈。从中州以东四十万里得僬侥国，人长一尺五寸。东北极有人名曰诤人，长九寸。荆之南有冥灵者，以

五百岁为春，五百岁为秋。上古有大椿者，以八千岁为春，八千岁为秋。朽壤之上有菌芝者，生于朝，死于晦。春夏之月有蠓蚋者，因雨而生，见阳而死。终北之北有溟海者，天池也，有鱼焉。其广数千里，其长称焉，其名为鲲。有鸟焉，其名为鹏，翼若垂天之云，其体称焉。世岂知有此物哉？大禹行而见之，伯益知而名之，夷坚闻而志之。江浦之间生麼虫，其名曰焦螟，群飞而集于蚊睫，弗相触也。栖宿去来，蚊弗觉也。离朱子羽方昼拭眦扬眉而望之，弗见其形；𪗪俞师旷方夜擿耳俯首而听之，弗闻其声。唯黄帝与容成子居空峒之上，同斋三月，心死形废；徐以神视，块然见之，若嵩山之阿；徐以气听，砰然闻之，若雷霆之声。吴楚之国有大木焉，其名为柚，碧树而冬生，实丹而味酸。食其皮汁，已愤厥之疾。齐州珍之，渡淮而北，而化为枳焉。鹆鹄不逾济，貉逾汶则死矣。地气然也。虽然，形气异也，性钧已，无相易已。生皆全已，分皆足已。吾何以识其巨细？何以识其修短？何以识其同异哉？

修改极其巨大，以致不宜——指出。清源的总依据是，任何文本的合理展开，都应围绕主题，且越简明越好。这段文本显然是围绕"物有巨细乎？有修短乎？有同异乎？"这个主题展开的。可是，展开过程中，不知道是出于什么原因，很多完全没有必要的信息混入了进来，不仅导致文本冗长，更使文本的主题丢失，最终导致文本的不可顺畅理解。文本清源后，主题突出，展开充分而简明。

【见一】

物之终始，初无极已
一定要清晰地意识到这句话"无极"的极，特指终、始这两极。

何知其纪
"纪"不好理解，按其本义"散丝的头绪"理解，将就可通。

朕所不知也
朕。我，秦始皇时才专作皇帝自称。

无则无极，有则有尽

非常非常难以理解的一句话。百沉千思，这句话应该是早就沉淀在了夏革的心底里，是绝对真理，不可移易。现在，恰巧因为殷汤的追问而有了应用场景，于是便说了出来，并给出了解释："无极之外复无极，无尽之中复无尽。"

无极复无极，无尽复无尽

是对"然无极之外复无极，无尽之中复无尽"的重复，表强调。请结合【今译】理解。

豳

音 bīn，古地名。

物有巨细乎？有修短乎？有同异乎

物有巨细乎。回答为"渤海之东不知几亿万里，有大壑焉。九野之水，莫不注之，而无增无减焉。其中有山焉，其高周旋三万里，其顶平处九千里，山之中间相去七万里，所居之人皆仙圣之种，一日一夕飞相往来者，不可数焉"，所以不知道有没有巨细，其实是没有。

有修短乎。回答为"上古有大椿者，以八千岁为春，八千岁为秋。朽壤之上有菌芝者，生于朝，死于晦"，所以不知道有没有修短，其实是没有。

有同异乎。回答为"江浦之间生幺虫，其名曰焦螟，群飞而集于蚊睫，弗相触也，栖宿去来，蚊弗觉也。吴楚之国有大木焉，其名为柚，碧树而冬生，实丹而味酸，齐州珍之，渡淮而北，而化为枳焉"，所以不知道有没有同异，其实是没有。

朽壤之上有菌芝者

朽壤。猜想的语境含义，应该是动植物等腐化后而形成的土壤。
菌芝。菌类。

碧树而冬生，实丹而味酸

对柚子树的简单写实而已，没有任何思想含义。

因为柚子树为常绿乔木，故曰"碧树而冬生"。又因柚子肉呈白色或红色，味酸甜，故曰"实丹而味酸"。实，果实。丹，红色。

生皆全矣，分皆足矣

钻石文字，金玉思想，绝对天才之言，完全可与"合而成体，散而成章"这样的天才经文相比肩。

这句话是对前段全部话语的高度提炼，更是对天下万有的高度抽象，对它最最好的解读，是在深度静默把握到它的实质后再一字不动地表达，就好比对"道通为一"的解读一般。完全可以这样说，庄子至精至绝的《齐物论》《秋水》，其实只是在为这八个字作注。当然，这完全不意味着它就比庄子高。因为，反过来说，也完全成立。具体意思，请结合【今译】理解，因为【今译】有整体感在。

【今译】

殷汤问夏革说："最开始的时候，存在有物吗？"

夏革说："要是最开始的时候没有物，那今天的物从哪里来的呢？后人说我们当下没有物，可以吗？"

殷汤问："这么说，物难道就没有先后了吗？"

夏革说："单就物的开始和结束来说，在最开始的时候，并没有先后。开始就是结束，结束就是开始，哪里知道它们的先后？但要是问物之外开始和结束的先后，那我就不知道了。"

殷汤问："这么说来，上下四方有极有尽吗？"

夏革说："不知道啊。"

殷汤追问不已。夏革说："无则无极，有则有尽。我怎么就知道是这样子的呢？因为无极之外还是无极，无尽之中还是无尽。既然无极之外还是无极，无尽之中还是无尽，我凭这就知道上下四方无极无尽，而不知道上下四方是否有极有尽。"

殷汤又问："四海之外还有些什么呢？"

夏革说："跟我们这里差不多。"

殷汤问："有实证吗？"

夏革说："我往东走到营州，那里的人跟我们这里差不多。打听营州再东是什么地方，还是跟营州差不多。我又往西走到豳州，豳州的人跟我们差不多。打听豳州再西是什么地方，还是跟豳州差不多。我由是知道，四海跟我们这里差不多。"

殷汤又问："那物有大小吗？有长短吗？有同异吗？"

夏革说："在距渤海之东不知有几亿万里的地方，有一片大海。天下所有的雨水，都流到了那里，可它没有任何的增加或减少。大海中有片大山，海拔高达三万里，山顶有平地方圆九千里，山与山之间，相隔有七万里之远。山上居住的，都是仙圣般的人物，他们在山与山之间穿梭往来，一天一夜可以有无数个来回；上古有一种树木叫大椿，以八千岁为春，八千岁为秋。朽木腐土之上有一种菌类，只在早上才会出生，但一到傍晚就会死亡；江边有一种小虫子，名字叫焦螟，它们总是成群飞舞并聚集在蚊子的睫毛上，但它们之间绝对不会相互碰撞。它们在蚊子的睫毛上栖宿，而蚊子一点都觉察不到。吴楚两国交接处有一种大树，名叫柚树，它四季常青，果实鲜红，味道酸爽，我们这里的人特别珍爱它，于是把它引植到了淮北，结果柚树变成了枳树。以上所有这些，就其生命本身来说，都是完备的，但即使将它们分开，也还是完足的。我凭什么来知道物有大小啊？凭什么来知道物有长短啊？凭什么来知道物有同异啊？"

二

【正本】

太行、王屋二山，方七百里，高万仞，本在冀州之南，汉阳之北。

北山愚公者，年且九十，面山而居，愁南北之塞，出入之迂也，聚室而谋曰："吾与汝毕力平险，直通冀南，达于汉北，可乎？"杂然相许。

其妻献疑曰："以君之力，曾不能损魁父之丘，如太行、王屋何？且焉置土石？”

杂曰："投诸渤海之尾。"遂率子孙荷担者三夫，叩石垦壤，箕畚运于渤海之尾。

邻人京城氏之孀妻有遗男，始龀，跳往助之。寒暑易节，始一反焉。

河曲智叟笑而止之，曰："甚矣，汝之不慧！以残年余力，曾不能毁山之一毛，其如土石何？"

北山愚公长息曰："汝心之固，固不可彻，曾不若孀妻弱子。虽我之死，有子存焉。子又生孙，孙又生子，子子孙孙，无穷匮也。而山不加增，何苦而不平？"河曲智叟无以应。

操蛇之神闻之，惧其不已也，告之于帝。帝感其诚，命夸蛾氏二子负二山，一厝朔东，一厝雍南。自此，冀之南，汉之北，无陇断焉。

【原文】

太形、王屋二山，方七百里，高万仞。本在冀州之南，河阳之北。北山愚公者，年且九十，面山而居。惩山北之塞，出入之迂也，聚室而谋，曰："吾与汝毕力平险，指通豫南，达于汉阴，可乎？"杂然相许。其妻献疑曰："以君之力，曾不能损魁父之丘。如太形、王屋何？且焉置土石？"杂曰："投诸渤海之尾，隐土之北。"遂率子孙荷担者三夫，叩石垦壤，箕畚运于渤海之尾。邻人京城氏之孀妻有遗男，始龀，跳往助之。寒暑易节，始一反焉。河曲智叟笑而止之，曰："甚矣汝之不惠！以残年馀力，曾不能毁山之一毛；其如土石何？"北山愚公长息曰："汝心之固，固不可彻；曾不若孀妻弱子。虽我之死，有子存焉。子又生孙，孙又生子；子又有子，子又有孙：子子孙孙，无穷匮也；而山不加增，何苦而不平？"河曲智叟亡以应。操蛇之神闻之，惧其不已也，告之于帝。帝感其诚，命夸蛾氏二子负二山，一厝朔东，一厝雍南。自此冀之南、汉之阴，无陇断焉。

【清源】

汉阳之北

原文为：河阳之北。

据后文"达于汉阴""汉之阴"，改"河"为"汉"。

愁南北之塞

原文为"惩山北之塞"。

改"惩"为"愁"。"惩"不可解，"愁"则合语境，估计因形近而误。

改"山北"为"南北"。据首句"太行、王屋二山，方七百里，高万仞，本在冀州之南，汉阳之北"、中间句"直通冀南，达于汉北"以及尾句"自此冀之南、汉之北，无陇断焉"清源。

直通冀南，达于汉北

原文为：指通豫南，达于汉阴。

改"指通"为"直通"。"指通"不通，"直通"可通。

改"豫南"为"冀南"。"豫南"不知所指，"冀南"则跟"冀州之南"相一致。

改"汉阴"为"汉北"。不改也可以，因为阴可以通北，但不好。因为，前文已经有"汉阳之北"，首尾最好相顾，以保持阅读的顺畅感。

投诸渤海之尾

原文为：投诸渤海之尾，隐土之北。

删除"隐土之北"，以使句子与后文"箕畚运于渤海之尾"相一致。

汝之不慧

原文为：汝之不惠。

没必要搞通假。

子又生孙，孙又生子，子子孙孙，无穷匮也

原文为：子又生孙，孙又生子；子又有子，子又有孙；子子孙孙，无穷匮也。

"子又有子，子又有孙"完全冗余，故删除。

【见一】

直通冀南，达于汉北

要借助想象，将太行、王屋二山、愚公、翼州、汉阳五者的相对位置搞清楚，才能把这句话读明白。当然，人的思维有个很重要很奇特的特性，那就是即使没有把文字或话语搞清楚，仅凭模糊，就能把话听明白。

杂然

不太能准确把握其语境含义。借助常识，既然是愚公"聚室而谋"，那大家就会你一句我一句。

魁父之丘

极其明显的借喻用法，构词法完全等同于弹丸之地，奈何全部过往注家都把它解注为小山名。魁，形容身躯高大。

箕畚

音 jī běn，一种用竹篾或柳条编成的器具。

邻人京城氏之孀妻有遗男，始龀，跳往助之

孀妻。寡妇。

遗男。指死去父亲的男孩。

龀。音 chèn，本义为儿童换牙，脱乳齿换恒齿。

固不可彻

非常固执，无法说服。固，固执。彻，通、透。

厝

动词，安置。

列子见一

陇断

高大的山冈。

【今译】

太行、王屋二山，方圆七百里，海拔高万仞，原本坐落在冀州之南，汉阳之北。

北山有一位愚公，已经高龄九十，就住在两山之间。他忧心南北两山的阻塞，出入的迂回，便把全家人叫来一起商议："我跟你们大家一起竭尽毕生的力量来解决我们遇到的这两座险阻，以便我们能直接通达冀州和汉阳，可以不？"大家七嘴八舌表示赞许。

可愚公的妻子提出疑问说："以你的力量，连一座高大男人身躯般大小的小丘都奈何不了，还能把太行、王屋二山怎样？再说了，土石能投放去哪呢？"

大家竞相回答说："能投放到渤海边上去。"于是，愚公率子孙中能够挖土挑担的人共三位，叩石垦壤，用箕畚将土石运送到渤海边上。

邻居京城氏家一位寡妇的一个遗腹子，刚到换牙的年龄，也跑过来加入挖土挑担的队伍。一年到头，他们只能往返一次。

河曲智叟笑着阻止愚公，说："你也太不明智了吧！以你的这把年纪和气力，连山上的草木都奈何不了，还能把山上的土石怎样？"

北山愚公长叹一口气说："你也太死心眼了，连寡妇的弱幼小孩都赶不上。即便我死了，孩子还在啊。孩子又会生孙子，孙子又会生孩子，子子孙孙，没有穷尽啊。可是，山并不会增高，为什么要担心山不能最终被铲平呢？"河曲智叟答不上来。

操蛇之神听到后，非常害怕这事会真的进行下去，便报告给了天帝。天帝被愚公的精诚所感动，指令夸蛾氏的两个儿子背走两座山，把其中的一座安放到了朔东，另一座安放到了雍南。自此以后，冀州的南边，汉阳的北边，再也没有高山大岭阻隔了。

208

三

【原文】

夸父不量力，欲追日影，逐之于隅谷之际。渴欲得饮，赴饮河渭。河渭不足，将走北饮大泽。未至，道渴而死。弃其杖，尸膏肉所浸，生邓林。邓林弥广数千里焉。

【见一】

不知所云，更不知所指，不解，不注，不译。

四

【原文】

大禹曰："六合之间，四海之内，照之以日月，经之以星辰，纪之以四时，要之以太岁。神灵所生，其物异形，或夭或寿，唯圣人能通其道。"夏革曰："然则亦有不待神灵而生，不待阴阳而形，不待日月而明，不待杀戮而夭，不待将迎而寿，不待五谷而食，不待缯纩而衣，不待舟车而行，其道自然，非圣人之所通也。"

【见一】

完全不知旨意何在，不解，不注，不译。

五

【原文】

禹之治水土也，迷而失涂，谬之一国。滨北海之北，不知距齐州几千万里。其国名曰终北，不知际畔之所齐限。无风雨霜露，不生鸟兽、虫鱼、草木之类。四方悉平，周以乔陟。当国之中有山，山名壶领，状若甔甀。顶有口，状若员环，名曰滋穴。有水涌出，名曰神瀵，臭过兰椒，味过醪醴。一源分为四埒，注于山下。经营一国，亡不悉遍。土气和，亡札厉。人性婉而从物，不竞不争。柔心而弱骨，不骄不忌；长幼侪居，不君不臣；男女杂游，不媒不聘；缘水而居，不耕不稼。土气温适，不织不衣；百年而死，不夭不病。其民孳阜亡数，有喜乐，亡衰老哀苦。其俗好声，相携而迭谣，终日不辍者。饥倦则饮神瀵，力志和平。过则醉，经旬乃醒。沐浴神瀵，肤色脂泽，香气经旬乃歇。周穆王北游过其国，三年忘归。既反周室，慕其国，然自失。不进酒肉，不召嫔御者，数月乃复。管仲勉齐桓公因游辽口，俱之其国，几克举。隰朋谏曰："君舍齐国之广，人民之众，山川之观，殖物之阜，礼义之盛，章服之美；妖靡盈庭，忠良满朝。肆咤则徒卒百万，视挥则诸侯从命，亦奚羡于彼而弃齐国之社稷，从戎夷之国乎？此仲父之耄，奈何从之？"桓公乃止，以隰朋之言告管仲。仲曰："此固非朋之所及也。臣恐彼国之不可知之也。齐国之富奚恋？隰朋之言奚顾？"

【见一】

完全不知旨意何在，不解，不注，不译。

六

【原文】

南国之人祝发而裸，北国之人鞨巾而裘；中国之人冠冕而裳。九土所资，或农或商，或田或渔，如冬裘夏葛，水舟陆车。默而得之，性而成之。越之东有辄沐之国，其长子生，则鲜而食之，谓之宜弟。其大父死，负其大母而弃之，曰："鬼妻不可以同居处。"楚之南有炎人之国，其亲戚死，刳其肉而弃之，然后埋其骨，乃成为孝子。秦之西有仪渠之国者，其亲戚死，聚柴积而焚之。燻则烟上，谓之登遐，然后成为孝子。此上以为政，下以为俗。而未足为异也。

【见一】

完全不知旨意何在，不解，不注，不译。

七

【正本】

孔子东游，见两小儿辩，问其故。

一儿曰："我以日初出时去人近，而日中时远也。一儿以日初出时远，而日中时近也。"

一儿曰："日初出，大如车盖。及日中，则如盘盂。此不为远者小而近者大乎？"

一儿曰："日初出，沧沧凉凉。及日中，则如探汤。此不为近者热而远者凉乎？"

孔子不能决也。

两小儿笑曰："孰为汝多知乎？"

【原文】

孔子东游，见两小儿辩斗。问其故，一儿曰："我以日始出时去人近，而日中时远也。一儿以日初出远，而日中时近也。"一儿曰："日初出大如车盖，及日中，则如盘盂；此不为远者小而近者大乎？"一儿曰："日初出沧沧凉凉；及其日中如探汤；此不为近者热而远者凉乎？"孔子不能决也。两小儿笑曰："孰为汝多知乎？"

【清源】

见两小儿辩

原文为：见两小儿辩斗。

"斗"字明显冗余，删除。

我以日初出时去人近

原文为：我以日始出时去人近。

改"始"为"初"，以使全章前后一致。

则如探汤

原文为：如探汤。

加"则"，以使与"则如盘盂"相协调。

【 见一 】

盘盂

盛水和盛食物的器皿

探汤

措词好像不是很恰当，但因为语境清晰，大意还是能把握，应该是指去试探汤的热度。

【 今译 】

孔子有次去东边游历，看见两个小孩在那争辩，就去问个究竟。

其中一个说："我说太阳刚出来时离我们近，而中午时分离我们远。他却说太阳刚出来时离我们远，而中午时分离我们近。"

另一个说："太阳刚出来时，大得就像车盖。到了中午，则只有盘子大。这不就是因为离得远就小，而离得近就大吗？"

一个又说："太阳刚出来时，沧凉沧凉的。到了中午，则好像在锅里的汤一样烫。这不就是因为离得近就热，而离得远就凉吗？"

孔子下不了判断。

两小儿笑着说："谁认为你知道得多啊？"

八

詹何以茧丝为纶，芒针为钩，荆条为竿，剖粒为饵，引盈车之鱼于百仞之渊，纶不绝，钩不伸，竿不挠。楚王闻而异之，召问其故。

詹何曰："臣闻先大夫之言，蒲且子之弋也，弱弓纤缴，乘风振之，连双鸟于青云之际。臣因其事，仿而学钓，五年始尽其道。当臣之临河持竿，心无杂虑，唯鱼之念。投纶沉钩，手无轻重，物莫能乱。鱼见臣之钩饵，犹沉埃聚沫，吞之不疑。大王治国诚能若此，则天下可运于一握，将亦奚事哉？"

楚王曰："善！"

均，天下之至理也，连于形物亦然。均发均县，轻重而发绝，发不均也。均也，其绝也莫绝。人以为不然，自有知其然者也。詹何以独茧丝为纶，芒针为钩，荆篠为竿，剖粒为饵，引盈车之鱼于百仞之渊、汩流之中；纶不绝，钩不伸，竿不挠。楚王闻而异之，召问其故。詹何曰："臣闻先大夫之言，蒲且子之弋也，弱弓纤缴，乘风振之，连双鸧于青云之际。用心专，动手均也。臣因其事，放而学钓，五年始尽其道。当臣之临河持竿，心无杂虑，唯鱼之念；投纶沉钩，手无轻重，物莫能乱。鱼见臣之钩饵，犹沉埃聚沫，吞之不疑。所以能以弱制强，以轻致重也。大王治国诚能若此，则天下可运于一握，将亦奚事哉？"楚王曰："善。"

均，天下之至理也，连于形物亦然。均发均县，轻重而发绝，发不均也。均也，其绝也莫绝。人以为不然，自有知其然者也

原位于本章开头，明显是后人对寓言所作的感言，且明显是完全偏离了寓言寓意的感言，故删除。

以茧丝为纶

原文为：以独茧丝为纶。

从语境"芒针为钩，荆条为竿"看，"独"明显冗余，故删除。

荆条

原文为：荆篠。

改"篠"为"条"，篠字已死，不解释就不清楚，条则完全合乎语境需要。篠，音 xiǎo，细竹。

引盈车之鱼于百仞之渊

原文为：引盈车之鱼于百仞之渊、汩流之中。

"汩流之中"明显冗余，故删除。

连双鸟于青云之际

原文为：连双鸧于青云之际。用心专，动手均也。

改"鸧"为"鸟"。这倒不是因为鸧字陌生才改之，而是鸟更合乎语境需要。因为，蒲且子之弋，绝对不只是能弋鸧，因为只要是鸟就能弋。鸧，音 cāng，黄鹂鸟。

删除"用心专，动手均也"。因为它明显是后人感言，且是完全没有把握到寓言寓意的感言。

仿而学钓

原文为：放而学钓。

改"放"为"仿"，明显是误辨或误抄，没必要搞通假。

所以能以弱制强，以轻致重也。

原位于"吞之不疑"之后，明显是后人感言，且是完全没有把握到寓言寓意的感言。

剖粒

含义甚不清晰，估计原文有误，但找不到合适的替代词。从茧丝、芒针、荆条的词义以及后文"鱼见臣之钩饵，犹沉埃聚沫"看，剖粒当是指被切分成十分细微的饵。至于饵是什么，那就不得而知了，文本交代不清楚。有将粒解注为米粒的，将就可通。

弱弓纤缴

缴。音 jiǎo，从糸（mì），表示与线丝有关。从弱弓纤缴的构词法看，弱对纤，弓对缴，所以，缴的语境含义十分清晰，应该就是箭，而不应该是传统解注的"系在箭上的生丝绳"。所以，纤缴应该就是纤细的箭。由于弋是指用带绳子的箭射鸟，所以，把纤缴解注为箭上的生丝绳，也不算离谱。

手无轻重，物莫能乱

寓言的寓意所在。寓言的总寓意为：治国的根本，在于治国工具要柔弱细微，然后下手要没有重量，唯有这样，物（人）的自然属性才不会被搅乱，天下相应地就能得到治理。

【今译】

詹何以茧丝为钓线，以芒针为钓钩，以荆条为钓竿，以微粒为钓饵，在百仞高的水边即使钓到满满的一车鱼，也能钓线不断，钓钩不直，钓竿不弯。楚王听说后，很是诧异，便把詹何召来，询问其中的道理。

詹何说："我从一位已经过世的大夫那里听说过，蒲且子的捕鸟之道，弓是弱的，箭是细的，顺风而射，能一箭射中两只在高空飞行的鸟。我仿效他的捕鸟之道，用来钓鱼，足足花了五年，才真正掌握其中的道理。当我来到河边拿起鱼竿时，我心里什么其他想法都没有，眼里只有鱼。所以，我在投下钓线沉入钓钩时，手上不会使出任何力气，一切都会保持原样。当鱼看到我的钓饵时，就如看到沉下去的尘埃或是聚积起来的泡沫，毫不怀疑地就会吞下。大王您治国理政要是真的也能如我钓鱼这般，那天下就可以完全在您的掌控之中了，还能有其他什么事要做的呢？"

楚王说："太好了！"

九

【正本】

鲁公扈、赵齐婴二人有疾，同请扁鹊求治，扁鹊治之。

既同愈，谓公扈、齐婴曰："汝向之所疾，自外而干府藏者，固药石之所已。今有偕生之疾，与体偕长，今为汝攻之，何如？"

二人曰："愿先闻其验。"

扁鹊谓公扈曰："汝志强而气弱，故足于谋而寡于断。齐婴志弱而气强，故少于虑而伤于专。若换汝之心，则均善矣。"

扁鹊遂饮二人毒酒，迷死三日，剖胸探心，易而置之，投以神药，既醒，如初。

二人辞归。于是公扈反齐婴之室，而有其妻子，妻子弗识。齐婴亦反公扈之室，有其妻子，妻子亦弗识。二室因相与讼，求辨于扁鹊。扁鹊辨其所由，讼乃已。

【原文】

鲁公扈赵齐婴二人有疾，同请扁鹊求治。扁鹊治之。既同愈。谓公扈齐婴曰："汝曩之所疾，自外而干府藏者，固药石之所已。今有偕生之疾，与体偕长；今为汝攻之，何如？"二人曰："愿先闻其验。"扁鹊谓公扈曰："汝志强而气弱，故足于谋而寡于断。齐婴志弱而气强，故少于虑而伤于专。若换汝之心，则均于善矣。"扁鹊遂饮二人毒酒，迷死三日，剖胸探心，易而置之；投以神药，既悟，如初。二人辞归。于是公扈反齐婴之室，而有其妻子；妻子弗识。齐婴亦反公扈之室，有其妻子；妻子亦弗识。二室因相与讼，求辨于扁鹊。扁鹊辨其所由，讼乃已。

典故颇具传奇性，但不知道其思想价值何在，故只做了【正本】，以供好事者一乐，其他则略去。

十

【正本】

师襄鼓琴，而鸟舞鱼跃。郑师文闻之，弃家从师襄游。柱指钩弦，三年不成章。师襄曰："子可以归矣。"

师文舍其琴，叹曰："文非弦之不能钩，非章之不能成，文所存者不在弦，所志者不在章。内不得于心，外不应于器，故不敢发手而动弦。且小假之，以观其后。"

无几何，复见师襄。师襄曰："子之琴何如？"

师文曰："得之矣。请尝试之。"

于是，当春而叩商弦，以召南吕，凉风忽至，草木成实；及秋而叩角弦，以激夹钟，温风徐回，草木发荣；当夏而叩羽弦，以召黄钟，霜雪交下，川池暴沍；及冬而叩徵弦，以激蕤宾，阳光炽烈，坚冰立散；将终，命宫而总四弦，则景风翔，庆云浮，甘露降，澧泉涌。

师襄乃抚心高蹈曰："微矣，子之弹也！虽师旷之清角，邹衍之吹律，无以加之，彼将挟琴执管，而从子之后耳。"

【原文】

匏巴鼓琴而鸟舞鱼跃，郑师文闻之，弃家从师襄游。柱指钩弦，三年不成章。师襄曰："子可以归矣。"师文舍其琴，叹曰："文非弦之不能钩，非章之不能成。文所存者不在弦，所志者不在声。内不得于心，外不应于器，故不敢发手而动弦。且小假之，以观其后。"无几何，复见师襄。师襄曰："子之琴何如？"师文曰："得之矣。请尝试之。"于是，当春而叩商弦以召南吕，凉风忽至，草木成实。及秋而叩角弦以激夹钟，温风徐回，草木发荣。当夏而叩羽弦以召黄钟，霜雪交下，川池暴洰。及冬而叩徵弦以激蕤宾，阳光炽烈，坚冰立散。将终，命宫而总四弦，则景风翔，庆云浮，甘露降，澧泉涌。师襄乃抚心高蹈曰："微矣子之弹也！虽师旷之清角，邹衍之吹律，亡以加之。彼将挟琴执管而从子之后耳。"

【清源】

师襄鼓琴

原文为：匏巴鼓琴。

改"匏巴"为"师襄"。理由一，匏巴不知道是谁，后世注家都从张湛注，说是古代一位善于鼓琴的人。而张湛这个注的依据在哪，则没人追问。理由二，从语境需要出发，匏巴根本没有必要出现。而如果是师襄，则形式和义理逻辑都非常顺畅。

柱指钩弦

由于完全不懂音乐和音律，这四个字究竟应该怎样，完全不知。有说钩是钩，也无法分辨。

当春而叩商弦，以召南吕，凉风忽至，草木成实；及秋而叩角弦，以激夹钟，温风徐回，草木发荣；当夏而叩羽弦，以召黄钟，霜雪交下，川池暴洰；及冬而叩徵弦，以激蕤宾，阳光炽烈，坚冰立散；将终，命宫而总四弦，则景风翔，庆云浮，甘露降，澧泉涌

为直观起见，拟将文本换个样式：

当春而叩商弦，以召南吕，凉风忽至，草木成实。
及秋而叩角弦，以激夹钟，温风徐回，草木发荣。
当夏而叩羽弦，以召黄钟，霜雪交下，川池暴洰。
及冬而叩徵弦，以激蕤宾，阳光炽烈，坚冰立散。
将终，命宫而总四弦，则景风翔，庆云浮，甘露降，澧泉涌。

透过新的文本样式，明显可以看出，原作者对文本作了精心安排。可惜的是，本人对音律一窍不通，完全无法做出哪怕是最最表层的解读，只得遗憾放过，【今译】也只能照抄。

【见一】

柱指钩弦

从后文"故不敢发手而动弦"看，这四个字明显就是"发手而动弦"的意思。如果基于常识加上想象，柱指应该就是左指按弦，钩弦应该就是右指拨弦。

抚心高蹈

应该跟欢呼雀跃、兴高采烈、手舞足蹈等差不多一个意思。

虽师旷之清角，邹衍之吹律，无以加之

很不好理解。只能从形式上对之进行非常表面的类比理解。既然师文之鼓琴可以跟"师旷之清角，邹衍之吹律"比肩，那清角、吹律跟鼓琴应该是同类的行为。即，鼓琴是用琴演奏，清角是用角演奏，吹律是用管演奏。只是，这个理解跟后文"彼将挟琴执管"的挟琴不一致。但因为不懂音律与乐器，所以不敢擅自改"彼将挟琴执管"为"彼将挟角执管"。

【今译】

师襄鼓琴，能引得鸟在天空欢舞，鱼在水中欢跃。郑国的师文听说后，便放弃家业，跟从师襄游学。可是，三年过后，师文连柱指钩弦都没学会，更别说演奏乐章了。师襄说："你还是打道回府好了。"

师文放下琴，叹息说："我不是学不会柱指钩弦，也不是学不成演奏乐章，我所在意的不在琴弦上，我所在意的也不在乐章上。我是我想要演奏的还没能在心里成熟，所以也就不能落实到乐器上，这才导致我不敢发手而动弦。你再给我点时间，看看结果会怎样。"

没过多久，师文再去拜见师襄。师襄问："琴艺怎样了？"

师文说："已经成熟了。请让我试着演奏给您看。"

于是，当春而叩商弦，以召南吕，凉风忽至，草木成实；及秋而叩角弦，以激夹钟，温风徐回，草木发荣；当夏而叩羽弦，以召黄钟，霜雪交下，川池暴沍；及冬而叩徵弦，以激蕤宾，阳光炽烈，坚冰立散；将终，命宫而总四弦，则景风翔，庆云浮，甘露降，澧泉涌。

师襄听后，高兴得手舞足蹈，说："真是精妙啊，你刚弹的琴！即使是师旷的清角，邹衍的吹律，都不会比你演奏得更好，他们将会挟琴执管，跟在你身后向你讨教啊。"

十一

【正本】

薛谭学讴于秦青，未穷青之技，自谓尽之，遂辞归。秦青弗止，饯于郊衢，抚节悲歌，声振林木，响遏行云。薛谭乃谢求反，终身不敢言归。

秦青顾谓其友曰："昔韩娥东之齐，匮粮，过雍门，鬻歌假食。既去，而余音绕梁，三日不绝，左右以其人弗去。过逆旅，逆旅人辱之，韩娥因曼声哀哭，一里老幼悲悉，垂涕相对，三日不食。遽而追之，娥还，复为曼声长歌，一里老幼善跃抃舞，弗能自禁，忘向之悲也，乃厚赂发之。故雍门之人至今善歌哭，仿娥之遗声。"

【原文】

薛谭学讴于秦青，未穷青之技，自谓尽之；遂辞归。秦青弗止；饯于郊衢，抚节悲歌，声振林木，响遏行云。薛谭乃谢求反，终身不敢言归。秦青顾谓其友曰："昔韩娥东之齐，匮粮，过雍门，鬻歌假食。既去而余音绕梁欐，三日不绝，左右以其人弗去。过逆旅，逆旅人辱之。韩娥因曼声哀哭，一里老幼悲悉，垂涕相对，三日不食。遽而追之。娥还，复为曼声长歌，一里老幼善跃抃舞，弗能自禁，忘向之悲也。乃厚赂发之。故雍门之人至今善歌哭，放娥之遗声。"

【清源】
余音绕梁

原文为：余音绕梁欐。

欐字明显冗余，删除。

仿娥之遗声

原文为：放娥之遗声。

改"放"为"仿"，不改也通，但不好。

【见一】
讴

从后文看，讴是一门技艺，一门能让人或歌或哭的技艺。

曼声

拉长声音。曼，长、延长。

抃舞

等同于翩跹，估计原文就是翩舞，因音近而误。秦统一文字之前，这种情况很普遍，谈不上谁对谁错。只是，既然文字已经统一了，且统一的好处显而易见，那还是与时俱进，统一为好，完全不必为了所谓的传统而继续保留所谓的遗产。

厚赂发之

赂。本义为赠送财物。

秦青顾谓其友曰

顾。本义为回头看，但这里没有回头看的语境。所以，顾只能解读为看，一如《诗·邶风·终风》"顾我则笑"的顾。

逆旅人辱之

从语境看，韩娥既然没钱吃饭，当然也就没钱住宿。正因为没钱住宿但又不得不住宿，估计反反复复说了很多讨好的话，惹烦了旅店老板，老板于是说了些难听的话。

【今译】

薛谭求学歌哭技艺于秦青，在还没有学到秦青的全部技艺时，就以为已经全部到手了，于是打算辞归故里。秦青并没有阻止，而是在城郊一条大道的交叉路口为他设宴饯行。其间，秦青抚节悲歌，声音把林中的树木都振动了，把天上的行云都止住了。薛谭于是拜谢老师，要求回去跟老师继续学习，终其一生都不敢再提辞归故里。

秦青用眼睛盯着薛谭说："过去有位叫韩娥的女人，在东去齐国的路上，没吃的了，经过雍门时，就以卖唱的方式换取吃的。她离开雍门后，歌声余音绕梁，三天三夜都还没散去，周围的人以为她还没离开。而在投宿时，旅店老板对她进行了一番羞辱，韩娥于是放声哀哭，方圆一里地的男女老幼，无不跟着悲恸哀哭，以致三天三夜都无法进食。旅店老板立马前去追赶韩娥。韩娥被追回后，就又放声长歌，方圆一里地的男女老幼，载歌载舞，情不自禁，完全忘记了刚刚还在悲伤。于是，雍门的人给韩娥送了一份重礼。所以，直到今天，雍门的人还长于歌哭，仿效韩娥曾经留下的声音。"

十二

【正本】

伯牙善鼓琴，钟子期善听。

伯牙鼓琴，志在登高山，钟子期曰："善哉！峨峨兮若泰山！"志在流水，钟子期曰："善哉！洋洋兮若江河！"伯牙所念，钟子期必得之。

伯牙游于泰山之阴，猝逢暴雨，止于岩下。心悲，乃援琴而鼓之，初为霖雨之操，更造崩山之音。曲每奏，钟子期辄穷其趣。伯牙乃舍琴而叹曰：

"善哉善哉！子之听夫！吾于音何逃哉？"

【原文】

伯牙善鼓琴，钟子期善听。伯牙鼓琴，志在登高山。钟子期曰："善哉！峨峨兮若泰山！"志在流水。钟子期曰："善哉！洋洋兮若江河！"伯牙所念，钟子期必得之。伯牙游于泰山之阴，卒逢暴雨，止于岩下；心悲，乃援琴而鼓之。初为霖雨之操，更造崩山之音。曲每奏，钟子期辄穷其趣。伯牙乃舍琴而叹曰："善哉，善哉，子之听夫！志想象犹吾心也。吾于何逃声哉？"

【清源】

猝逢暴雨

原文为：卒逢暴雨。

改"卒"为"猝"，应该是形近而误，不是通假。猝，音 cù，本义为狗从草丛中突然跑出追人，引申为突然。

善哉善哉！子之听夫！吾于音何逃哉

原文为：善哉，善哉，子之听夫！志想象犹吾心也。吾于何逃声哉？

标点需要修改。

删除"志想象犹吾心也"。理由一，它本身语句不通。理由二，它本身冗余。删除后，文本形式和义理均不存在任何逻辑断裂。

【见一】

峨峨

山体高大。

洋洋

水体盛大。

初为霖雨之操，更造崩山之音

乍看上去是一句非常美妙的话，细想却不能很好解读，故原文很可能有误，要是写作"初操霖雨之曲，更造崩山之音"就好了。

结合"猝逢暴雨，止于岩下。心悲"这样的具体语境，伯牙应该是苦于当下无法脱身的艰难处境。所以，他看到的雨是霖雨，好像永不会停歇似的，心烦。而他看到的山又是崩山，好像要塌了似的，心也烦。

【今译】

伯牙善于鼓琴，钟子期善于听琴。

伯牙鼓琴，要是心中所念的是登临高山，钟子期就会说："真是太好了啊！巍巍兮就好比泰山！"要是心中所念的是踏足流水，钟子期就会说："真是太好了啊！浩浩兮就好比江河！"凡伯牙心中所念，钟子期必能猜中。

伯牙有次游历到了泰山北边，突然遇到暴雨，只得躲雨岩下。因为心中悲戚莫名，便操琴演奏了起来，先是演奏了一段感于眼前暴雨的乐曲，接着又演奏了一段象征山都要塌了的乐曲。伯牙每演奏一首，钟子期都能穷尽伯牙心中的志趣。伯牙于是放下手中的琴叹息说："真有你啊，真有你啊！子期你的听琴功夫！对于声乐来说，我哪里还有藏身之地啊！"

十三

【正本】

周穆王西巡狩，越昆仑，至弇山。反还，未及中国，道有献工，名偃师，穆王问曰："若有何能？"

偃师曰："臣唯命所试。然臣已有所造，愿王先观之。"

穆王曰："日以俱来，吾与若俱观之。"

翌日，偃师谒见王，王曰："若与偕来者何人耶？"

对曰："臣之所造倡者。"

穆王惊视之，趋步俯仰，信人也。掀其颐，则歌合律，捧其手，则舞应节，千变万化，惟意所适。王以为实人也，与盛姬、内御并观之。技将终，倡者瞬其目，而招王之左右侍妾。王大怒，欲立诛偃师。偃师大慑，立剖倡者以示王，皆附会革、木、胶、漆、白、黑、丹、青之所为。王谛之，内则肝、胆、心、肺、脾、肾、肠、胃，外则筋骨、支节、皮毛、齿发，皆假物也，而无不毕具者，合会复如初见。王试废其心，则口不能言。废其肝，则目不能视。废其肾，则足不能步。

穆王始悦而叹曰："人之巧乃可与造化者同功乎？"诏贰车载之以归。

【原文】

周穆王西巡狩，越昆仑，不至弇山。反还，未及中国，道有献工人名偃师，穆王荐之，问曰："若有何能？"偃师曰："臣唯命所试。然臣已有所造，愿王先观之。"穆王曰："日以俱来，吾与若俱观之。"翌日偃师谒见王。王荐之，曰："若与偕来者何人邪？"对曰："臣之所造能倡者。"穆王惊视之，趣步俯仰，信人也。巧夫镇其颐，则歌合律；捧其手，则舞应节。千变万化，惟意所适。王以为实人也，与盛姬内御并观之。技将终，倡者瞬其目而招王之左右侍妾。王大怒，立欲诛偃师。偃师大慑，立剖散倡者以示王，皆傅会革、木、胶、漆、白、黑、丹、青之所为。王谛料之，内则肝、胆、心、肺、脾、肾、肠、胃，外则筋骨、支节、皮毛、齿发，皆假物也，而无不毕具者。合会复如初见。王试废其心，则口不能言；废其肝，则目不能视；废其肾，则足不能步。穆王始悦而叹曰："人之巧乃可与造化者同功乎？"诏贰车载之以归。夫班输之云梯，墨翟之飞鸢，自谓能之极也。弟子东门贾禽滑厘闻偃师之巧以告二子，二子终身不敢语艺，而时执规矩。

【清源】

至弇山

原文为：不至弇山。

删除"不"字，明显是误入。

道有献工，名偃师，穆王问曰

原文为：道有献工人名偃师，穆王荐之，问曰。

原文的错误是显而易见的，但错误究竟是怎么产生的，想不明白，暂且只能设想是简单的传抄错误。

翌日，偃师谒见王，王曰

原文为：翌日偃师谒见王。王荐之，曰。

清源的解释说明同上。

趋步俯仰

原文为：趣步俯仰。

改"趣"为"趋"，明显系笔误。趣步不可理解，趋步则可望文生义，快步走的意思。全书统改，不再一一提及。

掀其颐，则歌合律

原文为：巧夫鑕其颐，则歌合律。

删除"巧夫"。无论按阅读体验，还是按义理逻辑，都明显冗余。

改"鑕"为"掀"。"鑕"不可理解，新华字典里所收录的仅有含义"摇（头）"，就来自注家对此处的解读。但问题是，注家的这个解读，有根据吗？合语境吗？现按后文"捧其手"勉力修正，但未必是最好的字选，期待文字高手补正。鑕，qīn。

立剖倡者以示王

原文为：立剖散倡者以示王。

"散"字明显冗余，后人传抄失误的可能性很大。

附会

原文为：傅会。

无解，只能解读为附会。

王谛之

原文为：王谛料之。

"料"字明显冗余，因为谛的本义为细察、详审，已经完全满足语境需要。

夫班输之云梯，墨翟之飞鸢，自谓能之极也。弟子东门贾禽滑厘闻偃师之巧以告二子，二子终身不敢语艺，而时执规矩

原位于章末，明显破坏了寓言本身的干净、完整，故删除。

【见一】

弇山

弇，音 yǎn。

中国

按常理，应该指周穆王长期工作和生活的地方，相当于今天的首都。

献工

敬献手工技艺的人。

臣唯命所试

大意应该是，您要我做什么我就能做出什么。

倡者

倡。本义为唱歌的艺人。

颐

音 yí，本义为下巴。

贰车

典出《礼记·少仪》，指副车。

【今译】

周穆王西行巡视狩猎，翻过昆仑之后，来到了弇山。返还途中，在还未回到宫中的路上，遇到了一位敬献手工技艺的人，叫偃师。穆王问他："你有什么特别的技艺吗？"

偃师说："凡您想要我做的，我都可以做出来。不过，我手头有现成的，大王您可以先看看。"

穆王说："那你明天把它带来，我跟你一起看看。"

第2天，偃师拜见穆王。穆王说："跟你一起来的人，是谁？"

偃师对答说："我所造的艺人。"

穆王很吃惊地看着它，只见它进退起坐，跟真人没什么两样。掀动它的下巴，唱出的歌声合乎音律。牵起它的双手，跳出的舞蹈符应节拍。总之，它能千变万化，你想怎样它便能怎样。穆王把它当作真人一样对待，叫上嫔妃家眷等前来一起观赏。艺人在表演即将结束时，眨了眨眼，似乎是要勾引穆王身边的侍妾。穆王大怒，想要立即杀掉偃师。偃师吓得半死，赶忙把艺人剖开来展示给穆王看，其实都只不过是些革、木、胶、漆、白、黑、丹、青等组合在一起的结果。穆王仔细看了看，里面有肝、胆、心、肺、脾、肾、肠、胃，外边则附有筋骨、肢节、皮毛、齿发等，都是一些假的物件，但没有一样看上去不像是真的，当将它们重又组合起来后，就又如刚刚看到的样子。穆王尝试着拿开它的心，则艺人就不能开口说话。尝试着拿开它的肺，则艺人就不能用眼睛看。尝试着拿开它的肾，则艺人就不能用双脚走路。

穆王于是转怒为喜，叹息着说："人的技艺竟然可以达到跟造化者比肩的地步吗？"于是下诏让副车将艺人载回宫中。

十四

【正本】

甘蝇，古之善射者，彀弓而兽伏鸟下。弟子名飞卫，学射于甘蝇，而巧过其师。纪昌者，又学射于飞卫。

飞卫曰："尔先学不瞬，而后可言射矣。"

纪昌归，仰卧其妻之机下，以目承牵。二年之后，虽锥末到眦，而不瞬也，以告飞卫。

飞卫曰："未也。必学视而后可。视小如大，视微如著，而后告我。"

昌以毫悬虱于牖，南面而望之。旬日之间，渐大也。三年之后，如车轮焉。以睹余物，皆丘山也。乃射之，贯虱之心，而悬不绝，以告飞卫。

飞卫高蹈拊膺曰："汝得之矣！"

纪昌既尽卫之术，计天下之敌己者，一人而已，乃谋杀飞卫。相遇于野，二人交射，中路矢锋相触而坠于地，尘不扬。飞卫之矢先穷，纪昌遗一矢。既发，飞卫以棘尖扞之，而无差焉。

于是二子泣而投弓，相拜于途，请为父子，刻臂以誓，不得告术于人。

【原文】

甘蝇，古之善射者，彀弓而兽伏鸟下。弟子名飞卫，学射于甘蝇，而巧过其师。纪昌者，又学射于飞卫。飞卫曰："尔先学不瞬，而后可言射矣。"纪昌归，偃卧其妻之机下，以目承牵挺。二年之后，虽锥末倒眦，而不瞬也。以告飞卫。飞卫曰："未也；必学视而后可。视小如大，视微如著，而后告我。"昌以氂悬虱于牖。南面而望之。旬日之间，浸大也；三年之后，如车轮焉。以睹余物，皆丘山也。乃以燕角之弧、朔蓬之簳射之，贯虱之心，而悬不绝。以告飞卫。飞卫高蹈拊膺曰："汝得之矣！"纪昌既尽卫之术，计天下之敌己者，一人而已；乃谋杀飞卫。相遇于野，二人交射；中路矢锋相触，而坠于地，而尘不扬。飞卫之矢先穷。纪昌遗一矢；既发，飞卫以棘刺之矢扞之，而无差焉。于是二子泣而投弓，相拜于途，请为父子。克臂以誓，不得告术于人。

【清源】

仰卧其妻之机下，以目承锥

原文为：偃卧其妻之机下，以目承牵挺。

改"偃卧"为"仰卧"。理由一，纯从语境看，"偃卧"必须为"仰卧"，不可能有任何其他解读。理由二，仰卧一看就懂，"偃卧"必须解读才懂。由于偃的本义为仰卧，所以，如要严格按古汉语习惯，改"偃卧"为"偃"最好，正如本篇第十六节的"时黑卵之醉偃于牖下"。

改"牵挺"为"锥"。理由一，从后文"虽锥末到眦"看，锥能完全满足语境需要，且完全合乎义理逻辑。理由二，"牵挺"是什么，没人知道。传统都将其解注为踏脚板，完全自话自说，找不到任何实物证据。且不说那个时代有没有踏脚板，就算有，眼睛看着踏脚板想干什么呢？飞卫要学的是不瞬，看踏脚板能学到不瞬吗？看锥才能学到不瞬。锥，原文可能是梭，即织布的梭子，两头尖，中间粗。它在织布时，梭尖必定因速度快让人害怕而眨眼，更何况迫近眼角。由于原文有"虽锥末到眦"，且锥作为织布用的常用工具，锥尖有与梭尖让人眨眼的相同功效，所以就尽量保持原样了。

昌以毫悬虱于牖

原文为：昌以氂悬虱于牖。

改"氂"为"毫"，估计因形近而误。氂，音 máo，同牦，本义为牦牛尾，一般指牦牛，明显不合语境需要。而毫，即长而尖的毛，完全满足语境需要。

渐大也

原文为：浸大也。

应该是传抄错误，完全没必要搞通假。

乃射之

原文为：乃以燕角之弧、朔蓬之簳射之。

完全不是因为"燕角之弧、朔蓬之簳"不容易明白，而只是语境根本就不需要它。

中路矢锋相触而坠于地，尘不扬

原文为：中路矢锋相触，而坠于地，而尘不扬。

两者孰优孰劣，一眼便明。

飞卫以刺尖扞之

原文为：飞卫以棘刺之矢扞之。

"棘刺之矢"是什么东西，解释不清，也不合语境。语境是，飞卫已经没有箭了，难道是用棘刺作箭？棘刺又是什么东西呢？它怎么突然就可以作箭了呢？查新华字典，棘刺（jícì）是指豪猪等脊背上长的硬而长的刺，泛指动植物体上的针状物，这个意思怎么也吻合不到语境。但如果是刺尖，就非常吻合语境了。也就是说，飞卫不是拿所谓的棘刺之箭来扞纪昌之箭，而是随手拿起一根刺，用刺尖就触坠了纪昌的箭。扞，音 hàn，捍的古异体字。之所以没有改，是因为"扞，捍的古异体字"本身就非常值得怀疑。但因为找不到合适的替代者，就暂且保留，待来日或是后人修正。

刻臂以誓

原文为：克臂以誓。

应该因音近而误。

【见一】

彀

音 gòu，使劲张弓。

眦

音 zì，本义为眼角。

高蹈拊膺

含义等同于手舞足蹈、兴高采烈等词。拊膺，音 fǔ yīng，拍胸。

【今译】

甘蝇，古代一位长于射箭的高手，只要他满弓出手，就没有射不中的鸟兽。他的一位弟子，名叫飞卫，曾经拜师于甘蝇，但射技比老师还好。纪昌，又拜师于飞卫。

飞卫说："你得先练习眼睛不眨，然后才谈得上射箭。"

纪昌回到家里，仰卧在他妻子的织布机底下，眼睛盯着妻子手中的锥子看。两年之后，即便他妻子手中锥子的锥尖快要触碰到了他的眼角，他的眼睛还是能一眨不眨。于是，纪昌跑去告诉飞卫。

飞卫说："还不行。还必须练习视力才可以。等你能视小如大、视微如著时，再来告我。"

纪昌于是用毫毛吊着一只跳蚤挂在窗户上，从南面每天盯着看。半月过去，跳蚤渐渐变得大了起来。三年之后，跳蚤看上去就如一个车轮。而看到的其他物品，都像山丘一般高大。此时纪昌再用箭射击跳蚤，箭从跳蚤正中穿过，而跳蚤还被吊着。于是，纪昌跑去告知飞卫。

飞卫高兴坏了，手舞足蹈地说："你大功告成了！"

纪昌在完全掌握了飞卫的射技后，心想全天下能和我抗衡的，也就一人而已，于是起心谋杀飞卫。两人有次在郊野恰好相遇，两人对射，箭在中间相触碰而掉落地上，连一丝尘埃都没有扬起。飞卫的箭先用完，纪昌还剩有一支。当纪昌射出最后一箭时，飞卫随手拿起一根刺用刺尖就将纪昌的箭给挡了下来，竟然没有分毫差错。

于是两人泣而投弓，相拜于途，请为父子，还在手臂上刻字盟誓，不得再将射技传授给其他任何人。

十五

【正本】

造父之师曰泰豆。造父之始从习御也，执礼甚卑，泰豆三年不告。造父执礼愈谨，乃告之曰："古诗言：'良弓之子，必先为箕。良冶之子，必先为裘。'汝先观吾趋。趋如吾，然后六辔可持，六马可御。"

造父曰："唯命所从。"泰豆乃立木为途，仅可容足，计步而置，履之而行，趋走往还，无跌失也。造父学之，三日尽其巧。

泰豆叹曰："子何其敏也？得之捷乎！凡所御者，亦如此也。向汝之行，得之于足，应之于心。推于御也，齐马乎辔衔之际，而急缓乎唇吻之和，正度乎胸臆之中，而执节乎掌握之间，内得于中心，而外合于马志，是故能进退履绳，旋曲中规，取道致远，而气力有余。诚得其术也，得之于衔，应之于辔，得之于辔，应之于手，得之于手，应之于心，则不以目视，不以策驱，心闲体正，六辔不乱，而二十四蹄所投无差，回旋进退，莫不中节。然后舆轮之外可使无余辙，马蹄之外可使无余地，未尝觉山谷之险，原隰之夷，视之一也。吾术穷矣，汝其识之！"

【原文】

造父之师曰泰豆氏。造父之始从习御也，执礼甚卑，泰豆三年不告。造父执礼愈谨，乃告之曰："古诗言：'良弓之子，必先为箕；良冶之子，必先为裘。'汝先观吾趣。趣如吾，然后六辔可持，六马可御。"造父曰："唯命所从。"泰豆乃立木为途，仅可容足；计步而置，履之而行。趣走往还，无跌失也。造父学之，三日尽其巧。泰豆叹曰："子何其敏也？得之捷乎！凡所御者，亦如此也。曩汝之行，得之于足，应之于心。推于御也，齐辑乎辔衔之际，而急缓乎唇吻之和，正度乎胸臆之中，而执节乎掌握之间。内得于中心，而外合于马志，是故能进退履绳而旋曲中规矩，取道致远而气力有余，诚得其术也。得之于衔，应之于辔；得之于辔；应之于手；得之于手，应之于心。则不以目视，不以策驱；心闲体正，六辔不乱，而二十四蹄所投无差；回旋进退，莫不中节。然后舆轮之外可使无余辙，马蹄之外可使无余地；未尝觉山谷之险，原隰之夷，视之一也。吾术穷矣。汝其识之！"

【清源】

造父之师曰泰豆

原文为：造父之师曰泰豆氏。

"氏"明显系笔误，务必删除，且绝对不是吹毛求疵。

推于御也，齐马乎辔衔之际，而急缓乎唇吻之和，正度乎胸臆之中，而执节乎掌握之间，内得于中心，而外合于马志，是故能进退履绳，旋曲中规，取道致远，而气力有余

原文为：推于御也，齐辑乎辔衔之际，而急缓乎唇吻之和，正度乎胸臆之中，而执节乎掌握之间。内得于中心，而外合于马志，是故能进退履绳而旋曲中规矩，取道致远而气力有余，诚得其术也。

大量改动标点，以使文本能被通畅理解，不一一提及，以免啰唆。

改"辑"为"马"。理由一，从全章整体看，明显是御马而不是御车。理由二，从句子本身看，"辔衔"指御马的缰绳和嚼子，所以辑必为马。辑的本义为车厢。

"诚得其术也"必须归于后句。

【见一】

造父之始从习御也，执礼甚卑，泰豆三年不告

这句话的重点在三年不告。三年不告不是故意刁难，而是锻炼心志，磨炼意志，这比单纯学习御马的技艺更重要，此时此事耐心是第一才华。后文"不以目视，不以策驱，心闲体正，六辔不乱"是其最好的注脚。

良弓之子，必先为箕。良冶之子，必先为裘

完全不知道本身是什么意思。但从后文"汝先观吾趋。趋如吾，然后六辔可持，六马可御"以及"凡所御者，亦如此也"看，应该喻指要真正做好一件事，必须先把这件事的原理或是道弄懂。

六马

古代天子的车驾是用六匹马拉的。

齐马乎辔衔之际，而急缓乎唇吻之和，正度乎胸臆之中，而执节乎掌握之间

言语太过专业，只有真正御过马的人才可能"得之于衔，应之于辔，得之于辔，应之于手，得之于手，应之于心"，这里就不糊弄了，【今译】不译。

辔衔。音 pèi xián，御马的缰绳和嚼子。所谓嚼子，这里应该特指连着缰绳上套在马嘴巴上的金属部分，借以控制马匹的活动。

进退履绳，旋曲中规

指马无论前进后退，还是转弯回头，都能够完全符合御马人的心愿。绳，准绳。规，规定。

原隰

广平与低湿之地。隰，音 xí，本义为低湿之地。

【今译】

造父的老师叫泰豆。造父开始师从泰豆学习御马之道时，执礼非常谦卑，但泰豆三年都不教他。造父执礼愈显谦卑，泰豆这才教他说："古诗说'良弓之子，必先为箕。良冶之子，必先为裘'，你先观察一下我如何走步。要是你的走步能跟我一样，那就六辔可持，六马可御了。"

造父说："老师您只管说，我完全听从就好了。"泰豆于是立起一些木桩在路上，每根木桩只够踏上一只脚，木桩距离按步幅大小摆放，然后泰豆走上木桩，在木桩上快步往返，没有出现任何跌落闪失。造父只花了三天时间，便掌握了在木桩上快步往返的全部技巧。

泰豆于是惊叹道："你也太聪敏了啊！学得这么快！一切御马的窍门，都在其中了。你刚刚所学到手的，不过就是得之于足，应之于心。把它类推到御马之道上，齐马乎辔衔之际，而急缓乎唇吻之和，正度乎胸臆之中，而执节乎掌握之间，内得于中心，而外合于马志，所以能使马无论前行还是后退，无论转弯还是掉头，也无论马跑了多远，都会气力有余。你真正掌握这其中的道后，就能得之于衔，应之于辔，得之于辔，应之于手，得之于手，应之于心，御马时就能既不用瞪眼看马，也不用对马吆三喝四，安闲端正地坐着就行，六马的缰绳不会有任何的错乱，六马的奔跑也不会有任何的差错，马匹们的回旋进退，没有一个会踏错节奏。然后，车轮绝对不会有丝毫的悬空，马蹄之外也不会有丝毫的多余之地，你也感觉不到究竟是在山谷之险中行走，还是在平湿之地行走，它们看起来都好像一样。我的御马之道就这些了，你好好记住就行了！"

十六

【正本】

魏黑卵杀丘邴章，邴章之子来丹谋报父之仇。来丹气甚猛，形甚弱，计粒而食，顺风而趋。耻假力于人，誓手屠黑卵。黑卵悍志绝众，力抗百夫，节骨皮肉，非人类也。延颈承刀，披胸受矢，而体无挞痕。负其材力，视来丹犹鷇也。

来丹之友申他曰："子怨黑卵至矣，黑卵之卑子过矣，将奚谋焉？"

来丹垂涕曰："愿子为我谋。"

申他曰："吾闻卫孔周，其祖得殷帝之宝剑，一童子执之，却三军之众，奚不请焉？"

来丹遂适卫，见孔周，执仆役之礼，请先纳妻子，后言所欲。

孔周曰："吾有三剑，唯子所择，皆不能杀人，且先言其状。一曰含光。视之不可见，运之不知有，其所触也，泯然无际，经物而物不觉；二曰承影。将旦昧爽之交，日夕昏明之际，北面而察之，淡淡焉若有物存，莫识其状，其所触也，窃窃然有声，经物而物不疾也；三曰宵练。方昼则见影而不见光，方夜见光而不见形，其触物也，騞然而过，随过随合，觉疾而不血刃焉。此三宝者，传之十三世矣，而无施于事，匣而藏之，未尝启封。"

来丹曰："虽然，吾必请其三者。"孔周乃归其妻子，与斋七日，晴阴之间，跪而授其剑，来丹再拜，受之以归。

来丹遂执剑从黑卵。时黑卵醉偃于牖下，自颈至腰三斩之。黑卵不觉，来丹以黑卵已死，趋而退。遇黑卵之子于门，击之三下，如投虚。黑卵之子方笑曰："汝何三招予？"来丹知剑之不能杀人也，叹而归。

黑卵既醒，怒其妻曰："醉而露我，使人喉疾而腰急。"

其子曰："向来丹之来，遇我于门，三招我，亦使我体疾而肢僵，彼其厌我哉？"

【原文】

魏黑卵以暱嫌杀丘邴章，丘邴章之子来丹谋报父之仇。丹气甚猛，形甚露，计粒而食，顺风而趋。虽怒，不能称兵以报之。耻假力于人，誓手剑以屠黑卵。黑卵悍志绝众，力抗百夫。节骨皮肉，非人类也。延颈承刀，披胸受矢，铓锷摧屈，而体无痕挞。负其材力，视来丹犹雏鷇也。来丹之友申他曰："子怨黑卵至矣，黑卵之易子过矣，将奚谋焉？"来丹垂涕曰："愿子为我谋。"申他曰："吾闻卫孔周其祖得殷帝之宝剑，一童子服之，却三军之众，奚不请焉？"来丹遂适卫，见孔周，执仆御之礼，请先纳妻子，后言所欲。孔周曰："吾有三剑，唯子所择；皆不能杀人，且先言其状。一曰含光，视之不可见，运之不知有。其所触也，泯然无际，经物而物不觉。二曰承影，将旦昧爽之交，日夕昏明之际，北面而察之，淡淡焉若有物存，莫识其状。其所触也，窃窃然有声，经物而物不疾。三曰宵练，方昼则见影而不见光，方夜见光而不见形。其触物也，騞然而过，随过随合，觉疾而不血刃焉。此三宝者，传之十三世矣，而无施于事。匣而藏之，未尝启封。"来丹曰："虽然，吾必请其下者。"孔周乃归其妻子，与斋七日。晏阴之间，跪而授其下剑，来丹再拜受之以归。来丹遂执剑从黑卵。时黑卵之醉偃于牖下，自颈至腰三斩之。黑卵不觉。来丹以黑卵之死，趣而退。遇黑卵之子于门，击之三下，如投虚。黑卵之子方笑曰："汝何蚩而三招予？"来丹知剑之不能杀人也，叹而归。黑卵既醒，怒其妻曰："醉而露我，使人嗌疾而腰急。"其子曰："畴昔来丹之来，遇我于门，三招我，亦使我体疾而支强，彼其厌我哉！"

【清源】

魏黑卵杀丘邴章

原文为：魏黑卵以暱嫌杀丘邴章。

不是因为"暔嫌"完全不可理解而要删除，而是因为它根本就没有语境需要而必须删除。

形甚弱

原文为：形甚露。

改"露"为"弱"，明显因音近而误。

耻假力于人，誓手屠黑卵

原文为：虽怒，不能称兵以报之。耻假力于人，誓手剑以屠黑卵。

删除"虽怒，不能称兵以报之"。明显跟语境不搭，甚至矛盾。

改"誓手剑以屠黑卵"为"誓手屠黑卵"。猜不出原文会因为什么而如此错乱。手屠，构词法完全等同于手刃。

而体无挞痕

原文为：铓锷摧屈，而体无痕挞。

删除"铓锷摧屈"。不知道因为什么原因而混入正文。删除后，文本清晰、自然。

改"痕挞"为"挞痕"。显而易见，无须多言。挞，音 tà，本义为用鞭子或棍子打。

视来丹犹毂也

原文为：视来丹犹雏毂也。

删除"雏"，因为"毂"本身就是指初生的小鸟。毂，音 kòu。

黑卵之卑子过矣

原文为：黑卵之易子过矣。

改"易"为"卑"，明显因形近而误。

一童子执之

原文为：一童子服之。

改"服"为"执"。理由一，服不好理解。理由二，后文有"来丹遂执剑从黑卵"可供借鉴，因为"之"明显就是指剑。

执仆役之礼

原文为：执仆御之礼。

改后一看便明，原文须解读才懂。

吾必请其三者

原文为：吾必请其下者。

改"下"为"三"。理由一，原文的语境，怎么也读不出"下"的意思来，所以下应该是三的误辨误抄。理由二，从"使人颈疾而腰急"看，来丹所拿的剑，显然是"觉疾而不血刃焉"的"三曰宵练"。

晴阴之间

原文为：晏阴之间。

改"晏"为"晴"。理由一，晏必须解读为晴，否则无解。晏的本义为晴朗。理由二，来丹拿走的剑显然是宵练，而宵练剑的特性是"方昼则见影而不见光，方夜见光而不见形"。所以，交接剑时，要选择在非昼非夜，非昼非夜很可能就相当于晴阴之间。

时黑卵醉偃于牖下

原文为：时黑卵之醉偃于牖下。

删除明显冗余的"之"。

来丹以黑卵已死

原文为：来丹以黑卵之死。

改"之"为"已"，明显因形近而误。

汝何三招予

原文为：汝何蚩而三招予。

删除"蚩而"二字。理由一，本身不知道是什么意思。理由二，后文有"遇我于门，三招我"可供印证。理由三，清源后的文本，清晰、自然。

使人喉疾而腰急

原文为：使人嗌疾而腰急。

据前文"自颈至腰三斩之"，改"嗌"为"喉"。嗌，音 yì，咽喉。

向来丹之来

原文为：畴昔来丹之来。

改"畴昔"为"向"。"畴昔"不可理解，"向"则一直被列子用来表达刚刚的过去。

亦使我体疾而肢僵

原文为：亦使我体疾而支强。

改"支强"为"肢僵"。理由一，显而易见。理由二，强的古体为彊，僵容易被误认为彊，彊后又被误认为强，都是因为对文本没有基本理解的结果。

【见一】

全章

本寓言想要表达什么样的寓意，完全不清楚。但寓言的场景设计极具想象力，且十分优美，故愿意为之付出心力而作了解注。

丘邴章

丘是姓还是地方呢？两可，因为不牵涉对寓言其他地方的任何理解。但考虑到古文的行文习惯，理解为地点较好，因为如果是姓，不增加任何信息，而如果是地方，则增加了信息。

悍志绝众

不太能在文字上一一解读清楚，但大意是清晰的，就是彪悍到无人能比。

执仆役之礼

明显的象征用法，表示极其谦卑。

视之不可见，运之不知有，其所触也，泯然无际，经物而物不觉

因为含光剑本身在人世间并不存在，所以很不好理解。但既然是寓言，既然又名含光，不如就索性将含光剑理解为光本身，因为光本身确实就"视之不可见，运之不知有，其所触也，泯然无际，经物而物不觉"。

泯然无际。宝剑与所接触的东西之间，没有任何间隙。泯，本义为灭、尽。

将旦昧爽之交，日夕昏明之际，北面而察之，淡淡焉若有物存，莫识其状，其所触也，窃窃然有声，经物而物不疾也

也是因为承影剑本身在人世间并不存在，所以同样很不好理解。不同的是，含光剑可以按光理解，承影剑却无法按影理解。至于承影剑究竟特性怎样，尽管文本已经作了描述，但确实还是弄不明白。【今译】只能含混而将就，因为它并不影响寓意的正确解读。也就是说，如果将含光剑和承影剑的具体特性完全略去，也丝毫不影响寓言的寓意。

吾必请其三者

来丹为什么要请拿宵练剑，似乎无法从文本本身读出。张湛将其解注为"以其可执可见，故受其下者"，并无文本自身逻辑支撑，不可取。

彼其厌我哉

本来一句含义很显明的话，但因为有后世注家将"厌"解读为"古代方士的一种巫术"即厌胜术，而增加了文本理解的混乱。就文本本身看，无论如何都看不出黑卵之子会将来丹的"三招我，亦使我体疾而肢僵"看作是一种巫术。那厌究竟想表达什么呢？就是字面义，憎恶。"来丹谋报父之仇"，"遇黑卵之子于门"，自然而然会憎恶，所以才会"击之三下"。

【今译】

魏国的黑卵杀死了丘地的邢章，邢章的儿子来丹誓死为父亲报仇。来丹虽然心气很强，但长得很弱，吃饭都只能小口，走路也只能顺风。他耻于假手他人，发誓要亲手杀死黑卵。可是黑卵彪悍凶猛，无人能及，独自一人便可力抗百夫，节骨皮肉，非常人能比。伸长脖子受刀，敞开胸脯受箭，而毫发无伤。他凭借自身的超强体质，把来丹当作一只幼鸟一般对待。

来丹的朋友申他说："你对黑卵的怨恨到了极点，而黑卵对你的鄙视也到了极点，你有什么打算吗？"

来丹含着眼泪说："想请你帮我出出主意。"

申他说："我听说卫国有位叫孔周的人，他的祖上曾得到过殷帝的宝剑。即便是一个孩子手拿殷帝的宝剑，也能击退三军之多的人马。你为什么不前去看看呢？"

来丹于是来到了卫国，拜见了孔周，在行了一番最最谦卑的礼仪并把自家的妻小全都押上后，说出了自己的心中所想。

孔周说："我有三把宝剑，你可以拿走其中任意一把。不过，任何一把都不能将人杀死，我先给你介绍介绍。一把叫含光。你用眼睛看，看不到它的形状。你用手挥舞，感觉不到它的存在。凡它之所触及，则跟所触及的东西之间，不会存有任何间隙，经过的任何东西都对它没有觉察；一把叫承影。在天将亮未亮的黎明时分，或是在天将黑未黑的垂暮之时，从它的背面透视它，它看上去若有若无，没人能描述它的形状。凡它所触及的东西，都发出隐隐约约的声响。凡它所经历过的东西，都不会受到破坏；一把叫宵练。快要天亮时，它见影而不见光。快要天黑时，它见光而不见形。凡它所触及的东西，哗的一声便过去了，随过随合，被触及的东西只是觉得有点疼痛，但并不会流血。这三把宝剑，传到我这里已经有十三世了，但从来没有试用过，都放在匣子里藏着，从未启封。"

来丹说："虽是这么说，我还是要借用第三把。"孔周于是将来丹的妻小归还，斋戒了七天七夜，在一个晴阴交接的时刻，跪着将剑借用给了来丹。来丹也跪在地上，接受了宝剑，并回到了家里。

来丹于是拿着宝剑来找黑卵报仇。当时，黑卵刚好喝多了，就仰面躺在窗下。来丹对着黑卵，从脖子到腰连砍了三剑。黑卵根本没有觉察到，来丹以为黑卵已被砍死，赶忙从屋子里退出来。在屋子的门口，刚好遇到黑卵的孩子，于是对着孩子砍了三剑，却好像对空砍了三剑。黑卵的孩子笑着说："你为什么要对我挥三次手啊？"来丹这下才明白，宝剑并不能把人杀死，于是一路叹息着回到了家里。

黑卵醒来后，埋怨他的妻子说："我就喝多了点，你竟然让我躺在露天，害得我脖子疼腰也疼。"

他的孩子又说："来丹刚刚来过，他在门口遇到我，向我挥了三次手，也使我感到全身疼痛而四肢僵硬。他难道很憎恨我吗？"

十七

【原文】

周穆王大征西戎，西戎献锟铻之剑，火浣之布。其剑长尺有咫，练钢赤刃；用之切玉如切泥焉。火浣之布，浣之必投于火；布则火色，垢则布色；出火而振之，皓然疑乎雪。皇子以为无此物，传之者妄。萧叔曰："皇子果于自信，果于诬理哉！"

【见一】

完全不知道文本想要表达什么，似乎只是一个猎奇故事而已，看不出有任何思想价值，故不解，不注，不译。

力命第六

一

【正本】

力谓命曰："若之功奚若我哉？"

命曰："汝奚功于物而欲比朕？"

力曰："寿夭、穷达、贵贱、贫富，我力之所能也。"

命曰："彭祖之智不出尧舜之上，而寿八百；颜渊之才不出众人之下，而寿四十。仲尼之德不出诸侯之下，而困于陈蔡；殷纣之行不出三仁之上，而居君位。季札无爵于吴，田恒专有齐国。夷齐饿于首阳，季氏富于展禽。若是汝力之所能，奈何寿彼而夭此，穷圣而达逆，贱贤而贵愚，贫善而富恶耶？"

力曰："若如若言，我固无功于物，而物若此，则若之所制耶？"

命曰："既谓之命，奈何有制之者耶？朕直而推之，曲而任之，自寿自夭，自穷自达，自贵自贱，自富自贫。朕岂能制之哉？朕岂能制之哉！"

【原文】

力谓命曰："若之功奚若我哉？"命曰："汝奚功于物而欲比朕？"力曰："寿夭、穷达、贵贱、贫富，我力之所能也。"命曰："彭祖之智不出尧、舜之上，而寿八百；颜渊之才不出众人之下，而寿十八。仲尼之德不出诸侯之下，而困于陈、蔡；殷纣之行不出三仁之上，而居君位。季札无爵于吴，田恒专有齐国。夷、齐饿于首阳，季氏富于展禽。若是汝力之所能，奈何寿彼而夭此，穷圣而达逆，贱贤而贵愚，贫善而富恶邪？"力曰："若如若言，我固无功于物，而物若此邪，此则若之所制邪？"命曰："既谓之命，奈何有制之者邪？朕直而推之，曲而任之。自寿自夭，自穷自达，自贵自贱，自富自贫，朕岂能识之哉？朕岂能识之哉？"

而寿四十

原文为：而寿十八。

改"十八"为"四十"。彭祖是虚拟人物，岁数可以虚拟。颜渊是实有人物，岁数不可以虚拟，以免误传。据查，颜渊生于前521，卒于前481年，活了四十岁。

而物若此，则若之所制耶

原文为：而物若此邪，此则若之所制邪。

"邪""此"二字明显冗余，故删除。

朕岂能制之哉？朕岂能制之哉！

原文为：朕岂能识之哉？朕岂能识之哉？

这两句话明显是接"既谓之命，奈何有制之者耶"说的，所以，"识"应该是"制"的讹误。

结尾用惊叹号，会更契合语境一些。

【见一】

三仁

语出《论语·微子》，"微子去之，箕子为之奴，比干谏而死。孔子曰：'殷有三仁焉。'"

季札

历史实有人物，吴国人，据说品德高尚，远见卓识，三次让国，广交贤士，周游列国，提倡礼乐，宣扬儒家思想，没有具体职位，故曰无爵。

田恒

即田成子。公元前481年，田成子发动政变，杀死了阚止和齐简公，拥立齐简公的弟弟为国君。之后，田恒独揽齐国大权。这就是成语"窃钩者诛，窃国者侯"的由来。

夷齐

即伯夷和叔齐。据《史记·伯夷列传》载，"伯夷、叔齐，孤竹君之二子也。父欲立叔齐，及父卒，叔齐让伯夷。伯夷曰：'父命也'。遂逃去，叔齐亦不肯立而逃之。后二人饿死于首阳山。"

季氏富于展禽

季氏。春秋战国时鲁国的卿家贵族，掌握鲁国实权。

展禽。含义很难确定。过往注家一般将之解注为柳下惠，即坐怀不乱的那个柳下惠，这在形式逻辑上没有问题，但义理逻辑绝对不通，没有历史实证证明柳下惠以富有著称。既合形式逻辑又合义理逻辑的，只能将其解注为地名。

朕直而推之，曲而任之

可以肯定是一句非常富有哲理的话，但如何解读清晰明确，颇费思量。由于"朕"就是"命"自身，所以，这句话如果改为"命直而推之，曲而任之"可能会较为容易理解一点，但还是无法清晰明确。所以，只能暂且放下，待来日进步了或是出现他山高人，再行解读之。【今译】不译。

朕岂能制之哉

一定要在语境中来理解，否则，必定会出错。事实上，过往解注全都因为脱离语境解读而出错了。正确的解读是，它是被动语态，意思是说，我怎么能被制服呢？

【今译】

力对命说："你的作用怎么能赶得上我呢？"

命说："你对人世间能起什么作用，竟然还想跟我比？"

力说："寿夭、穷达、贵贱、贫富，都是我力作用的结果。"

命说："彭祖的智慧并不比尧舜高，但活了八百岁。颜渊的才学并不在众人低，却只活了四十岁。圣人孔子的德行并不比诸侯低，可被围困于陈蔡之间。逆贼殷纣的德行并不比微子、箕子、比干好，却贵为国君。贤明的季札在吴国没有一官半职，愚蠢的田恒却专有齐国。善良的伯夷和叔齐饿死于首阳山，邪恶的季孙氏却成了展禽的富翁。如果说你力的作用很大，奈何寿彼而夭此，穷圣而达逆，贱贤而贵愚，贫善而富恶啊？"

力说："那照你的说法，我固然对人世间作用不大，而人世间这种种怪相，难道都是你制服的结果？"

命说："既然都叫作命了，哪里还有什么制服不制服啊？命都是直而推之，曲而任之，自寿自夭，自穷自达，自贵自贱，自富自贫。我哪里还能被制服啊？我哪里还能被制服啊！"

二

【正本】

北宫子谓西门子曰："朕与子，并世而子达，并族而子敬，并貌而子爱，并言而子用，并行而子诚，并仕而子贵，并农而子富，并商而子利。朕衣则裋褐，食则茹菽，居则蓬室，出则徒行。子衣则文锦，食则粱肉，居则连欐，出则结驷。在家熙然有弃朕之心，在朝谔然有敖朕之色，请谒不相及，遨游不同行，固有年矣。子自以德过朕耶？"

西门子曰："予无以知其实。汝造事而穷，予造事而达，此厚薄之验欤？而皆谓与予并，汝之颜厚矣！"

北宫子无以应，自失而归，中途遇东郭先生。先生曰："汝奚往而反，偊偊而步，有深愧之色耶？"北宫子言其状。

东郭先生曰："吾将舍汝之愧，与汝之西门子而问之。"曰："汝奚辱北宫子之深乎？固且言之。"

西门子曰："北宫子言世族、年貌、言行与予并，而贱贵、贫富与予异。予语之曰：'予无以知其实。汝造事而穷，予造事而达，此厚薄之验欤？而皆谓与予并，汝之颜厚矣！'"

东郭先生曰:"汝之言厚薄,不过言才之差。吾之言厚薄,异于是矣。夫北宫子厚于德,薄于命。汝厚于命,薄于德。汝之达,非智得也。北宫子之穷,非愚失也。皆天也,非人也。而汝以命厚自矜,北公子以德厚自愧,皆不识夫固然之理矣。"

西门子曰:"先生止矣!予不敢复言。"

北宫子既归。衣其裋褐,有狐貉之温。进其茙菽,有稻粱之味。庇其蓬室,若广厦之荫。乘其筚辂,若文轩之饰。终身适然,不知荣辱之在彼也,之在我也。

东郭先生闻之曰:"北宫子之寐久矣,一言而能寤,易悟也哉!"

【原文】

北宫子谓西门子曰:"朕与子并世也,而人子达;并族也,而人子敬;并貌也,而人子爱;并言也,而人子庸;并行也,而人子诚;并仕也,而人子贵;并农也,而人子富;并商也,而人子利。朕衣则裋褐,食则粢粝,居则蓬室,出则徒行。子衣则文锦,食则粱肉,居则连欐,出则结驷。在家熙然有弃朕之心,在朝谔然有敖朕之色。请谒不相及,遨游不同行,固有年矣。子自以德过朕邪?"西门了曰:"予无以知其实。汝造事而穷,予造事而达,此厚薄之验欤?而皆谓与予并,汝之颜厚矣。"北宫子无以应,自失而归。中途遇东郭先生。先生曰:"汝奚往而反,偊偊而步,有深愧之色邪?"北宫子言其状。东郭先生曰:"吾将舍汝之愧,与汝更之西门氏而问之。"曰:"汝奚辱北宫子之深乎?固且言之。"西门子曰:"北宫子言世族、年貌、言行与予并,而贱贵、贫富与予异。予语之曰:'予无以知其实。汝造事而穷,予造事而达,此将厚薄之验欤?而皆谓与予并,汝之颜厚矣。'"东郭先生曰:"汝之言厚薄不过言才德之差,吾之言厚薄异于是矣。夫北宫子厚于德,薄于命;汝厚于命,薄于德。汝之达,非智得也;北宫子之穷,非愚失也。皆天也,非人也。而汝以命厚自矜,北公子以德厚自愧,皆不识夫固然之理矣。"西门子曰:"先生止矣!予不敢复言。"北宫子既归,衣其裋褐,有狐貉之温;进其茙菽,有稻粱之味;庇其蓬室,若广厦之荫;乘其筚辂,若文轩之饰。终

248

身逌然，不知荣辱之在彼也，在我也。东郭先生闻之曰："北宫子之寐久矣，一言而能寤，易悟也哉！"

【清源】

朕与子，并世而子达，并族而子敬，并貌而子爱，并言而子用，并行而子诚，并仕而子贵，并农而子富，并商而子利。朕衣则裋褐，食则菽藜，居则蓬室，出则徒行

原文为：朕与子并世也，而人子达；并族也，而人子敬；并貌也，而人子爱；并言也，而人子庸；并行也，而人子诚；并仕也，而人子贵；并农也，而人子富；并商也，而人子利。朕衣则裋褐，食则粢粝，居则蓬室，出则徒行。

改"朕与子并世也，而人子达；并族也，而人子敬；并貌也，而人子爱；并言也，而人子庸；并行也，而人子诚；并仕也，而人子贵；并农也，而人子富；并商也，而人子利"为"朕与子，并世而子达，并族而子敬，并貌而子爱，并言而子用，并行而子诚，并仕而子贵，并农而子富，并商而子利。"原文太啰唆。按古汉语习惯，改动后的文本跟原文意思上没有任何不同，但行文明显要简明流畅很多。

改"食则粢粝"为"食则菽藜"，以使其与后文"进其菽藜，有稻粱之味"相一致。粢粝，音 zī lì，粗劣的饭食。菽藜，róng shū，大豆，也不知道对不对，字典上只有这一种解释，看上去没什么道理。

与汝之西门子而问之

原文为：与汝更之西门氏而问之。

去"更"，改"氏"为"子"，明显误辨或误抄。

此厚薄之验欤

原文为：此将厚薄之验欤。

去掉"将"，以使与前文相一致。

终身适然，不知荣辱之在彼也，之在我也

原文为：终身逌然，不知荣辱之在彼也，在我也。

改"逌然"为"适然"。逌，音 yōu，古异体字，不知道是什么意思。字典上的含义就来自此处，不可靠。如改为适，则非常合乎语境需要。

在"在我也"前加"之"，顺口很多。

【 见一 】

裋褐

音 shù hè，粗布衣服。

蓬室

穷人所住的草屋。

粱肉

不知道究竟是什么。从语境看，它跟茇菽相对。既然茇菽是低劣的食物，那粱肉应该是精美的食物。由于整个寓言的文本拟定的不是很好，雕琢痕迹太重，所以好几个地方都无法清晰解读，这里只是其中之一。

连欐

形容房屋宽广连片。

结驷

指乘驷马高车的显贵。

熙

音 xī，含义甚是不明。由于它必须跟"嫌弃"相关联，故很可能原字有误。如原字无误，则熙然相当于为公然，请借助【今译】更进一步理解。

谔

音 è，本义为正直的话。结合语境，谔然应该是指无所顾忌的样子，跟前文的熙然相当。

予无以知其实。汝造事而穷，予造事而达，此厚薄之验软？而皆谓与予并，汝之颜厚矣

还是因为文本不好的原因，理解起来不是那么顺畅。大意是：我不知道这其中究竟是因为什么。不过，既然你做事总是不顺，而我做事总是很顺，这已经用事实验证了我的德行比你厚。而你不顾已经验证了的事实，竟然还要说你的德行各方面都跟我一样，你的脸皮真是厚。根据后文"汝之言厚薄，不过言才之差"，西门子不知道的原因，其实不是因为德（才）的差别，而是命的差别。西门子听了东郭先生的话后，应该是听懂了并表示认同，所以才会说"先生止矣！予不敢复言"。

偶偶

音 yúyú，孤零零地一个人行走。

狐貉

指狐、貉的毛皮制成的皮衣。貉，音 hé。

筚辂

柴车，多以荆竹编织而成，简陋无饰。

【 **今译** 】

北宫子对西门子说："我与你，一起共事而你顺达，同为一族而你受人尊敬，穿一样的衣而你受人爱戴，说一样的话而你被人接纳，一样的行为方式而你显得真诚，一起做官而你尊贵，一起务农而你丰收，一起经商而你发财。我穿的是粗衣烂布，吃的粗茶淡饭，住的茅棚草屋，出门则全靠双脚。你穿的是绫罗绸缎，吃的是山珍海味，住的是连廊华屋，出门则驷马大车。在家你公然对我表示嫌弃，在朝你毫不顾及我的颜面。我们之间的不相往来，我们之间的错道而行，已经很有一些年头了。你是不是自以为你的德行比我高啊？"

西门子说："我也不知道这其中的原委。只是，你既然做事总是困顿，而我做事总是顺达，这难道不是已经证明我的德行比你高了吗？而你却还要在这里说你的德行跟我一样，你的脸皮也太厚了吧！"

北宫子无言以对，失魂落魄地往回走。路上，他遇到了东郭先生。东郭先生问："你从哪里回来啊？孤零零的一个人，怎么一脸的羞愧之色？"北宫子便把刚才的情形说了一遍。

东郭先生说："我有办法让你不再羞愧，我们现在就去找西门子说理。"（见到西门子后），东郭先生说："你怎么把北宫子搞得那么狼狈？你且说出个道理来。"

西门子说："北宫子说他的世族、年貌、言行等与我一样，可贱贵、贫富等跟我完全不同。我就说：'我也不知道这其中的原委。只是，你既然做事总是穷困，而我做事总是顺达，这难道不是已经证明我的德行比你高了吗？而你却还要在这里说你的德行跟我一样，你的脸皮也太厚了吧！'"

东郭先生说："你所说的厚薄，只不过说的是才学方面的差别。照我的意思说，厚薄并不如此。北宫子厚的是德，薄的是命。而你呢，厚的是命，薄的是德。你的顺达，并不是因为你有智慧。北宫子的穷困，并不是因为他很愚蠢。这些其实都是因为上天，而不是因为个人自身。现在，你竟然因为自己的命厚就自矜，北宫子反倒因为自己的德厚而自愧，你们两个都没有认清这其中的根本啊。"

西门子说："先生别再说了！我不会再那么说他了。"

北宫子于是回到了家里。穿的还是那个粗衣烂布，但感觉有狐貉之温。吃的还是那个粗茶淡饭，但感觉有稻粱之味。住的还是那个茅棚草屋，但感觉就像广厦之荫。出门坐的虽然只是一辆柴车，但感觉好像有文轩之饰。就这样直到老死，一直不知道荣辱究竟是在别人那里，还是就在自己身上。

东郭先生听闻后，说："北宫子睡得太久了，一句话就能把他点醒，真是一个容易开悟的人啊！"

三

【正本】

管夷吾、鲍叔牙二人相友甚戚，同处于齐。管夷吾事公子纠，鲍叔牙事公子小白。

齐公族多宠，嫡庶并行，国人惧乱。管夷吾奉公子纠奔鲁，鲍叔奉公子小白奔莒。既而公孙无知作乱，齐无君，二公子争入。管夷君与小白战于莒，射中小白带钩。

小白既立，胁鲁杀子纠，管夷吾被囚。鲍叔牙谓桓公曰："管夷吾能，可以治国。"

桓公曰："我仇也，愿杀之。"

鲍叔牙曰："吾闻贤君无私怨。且其能为其主，亦必能为君。如欲霸王，非夷吾弗可。君必舍之！"遂召管夷吾。鲁归之齐，鲍叔牙郊迎，释其囚。桓公礼之，而位于高、国之上，鲍叔牙以身下之，任以国政，号曰仲父。桓公遂霸。

管仲尝叹曰："吾少穷困时，尝与叔牙贾，分财多自与，叔牙不以我为贪，知我贫也。吾尝为叔牙谋事而大穷困，叔牙不以我为愚，知时有利不利也。吾尝三仕，三见逐于君，叔牙不以我为不肖，知我不遭时也。吾尝三战三北，叔牙不以我为怯，知我有老母也。公子纠败，吾幽囚受辱，叔牙不以我为无耻，知我不羞小节而耻名不显于天下也。生我者父母，知我者叔牙也！"

管仲有病，桓公往问之曰："仲父之病病矣，可不讳云。至于大病，则寡人恶乎属国而可？"管仲曰："公谁欲与？"公曰："鲍叔牙。"曰："不可。其为人洁廉，善士也。其于不己若者，不比之。又一闻人之过，终身不忘。使之治国，上且钩乎君，下且逆乎民。其得罪于君也将弗久矣！"公曰："然则孰可？"对曰："勿已，则隰朋可。其为人也，上忘而下伴，愧不若黄帝，而哀不己若者。其于国有不闻也，其于家有不见也。勿已，则隰朋可。"

【原文】

管夷吾、鲍叔牙二人相友甚戚，同处于齐。管夷吾事公子纠，鲍叔牙事公子小白。齐公族多宠，嫡庶并行。国人惧乱。管仲与召忽奉公子纠奔鲁，鲍叔奉公子小白奔莒。既而公孙无知作乱，齐无君，二公子争入。管夷君与小白战于莒，道射中小白带钩。小白既立，胁鲁杀子纠，召忽死之，管夷吾被囚。鲍叔牙谓桓公曰："管夷吾能，可以治国。"桓公曰："我仇也，愿杀之。"鲍叔牙曰："吾闻贤君无私怨，且人能为其主，亦必能为人君。如欲霸王，非夷吾其弗可。君必舍之！"遂召管仲。鲁归之齐，鲍叔牙郊迎，释其囚。桓公礼之，而位于高国之上，鲍叔牙以身下之，任以国政，号曰仲父。桓公遂霸。管仲尝叹曰："吾少穷困时，尝与鲍叔贾，分财多自与；鲍叔不以我为贪，知我贫也。吾尝为鲍叔谋事而大穷困，鲍叔不以我为愚，知时有利不利也。吾尝三仕，三见逐于君，鲍叔不以我为不肖，知我不遭时也。吾尝三战三北，鲍叔不以我为怯，知我有老母也。公子纠败，召忽死之，吾幽囚受辱；鲍叔不以我为无耻，知我不羞小节而耻名不显于天下也。生我者父母，知我者鲍叔也！"此世称管鲍善交者，小白善用能者。然实无善交，实无用能也。实无善交实无用能者，非更有善交，更有善用能也。召忽非能死，不得不死；鲍叔非能举贤，不得不举；小白非能用仇，不得不用。及管夷吾有病，小白问之，曰："仲父之病病矣，可不讳云，至于大病，则寡人恶乎属国而可？"夷吾曰："公谁欲欤？"小白曰："鲍叔牙可。"曰："不可。其为人也，洁廉善士也，其于不己若者不比之人，一闻人之过，终身不忘。使之理国，上且钩乎君，下且逆乎民。其得罪于君也，将弗久矣。"小白曰："然则孰可？"对曰："勿已，则隰朋可。其为人也，上忘而下不叛，愧其不若黄帝而哀不己若者。以德分人谓之圣人，以财分人谓之贤人。以贤临人，未有得人者也；以贤下人者，未有不得人者也。其于国有不闻也，其于家有不见也。勿已，则隰朋可。"然则管夷吾非薄鲍叔也，不得不薄；非厚隰朋也，不得不厚。厚之于始，或薄之于终；薄之于终，或厚之于始。厚薄之去来，弗由我也。

管夷吾奉公子纠奔鲁，鲍叔牙奉公子小白奔莒

原文为：管仲与召忽奉公子纠奔鲁，鲍叔奉公子小白奔莒。

改"管仲"为"管夷吾"，以使文本前后统一。不改当然也可以，但不好，小白成为桓公后，管夷吾才相应地叫管仲较好。清源后，文本的阅读体验会顺畅很多。

去掉"与召忽"。无论从语境本身看，还是从典故的需要看，"召忽"的出现都毫无意义。

射中小白带钩

原文为：道射中小白带钩。

去除"道"，明显冗余，且明显导致语句不顺。

胁鲁杀子纠，管夷吾被囚

原文为：胁鲁杀子纠，召忽死之，管夷吾被囚。

承前删"召忽死之"。

吾闻贤君无私怨。且其能为其主，亦必能为君

原文为：吾闻贤君无私怨，且人能为其主，亦必能为人君。

"吾闻贤君无私怨"宜单独成句，故句末改用句号。

改"且人能为其主"中的"人"为"其"，以使句子逻辑清晰。

删"亦必能为人君"中的人，以使句子逻辑清晰。

请结合【今译】理解以上改动的必要性和合理性。

非夷吾弗可

原文为：非夷吾其弗可。

"其"字可要可不要，不要，以使文风洗练。

遂召管夷吾

原文为：遂召管仲。

承前改。

吾少穷困时，尝与叔牙贾，分财多自与，叔牙不以我为贪，知我贫也

原文为：吾少穷困时，尝与鲍叔贾，分财多自与；鲍叔不以我为贪，知我贫也。

从原文整体以及从一个人名字的习惯叫法看，鲍叔牙不应该被叫作鲍叔，还是叫叔牙好些，因为鲍叔牙姓鲍，名叔牙。全章统改。

此世称管鲍善交者，小白善用能者。然实无善交，实无用能也。实无善交实无用能者，非更有善交，更有善用能也。召忽非能死，不得不死；鲍叔非能举贤，不得不举；小白非能用仇，不得不用

原位于"及管夷吾有病，小白问之"之前，明显是后人的评注，且是理解错误的评注，故删除。

管仲有病，桓公往问之曰

原文为：及管夷吾有病，小白问之，曰。

从这句开始直至章末，全都复制《庄子见独》《徐无鬼》第七节，以免产生文本冲突，造成不必要的解注麻烦。其中还包含有许多的细节变动，不再一一提及，权当庄子所引用的就是正本。

然则管夷吾非薄鲍叔也，不得不薄；非厚隰朋也，不得不厚。厚之于始，或薄之于终；薄之于终，或厚之于始。厚薄之去来，弗由我也

原位于章末，明显是后人的评注，且是理解错误的评注，故删除。

【见一】
齐公族多宠，嫡庶并行，国人惧乱

因为牵涉到史实，史实又不是太清楚，所以不是太好理解。即使把史实弄清楚，对理解文本核心思想也没有任何作用，简化起见，史实略过。

公族。诸侯或君王的同族。

多宠。从紧接后句"嫡庶并行，国人惧乱"看，它应该是指当时齐国诸侯的同族获得了按当时礼法不应该获得的待遇，所以才导致"管夷吾奉公子纠奔鲁，鲍叔牙奉公子小白奔莒"。

嫡庶并行。按当时齐国的习惯，嫡庶是不能并行，要亲疏有别。嫡，血统最近的，宗法制度下家庭的正支。庶，宗法制度下家庭的旁支。

莒
音 jǔ，诸侯国名。

隰朋
隰，音 xí。

【今译】

管夷吾跟鲍叔牙二人相处甚为亲密，一同在齐国共事。管夷吾侍奉的是公子纠，鲍叔牙侍奉的是公子小白。

其时，齐国的公族普遍受到平等的对待，宗族嫡系和旁支地位相当，这导致了国人的恐惧和混乱。管夷吾于是侍奉公子纠投奔了鲁国，鲍叔牙则侍奉公子小白投奔了莒国。后来公孙无知果然作乱，齐国失去了国君，公子纠和公子小白于是展开了对君位的争夺。管夷吾和公子小白在莒国进行了一场战争，结果管夷吾用箭射中了公子小白的带钩。

公子小白取得君位后，胁迫鲁国杀死了公子纠，管夷吾关进了监牢。鲍叔牙对桓公说："管夷吾非常能干，可以用来治理齐国。"

桓公说："他是我的仇家，我还是想把他杀了。"

鲍叔牙说："我听说贤君没有个人恩怨。再说，既然他能忠实于他的主人，当然也就能忠实于国君您。国君您如果想要称霸天下，非启用管夷吾不可。国君您务必要把他放了。"桓公于是召管夷吾回国。管夷吾自鲁国回到齐国，鲍叔牙亲自前往两国的交界处迎接，并立即解除了他的囚犯身份。桓公则给了他最高礼遇，地位比高姓和国姓两族都高，鲍叔牙本人更是以身下之，让出了国政大权，桓公则以仲父称之。桓公因此获得了霸主地位。

管仲曾经不胜感叹地说："我年少穷困时，曾跟叔牙一起做生意，分钱的时候我总是会给自己多要点，叔牙并不认为是我贪婪，而是体谅我的穷困。

我曾与叔牙一同谋事而总是碰壁，叔牙并不认为是我愚蠢，他知道人都有时运不济的时候。我曾三次做官，三次被君王驱逐出来，叔牙并不认为是我不肖，他知道我还没到走运的时候。我曾三次与敌交手，三次败北，叔牙并不认为是我胆小，他知道我上有老母在家。公子纠不幸败亡，我被关进监牢受尽屈辱，叔牙并不认为我是无耻之徒，他知道我不羞小节而耻于不能扬名天下。生我者父母，知我者叔牙啊！"

后来管仲有病，桓公前去慰问说："仲父的病已经很严重了，如果可以不忌讳说的话，则仲父百年之后，我可以把国政托付给谁？"管仲说："国君您打算托付给谁呢？"桓公说："鲍叔牙。"管仲说："不可以的。鲍叔牙这个人清正廉洁，算是一个好人。但他对于不如自己的人，不愿意与之共事；还有就是，他一旦听闻到了某人的过错，就一生都不能忘怀。要是让他来治理国家，上则与国君钩怨，下则与民众离心。他得罪于国君将是分分钟的事。"桓公又问："这么说的话，那谁合适呢？"管仲说："不得已的话，则隰朋合适。隰朋这个人，他总是能让君上忘记他的存在，又总是能让手下跟他一条心，他愧疚于自己比不上黄帝，也体谅手下比不上自己；他对国家事务能听而有所不闻，就好比一个人对家庭事务能视而有所不见一样。不得已的话，则隰朋最合适不过了。"

四

【正本】

邓析操两可之说，设无穷之辞，当子产执政，作《竹刑》。郑国用之，数难子产之治。子产执而辱之，俄而诛之。然则子产非能用《竹刑》，不得不用，非能诛邓析，不得不诛也。

【原文】

邓析操两可之说，设无穷之辞，当子产执政，作《竹刑》。郑国用之，数难子产之治。子产屈之。子产执而戮之，俄而诛之。然则子产非能用《竹刑》，不得不用；邓析非能屈子产，不得不屈；子产非能诛邓析，不得不诛也。

【清源】
全章

全章虽然短小，但如果不做根本上的修正，就完全无法理解。千思百虑，在把邓析和子产两个对立人物的思想主张弄明白后，才终于完成清源和解读。原本是想要放弃解读的，因为照原本，实在是不知所云，也不知道过往注家是如何过了自己心里那一关的。

子产执而辱之，俄而诛之

原文为：子产屈之。子产执而戮之，俄而诛之。

删除"子产屈之"。主要是因为它实在无法贯通理解。

改"戮"为"辱"。可能因音近而误。如是戮，则跟"诛"义相重复。

然则子产非能用《竹刑》，不得不用，非能诛邓析，不得不诛也

原文为：然则子产非能用《竹刑》，不得不用；邓析非能屈子产，不得不屈；子产非能诛邓析，不得不诛也。

删除"邓析非能屈子产，不得不屈"。承前改。

【见一】
邓析操两可之说，设无穷之辞

要彻底理解本章，正确区分邓析和子产两人的身份和思想主张至为重要。还好，文本一开始就明确定位了邓析：一位惠施或普罗泰戈拉式的诡辩论者，没有是非黑白观念，唯利是图。不理解并接受此点，整个文本就无法清晰理解。

那邓析的"操两可之说，设无穷之辞"究竟是什么意思呢？我们可以先通过荀子对他的一段评价来理解：

不法先王，不是礼义。而好治怪说，玩绮辞。甚察而不惠，辩而无用，多事而寡功，不可以为治纲纪。然而其持之有故，其言之成理，足以欺惑愚

众。是惠施、邓析也。

我们还可以通过《吕氏春秋·离谓》中记载的一个故事来理解：

洧水甚大，郑之富人有溺者。人得其死者，富人请赎之。其人求金甚多。以告邓析。邓析曰："安之！人必莫之卖矣。"得死者患之，以告邓析。邓析又答之曰："安之！此必无所更买矣。"

子产
孔子对他的评价"其行己也恭，其事上也敬，其养民也惠，其使民也义"契合文本需要。

《竹刑》
邓析私自编定的一部刑法，因写在竹简上，故称之。

然则子产非能用《竹刑》，不得不用，非能诛邓析，不得不诛也
难点在对"能"字的透彻理解上。结合史实，子产是郑国执政时，邓析是郑国大夫。所以，能的语境含义应该是指权力下能够做到。请结合【今译】理解。

【今译】
邓析尊奉一套模棱两可的学说，说话从来没个定准，当子产执掌郑国行政职权时，他私自制定了一部《竹刑》。郑国采用《竹刑》后，好几次让子产无法正常治国。子产于是把他抓了起来，还对他进行了一番羞辱。不久，索性把他杀了。其实，子产并不是因为手中有了权力就能采用《竹刑》，而是在当时的情形下不得不采用。也不是因为手中有了权力就能杀了邓析，而是在当时的情形下不得不杀他。

五

可以生而生，天福也。

可以死而死，天福也。

可以生而不生，天罚也。

可以死而不死，天罚也。

【原文】
可以生而生，天福也；可以死而死，天福也。可以生而不生，天罚也；可以死而不死，天罚也。可以生，可以死，得生得死，有矣；不可以生，不可以死，或死或生，有矣。然而生生死死，非物非我，皆命也。智之所无奈何。故曰，窈然无际，天道自会；漠然无分，天道自运。天地不能犯，圣智不能干，鬼魅不能欺。自然者默之成之，平之宁之，将之迎之。

【清源】
全章
本章虽只寥寥数语，但思想价值几可比肩任何大家。所删部分明显是后人感言，且是没有理解原文的感言。

【见一】
原文清澈见底，只要眼不瞎，心不盲，谁都可一眼到底。

【今译】
可以生而生，天福也。

可以死而死，天福也。

可以生而不生，天罚也。

可以死而不死，天罚也。

六

【正本】

杨朱之友曰季梁。季梁得疾七日，大渐，其子环而泣之，请医。季梁谓杨朱曰："吾子不肖如此之甚，汝奚不为我歌以晓之？"

杨朱歌曰："天其弗识，人胡能觉？匪祐自天，弗孽由人。我乎汝乎！其弗知乎！医乎巫乎！其知之乎？"

其子弗晓，终谒三医，一曰矫氏，二曰俞氏，三曰卢氏，诊其所疾。

矫氏谓季梁曰："汝寒温不节，虚实失度，病由饥饱色欲，精虑烦散，非天非鬼。虽渐，可攻也。"季梁曰："众医也，亟屏之！"

俞氏曰："汝始则胎气不足，乳哺有余，病非一朝一夕之故，其所由来渐矣，弗可已也。"季梁曰："良医也，且食之！"

卢氏曰："汝疾不由天，亦不由人，亦不由鬼。禀生受形，既有制之者矣，亦有治之者矣，药石其如汝何？"季梁曰："神医也，重赐之！"

俄而季梁之疾自瘳。

【原文】

杨朱之友曰季梁。季梁得疾，七日大渐。其子环而泣之，请医。季梁谓杨朱曰："吾子不肖如此之甚，汝奚不为我歌以晓之？"杨朱歌曰："天其弗识，人胡能觉？匪祐自天，弗孽由人。我乎汝乎！其弗知乎！医乎巫乎！其知之乎？"其子弗晓，终谒三医。一曰矫氏，二曰俞氏，三曰卢氏，诊其所疾。矫氏谓季梁曰："汝寒温不节，虚实失度，病由饥饱色欲。精虑烦散，非天非鬼。虽渐，可攻也。"季梁曰："众医也，亟屏之！"俞氏曰："女始则胎气不足，乳湩有余。病非一朝一夕之故，其所由来渐矣，弗可已也。"季梁曰："良医也，且食之！"卢氏曰："汝疾不由天，亦不由人，亦不由鬼。禀生受形，既有制之者矣，亦有知之者矣，药石其如汝何？"季梁曰："神医也，重贶遣之！"俄而季梁之疾自瘳。

【清源】

季梁得疾七日，大渐

原文为：季梁得疾，七日大渐。

不改也可以，但改后更好。

乳哺有余

原文为：乳潼有余。

改"潼"为"哺"。理由一，"潼"的含义就是乳汁，估计新华字典中的这个含义原本就来自注家对这个词的解注，所以也就没有什么根据。理由二，从语境需要看，哺乳一词正合这里需要，只不过两字的前后位置换了一下而已。就古语而言，这十分正常。潼，音 dòng。

亦有治之者矣

原文为：亦有知之者矣。

改"知"为"治"，估计因音近而误。

重赐之

原文为：重贶遣之。

原文不可解，现据语境需要改之。贶，kuàng，本义为赏赐。

【见一】

大渐

不是很好理解，只能根据语境，强行将其理解为加剧。

天其弗识，人胡能觉？匪祐自天，弗孽由人。我乎汝乎！其弗知乎！医乎巫乎！其知之乎

单独理解是无法理解的，必须结合寓言整体尤其是"汝疾不由天，亦不由人，亦不由鬼。禀生受形，既有制之者矣，亦有治之者矣，药石其如汝何"

一起，才能得到理解。

　　杨朱是季梁的好友，季梁对杨朱的观念是熟知的。所以，当季梁的孩子不理解季梁的病理而显得手足无措时，季梁知道杨朱知道，于是叫他用歌来晓谕他的孩子。为什么要用歌来晓谕而不是直接说呢？估计是寓言的设计者想告诉人们一个道理，不要对自然而然的现象表示悲观。相反，要保持乐观，歌是乐观的象征。就这个意义上说，这个寓言的寓意跟庄子鼓盆而歌寓言的寓意完全等同。

　　天其弗识，人胡能觉。不能抽象地理解，必须结合语境理解。天其弗识的对象是特指季梁的病。

　　匪祐自天，弗孽由人。祐跟后文的"禀生受形"含义相同，都特指季梁有了具体的生命。人的生命本由上天所创，故曰祐。之所以又说"匪祐"，其实跟后文的"汝疾不由天"一样，都是不得已的说辞而已，即人的生命一旦为上天所创后，上天就再也不管了。孽的语境含义特指季梁所得的病。

　　我乎汝乎！其弗知乎。我指杨朱，汝指季梁的孩子，也可都是泛指。

　　医乎巫乎！其知之乎。医特指"其子环而泣之，请医"的医，包括后文的巫。

汝疾不由天，亦不由人，亦不由鬼

　　文本有些瑕疵，因为季梁的病明显就是天生的，不能说不由天，但这是语言本身必然存在的问题，就如说"不要说话"就已经说了话一般。

瘳

音 chōu，病愈。

【今译】

　　杨朱有位好友叫季梁。季梁有次一连病了七天，且病情越来越严重。他家的孩子都围绕他号啕大哭，并要请医生来为父亲治病。季梁对杨朱说："我的这些孩子真是太不明天理了，你为什么不为我歌唱一曲以唤醒他们呢？"

　　杨朱于是歌唱道："人之病啊天弗晓，我们凡人能怎样？人之生命天不祐，奈何疾病人能造！我也好，你也好，我们全都弗知晓。医也罢，巫也罢，难道他们能知道？"

季梁的孩子没听明白，还是去访了医生，一个叫矫氏，一个叫俞氏，一个叫卢氏，请他们三个一起为其父亲看病。

矫氏对季梁说："你寒温不节，虚实失度，病由饥饱色欲引起，导致精神涣散，思虑烦乱，既不是老天造成的，也不是鬼怪造成的。病情虽然在恶化，但还是有救。"季梁说："太一般了，请走吧！"

俞氏说："你天生就胎气不足，哺乳时间又过长，你的病不是一早一夕造成的，而是日积月累才导致不断恶化的，已经没救了。"季梁说："好医生，请留下用餐！"

卢氏说："你的病，既不由天，也不由人，也不由鬼。既然你已经有了生命，那就必定会生病，也必定会自我病愈，药石能有什么用呢？"季梁说："神医啊，重重有赏！"

不久，季梁的病就自己好过来了。

七

【正本】

生非贵之所能存，身非爱之所能厚。

生亦非贱之所能夭，身亦非轻之所能薄。

故贵之或不存，贱之或不夭。

爱之或不厚，轻之或不薄。

此似反也，非反也。

此自存自夭，自厚自薄。

或贵之而存，或贱之而夭。

或爱之而厚，或轻之而薄。

此似顺也，非顺也。

此亦自存自夭，自厚自薄。

【原文】

生非贵之所能存，身非爱之所能厚；生亦非贱之所能夭，身亦非轻之所能薄。故贵之或不生，贱之或不死；爱之或不厚，轻之或不薄。此似反也，非反也；此自生自死，自厚自薄。或贵之而生，或贱之而死；或爱之而厚，或轻之而薄。此似顺也，非顺也；此亦自生自死，自厚自薄。鬻熊语文王曰："自长非所增，自短非所损。算之所亡若何？"老聃语关尹曰："天之所恶，孰知其故？"言迎天意，揣利害，不如其已。

【清源】

全章

一篇非常深刻的生命哲学经文，无论行文还是思想，都几近完美。

故贵之或不存，贱之或不夭。

原文为：故贵之或不生，贱之或不死。

改"生"为"存"，改"死"为"夭"。不改也是通的，但不好。改后，形式和义理就前后统一了。

此自存自夭，自厚自薄

原文为：此自生自死，自厚自薄。

承前改。

或贵之而存，或贱之而夭

原文为：或贵之而生，或贱之而死。

承前改。

此亦自存自夭，自厚自薄

原文为：此亦自生自死，自厚自薄。

承前改。

鬻熊语文王曰："自长非所增，自短非所损。算之所亡若何？"老聃语关尹曰："天之所恶，孰知其故？"言迎天意，揣利害，不如其已

原位于章末，明显是后人的引文，跟主题并不十分契合，故删除。删除后的【正本】，清晰，自然，完整。

【见一】

全章

请高度注意分段。如果不做新的分段，很难对文本有真正清晰的理解，即使做了新的分段，也还是不那么容易理解。

生非贵之所能存，身非爱之所能厚

理解的难点在"生"和"身"的差别是什么，以及"存"和"厚"各是什么意思。由于缺乏充足的语境，所以只能通过观察和常识来解注了。生应该特指生命，身应该特指肉身。由于存对应的是生，生又是指生命，那存最好理解为存活的存。又由于存还可以对应到夭，所以存也可能是寿的误辨误抄。鉴于"存"在全章中反复出现，所以也就原样照抄了。厚则很难确定其真实含义，但从其对应的是身同时也对应着薄来看，则最好解注为厚实的厚。相应地，后文的薄，自然就是指身体单薄的薄。

故贵之或不存，贱之或不夭

单独看是必定看不懂的，一定要结合"或贵之而存，或贱之而夭"一起看。总之，本章每一句都无法单独理解透彻，都必须在全章的整体中通过反反复复的静默深思才能深刻领悟。实在读不透的，完全可以脱离原文，仅仅深思【今译】即可。

【今译】

生命并不会因为受到特别的注重就会一直存活，身体并不会因为受到特别的厚爱就会变得厚实。

生命也并不会因为受到特别的贱待就会中途夭折，身体也并不会因为受到特别的轻视就会变得单薄。

所以说，特别注重生命或许不能存活生命，贱待生命或许不能夭折生命。

厚爱身体或许不能厚实身体，轻视身体或许不能单薄身体。

这看上去前后矛盾，其实并不矛盾。

这是生命本身就会存活，本身就会夭折，身体本身就会厚实，本身就会单薄。

又或许，注重生命，生命就会存活，贱待生命，生命就会夭折。

又或许，厚爱身体，身体就会厚实，轻视身体，身体就会单薄。

这看上去顺理成章，其实并不顺理成章。

这还是生命本身就会存活，本身就会夭折，身体本身就会厚实，本身就会单薄。

八

【正本】

杨布问曰："有人于此，年兄弟也，言兄弟也，才兄弟也，貌兄弟也，而寿夭父子也，贵贱父子也，毁誉父子也，爱憎父子也。吾惑之。"

杨子曰："古之人有言，吾尝识之，将以告若：'不知所以然而然，命也。'"

【原文】

杨布问曰："有人于此，年兄弟也，言兄弟也，才兄弟也，貌兄弟也；而寿夭父子也，贵贱父子也，名誉父子也，爱憎父子也。吾惑之。"杨子曰：
"古之人有言，吾尝识之，将以告若。不知所以然而然，命也。今昏昏昧昧，
纷纷若若，随所为，随所不为。日去日来，孰能知其故？皆命也夫。信命者
亡寿夭；信理者亡是非；信心者亡逆顺；信性者亡安危。则谓之都亡所信，
都亡所不信。真矣悫矣，奚去奚就？奚哀奚乐？奚为奚不为？《黄帝之书》
云：'至人居若死，动若械。'亦不知所以居，亦不知所以不居；亦不知所以
动，亦不知所以不动。亦不以众人之观易其情貌，亦不谓众人之不观不易其
情貌。独往独来，独出独入，孰能碍之？"

古之人有言，吾尝识之，将以告若：'不知所以然而然，命也。'

原文为：古之人有言，吾尝识之，将以告若。不知所以然而然，命也。
今昏昏昧昧，纷纷若若，随所为，随所不为。日去日来，孰能知其故？皆命
也夫。信命者亡寿夭；信理者亡是非；信心者亡逆顺；信性者亡安危。则谓
之都亡所信，都亡所不信。真矣悫矣，奚去奚就？奚哀奚乐？奚为奚不为？
《黄帝之书》云：'至人居若死，动若械。'亦不知所以居，亦不知所以不居；
亦不知所以动，亦不知所以不动。亦不以众人之观易其情貌，亦不谓众人之
不观不易其情貌。独往独来，独出独入，孰能碍之？

删除"今昏昏昧昧，纷纷若若，随所为，随所不为。日去日来，孰能知
其故？皆命也夫。信命者亡寿夭；信理者亡是非；信心者亡逆顺；信性者亡
安危。则谓之都亡所信，都亡所不信。真矣悫矣，奚去奚就？奚哀奚乐？奚
为奚不为？"它明显是后人的评注，且不可理解。

将"《黄帝之书》云：'至人居若死，动若械。'亦不知所以居，亦不知所
以不居；亦不知所以动，亦不知所以不动。亦不以众人之观易其情貌，亦不
谓众人之不观不易其情貌。独往独来，独出独入，孰能碍之？"单独抽出另

成一章，因为它跟前文没有内在关联。

【见一】

清源后的文本，简明清晰，没有特别需要解注的。

【今译】

杨布问杨朱："有这么两个人，生年一样，言谈一样，才华一样，样貌一样，可寿命不一样，贵贱不一样，毁誉不一样，爱憎不一样。我很是不解。"

杨朱说："古人有个说法，我曾经听闻过，现告知你吧：'不知道为什么是这样，但就是这样，这是命啊。'"

九

【正本】

古之人有言："至人居若死，动若械。"

不知所以居，亦不知所以不居。

不知所以动，亦不知所以不动。

不以众人之观易其情貌，亦不以众人之不观不易其情貌。

独往独来，独出独入，孰能碍之？

【原文】

《黄帝之书》云："'至人居若死，动若械。'亦不知所以居，亦不知所以不居；亦不知所以动，亦不知所以不动。亦不以众人之观易其情貌，亦不谓众人之不观不易其情貌。独往独来，独出独入，孰能碍之？"

【清源】

古之人有言

原文为：《黄帝之书》云。

《黄帝》并没有这句话，《黄帝之书》是否真实存在，也不可知。既如此，不如借用古文的惯常用法"古之人有言"，一如前章的"古之人有言"。

不知所以居，亦不知所以不居

原文为：亦不知所以居，亦不知所以不居。

去前"亦"，更合理。

不知所以动，亦不知所以不动

原文为：亦不知所以动，亦不知所以不动。

去前"亦"，更合理。

不以众人之观易其情貌

原文为：亦不以众人之观易其情貌。

去前"亦"，更合理。

【见一】

至人居若死，动若械

千万不可受字面义拘禁。它的本质含义其实就是后文全部四句所展开的含义。如果单独理解，含义刚好完全相反，跟慎到之道一样，会受到庄子的批判。《庄子见独》《天下》第四节有说："慎到之道，非生人之行，而至死人之理，适得怪焉。"慎到之道是："至于若无知之物而已，无用贤圣，夫块不失道。"

独往独来，独出独入，孰能碍之

理解的难点在"独"。独不是单独的独，而是独到的独。何谓独到？独到道，方为独。比如，太阳是凉的，这就不是独到。在谁都认为太阳围绕地球转而第一个站出来说是地球围绕太阳转时，就叫独到。至人"不知所以居，亦不知所以不居。不知所以动，亦不知所以不动。不以众人之观易其情貌，亦不以众人之不观不易其情貌"，但行为的最终结果都是对的，就是"独往独来，独出独入"。总之，跟道在一块，就是独，正如《老子见微》第25章所说："有物昆成，先天、地生绣呵缪呵，独立而不垓，可以为天、地母。吾未知其名，字之曰道，强为之名曰大大曰筮，筮曰远，远曰反。道大，天大，地大，王亦大。王，法地，地。法天，天。法道，道。法自然。"意思是说："有这么个东西，它比对而成，且先天和地存在。它绣成天下万有，始终处于独立状态，但又使一切井然有序，既可以看作是天的母体，也可以看作是地的母体。我虽然叫不出它的名字，但还是给它个字号，就叫作道。道不足以表达它的属性，我再强行给它取个名，就叫作大。有了大这个名，我们就可以说，唯有大，才能够吞噬渗漫一切。唯有吞噬渗漫一切，才能到达万有的最远点。唯有达到万有的最远点，才能与万有相反相成。天下共有四个可称为大的东西，即道、天、地以及王。王为什么也能配称天下四大之一呢？就是因为王法地就是地，法天就是天，法道就是道。总之，王法事物自身的样子。"真正"独往独来，独出独入"了，也就不会被任何东西所阻碍了。

【今译】

真正的有道之人曾经这样说过："真正的高人，静居时就如死去，活动时就如机械。"

完全不知道为何就要静居，也完全不知道为何就要不静居。

完全不知道为何就要活动，也完全不知道为何就不要活动。

他完全不会因为他人在观看而改变自己的行为，也完全不会因为别人不在观看而不改变自己的行为。

他独往独来，独出独入，谁还能妨碍到他呢？

十

【正本】

墨尿、单至、啴咺、憋憋四人相与游于世，皆如志也。穷年不相知情，自以智之深也。

巧佞、愚直、婵砑、便辟四人相与游于世，皆如志也。穷年不相语术，自以巧之微也。

獠犴、情露、瀽极、凌谇四人相与游于世，皆如志也。穷年不相晓悟，自以为才之得也。

眠娗、諈诿、勇敢、怯疑四人相与游于世，皆如志也。穷年不相谪发，自以行无戾也。

多偶、自专、乘权、支立四人相与游于世，皆如志也。穷年不相顾眄，自以时之适也。

此众态也，其貌不一，而咸之于道，命所归也。

【原文】

墨尿、单至、啴咺、憋憋四人相与游于世，皆如志也。穷年不相知情，自以智之深也。巧佞、愚直、婹斫、便辟四人相与游于世，胥如志也；穷年而不相语术；自以巧之微也。獠犴、情露、瀽极、凌谇四人相与游于世，胥如志也；穷年不相晓悟，自以为才之得也。眠娗、諈诿、勇敢、怯疑四人相与游于世，胥如志也；穷年不相谪发，自以行无戾也。多偶、自专、乘权、支立四人相与游于世，胥如志也；穷年不相顾眄，自以时之适也。此众态也。其貌不一，而咸之于道，命所归也。

【见一】

应该不是列子原作，也无法理解究竟想说什么，故不解，不注，不译。【正本】只是为了直观，仅供参考。

十一

【原文】

佹佹成者，俏成也，初非成也。佹佹败者，俏败者也，初非败也。故迷生于俏，俏之际昧然。于俏而不昧然，则不骇外祸，不喜内福；随时动，随时止，智不能知也。信命者于彼我无二心。于彼我而有二心者，不若掩目塞耳，背坂面隍亦不坠仆也。故曰：死生自命也，贫穷自时也。怨夭折者，不知命者也；怨贫穷者，不知时者也。当死不惧，在穷不戚，知命安时也。其使多智之人量利害，料虚实，度人情，得亦中，亡亦中。其少智之人不量利害，不料虚实，不度人情，得亦中，亡亦中。量与不量，料与不料，度与不度，奚以异？唯亡所量，亡所不量，则全而亡丧。亦非知全，亦非笑丧。自全也，自亡也，自丧也。

【见一】

不知所云，故不解，不注，不译。

十二

【正本】

齐景公游于牛山，北临其国都而涕曰："美哉国乎！郁郁芊芊。若何去国而死乎！使古无死者，寡人将去斯而之何？"

史孔、梁丘据皆从而泣曰："臣赖君之赐，疏食恶肉可得而食，驽马栈车可得而乘也，且犹不欲死，而况吾君乎！"

晏子独笑于旁。

公雪涕而顾晏子曰："寡人今日之游悲，孔与据皆从寡人而泣，子之独笑，何也？"

晏子对曰："使贤者常守之，则太公、桓公将常守之矣；使勇者常守之，则庄公、灵公将常守之矣。数君者将守之，吾君方将披蓑戴笠而立乎田亩之中，唯事之恤，何暇念死乎？则吾君又安得此位而立焉？以其迭处之，迭去之。至于君也，而独为之涕，是不仁也。见不仁之君，见谄谀之臣，见此二者，臣之所独笑也。"

景公惭焉，举觞自罚，罚二臣者各二觞焉。

齐景公游于牛山，北临其国城而流涕曰："美哉国乎！郁郁芊芊，若何滴滴去此国而死乎？使古无死者，寡人将去斯而之何？"史孔梁丘据皆从而泣曰："臣赖君之赐，疏食恶肉可得而食，驽马棱车可得而乘也；且犹不欲死，而况吾君乎？"晏子独笑于旁。公雪涕而顾晏子曰："寡人今日之游悲，孔与据皆从寡人而泣，子之独笑，何也？"晏子对曰："使贤者常守之，则太公桓公将常守之矣；使有勇者而常守之，则庄公灵公将常守之矣。数君者将守之，吾君方将被蓑笠而立乎畎亩之中，唯事之恤，行假念死乎？则吾君又安得此位而立焉？以其迭处之迭去之，至于君也，而独为之流涕，是不仁也。见不仁之君，见谄谀之臣；臣见此二者，臣之所为独窃笑也。"景公惭焉，举觞自罚；罚二臣者各二觞焉。

【清源】

北临其国都而涕曰

原文为：北临其国城而流涕曰。

改"国城"为"国都"，明显系传抄错误。

若何去国而死乎

原文为：若何滴滴去此国而死乎。

删除"滴滴"。理由一，不知道"滴滴"的语境含义是什么。理由二，删除"滴滴"后的句子，没有任何不足。

驽马栈车可得而乘也

"栈车"原为"棱车"，棱车无解，栈车则可指古代用竹木做成的车子。

使勇者常守之

原文为：使有勇者而常守之。

"有""而"二字明显冗余，故删除。

吾君方将披蓑戴笠而立乎田亩之中

原文为：吾君方将被蓑笠而立乎畎亩之中。

改"被蓑笠"为"披蓑戴笠"。

改"畎亩"为"田亩"。畎，音 quǎn，本义为田间水沟。

何暇念死乎

原文为：行假念死乎。

"行假"极大可能是"何暇"的误辨误抄。

见此二者

原文为：臣见此二者。

"臣"字明显冗余，故删除。

【见一】

郁郁芊芊

应该完全等同于郁郁葱葱。芊，音 qiān，草木茂盛。

雪涕

揩拭眼泪。涕，音 tì，本义为眼泪。

唯事之恤

事。应该特指农事。

恤。本义为忧虑。

【今译】

齐景公登临牛山游玩，向北眺望国都，流着眼泪说："齐国真是美呀！郁郁葱葱。奈何我要离开这么美的齐国而死去呢！要是从来就没有死去这回事，我哪还需要离开这里而去到其他地方啊？"

史孔、梁丘据都跟着哭泣说："我们仰赖君王的恩赐，有疏食恶肉可吃，有驽马栈车可乘，就连我们都不想死去，更何况国君您呢！"

晏子独自一人在旁边发笑。

景公一边擦拭眼泪一边回头对晏子说："我今天登临牛山而生出了伤悲，史孔和梁丘据都陪我流了眼泪，而你却独自在一旁发笑，为什么呀？"

晏子说："假使是贤者始终占据齐国，那太公、桓公将会始终占据着它了。假使是勇者始终占据齐国，那庄公、灵公将会始终占据着它了。要是以上这些君王始终占据着齐国，那国君您只得披着蓑衣戴着斗笠站立于田亩之中了，唯一能做的是忧心农事，哪还有时间念叨死去这码子事啊？再说，国君您哪还能占据齐国国君这个位置呢？不正是因为有人占据然后又有人死去吗？奈何轮到国君您这里了，就偏偏要为之哭泣，这真是不仁道啊。我看见了不仁道的国君，又看到了谄谀的臣子，我同时看见了这两者，当然就会独自发笑了。"

景公感到非常惭愧，于是举杯自罚一杯，然后又罚二位臣子各两杯。

十三

【正本】

魏人有东门吴者，其子死而不忧。

其相室曰："公之爱子天下无有，今子死不忧，何也？"

东门吴曰："吾尝无子，无子之时不忧。今子死，乃与向无子同，臣奚忧焉？"

【原文】

魏人有东门吴者，其子死而不忧。其相室曰："公之爱子天下无有。今子死不忧，何也？"东门吴曰："吾常无子，无子之时不忧。今子死，乃与向无子同，臣奚忧焉？"

【见一】

简明易懂，无须解译。

十四

【正本】

农赴时，商趣利，工追术，仕逐势，势使然也。

然农有水旱，商有得失，工有成败，仕有遇否，命使然也。

【原文】

农赴时，商趣利，工追术，仕逐势，势使然也。然农有水旱，商有得失，工有成败，仕有遇否，命使然也。

【见一】

简明易懂，无须解译。

杨朱第七

一

【正本】

杨朱游于鲁，舍于孟氏。

孟氏问曰："人而已矣，奚以名为？"

杨朱曰："以名者为富。"

孟氏曰："既富矣，奚不已焉？"

杨朱曰："为贵。"

孟氏曰："既贵矣，奚不已焉？"

杨朱曰："为死。"

孟氏曰："既死矣，奚为焉？"

杨朱曰："为子孙。"

孟氏曰："名奚益于子孙？"

杨朱曰："名者，泽及宗族，利兼乡党，况子孙乎？"

【原文】

杨朱游于鲁，舍于孟氏。孟氏问曰："人而已矣，奚以名为？"曰："以名者为富。""既富矣，奚不已焉？"曰："为贵"。"既贵矣，奚不已焉？"曰："为死"。"既死矣，奚为焉？"曰："为子孙。""名奚益于子孙？"曰："名乃苦其身，燋其心。乘其名者，泽及宗族，利兼乡党；况子孙乎？""凡为名者必廉，廉斯贫；为名者必让，让斯贱。"曰："管仲之相齐也，君淫亦淫，君奢亦奢，志合言从，道行国霸，死之后，管氏而已。田氏之相齐也，君盈则已降，君敛则已施。民皆归之，因有齐国；子孙享之，至今不绝。若实名贫，伪名富。"曰："实无名，名无实。名者，伪而已矣。昔者尧舜伪以天下让许由善卷，而不失天下，享祚百年。伯夷叔齐实以孤竹君让而终亡其国，饿死于首阳之山。实伪之辩，如此其省也。"

【清源】
被删除的部分，明显是后人叠加上去的，且跟语境明显不合。

【见一】
清源后的【正本】平白如话，无须解译。

二

【原文】
杨朱曰："百年，寿之大齐。得百年者千无一焉。设有一者，孩抱以逮昏老，几居其半矣。夜眠之所弭，昼觉之所遗，又几居其半矣。痛疾哀苦，亡失忧惧，又几居其半矣。量十数年之中，逌然而自得亡介焉之虑者，亦亡一时之中尔。则人之生也奚为哉？奚乐哉？为美厚尔，为声色尔。而美厚复不可常厌足，声色不可常玩闻。乃复为刑赏之所禁劝，名法之所进退；遑遑尔竞一时之虚誉，规死后之余荣；偶偶尔慎耳目之观听，惜身意之是非；徒失当年之至乐，不能自肆于一时。重囚累梏，何以异哉？太古之人知生之暂来，知死之暂往；故从心而动，不违自然所好；当身之娱非所去也，故不为名所劝。从性而游，不逆万物所好；死后之名非所取也，故不为刑所及。名誉先后，年命多少，非所量也。"

【见一】
过于雕琢，既无新意，又无深意，更无美感，故不解，不注，不译。

三

【原文】
杨朱曰："万物所异者生也，所同者死也。生则有贤愚、贵贱，是所异也；

死则有臭腐、消灭，是所同也。虽然，贤愚、贵贱，非所能也，臭腐、消灭亦非所能也。故生非所生，死非所死，贤非所贤，愚非所愚，贵非所贵，贱非所贱。然而万物齐生齐死，齐贤齐愚，齐贵齐贱。十年亦死，百年亦死。仁圣亦死，凶愚亦死。生则尧舜，死则腐骨；生则桀纣，死则腐骨。腐骨一矣，孰知其异？且趣当生，奚遑死后？"

【见一】
原文就平白如话，故无须解译。

四

【正本】
杨朱曰："伯夷非无欲，矜清，以放饿死。展季非无情，矜贞，以放寡宗。清贞之矜而误善若此！"

【原文】
杨朱曰："伯夷非亡欲，矜清之邮，以放饿死。展季非亡情，矜贞之邮，以放寡宗。清贞之误善之若此。"

【清源】
伯夷非无欲，矜清，以放饿死

原文为：伯夷非亡欲，矜清之邮，以放饿死。

改"矜清之邮"为"矜清"。"之邮"不能理解，也没语境需要。理解了全章，自然就知道"之邮"没有语境需要。

清贞之矜而误善若此

原文为：清贞之误善之若此。

全章的核心思想，显然不是清贞误善，而是清贞之矜误善，跟毋固、毋执思想等值。

【见一】

伯夷非无欲，矜清，以放饿死

据《史记·伯夷列传》载，"伯夷、叔齐，孤竹君之二子也。父欲立叔齐，及父卒，叔齐让伯夷。伯夷曰：'父命也'。遂逃去，叔齐亦不肯立而逃之。后二人饿死于首阳山。"

展季非无情，矜贞，以放寡宗

据查，展季就是坐怀不乱的柳下惠，但柳下惠如何就"以放寡宗"了，则不得而知。所以，这个解读不是十分可信，但确实又找不到其他更好的解注。

以放寡宗。字面义不好理解。根据语境，它只能理解为绝后。否则，它跟它的对语"以放饿死"不搭。

【今译】

杨朱说："伯夷并非没有欲望，只是因为过于执守清誉，以致饿死首阳。展季并非没有感情，只是因为过于执守坚贞，以致绝了后代。过于执守清誉和坚贞，对善的危害可以达到何等地步！"

五

【正本】

杨朱曰："原宪穷于鲁，子贡殖于卫。原宪之穷损生，子贡之殖累身。""然则穷亦不可，殖亦不可，其可焉在？"曰："可在乐生，可在逸身。"

【原文】

杨朱曰："原宪窭于鲁，子贡殖于卫。原宪之窭损生，子贡之殖累身。""然则窭亦不可，殖亦不可；其可焉在？"曰："可在乐生，可在逸身。故善乐生者不窭，善逸身者不殖。"

【清源】

原宪穷于鲁

原文为：原宪窭于鲁。

改"窭"为"穷"，这并非完全因为窭比较陌生，不好辨认和理解，又或是它本身就是穷的误抄误辨，而是它只能解读为穷。窭，音 jù，本义为贫穷得无法备礼物。

可在乐生，可在逸身

原文为：可在乐生，可在逸身。故善乐生者不窭，善逸身者不殖。

"故善乐生者不窭，善逸身者不殖"必须删除。理由一，它本身不可清晰理解。理由二，它如果能被清晰理解，则跟常识明显不合，马云、曹德旺等明显属于善逸身者殖。理由三，它删除后，文本形式完整，义理完足。

【见一】

原宪穷于鲁，子贡殖于卫

原宪出身贫寒，一生安贫乐道。子贡为鲁司寇时，曾做过孔子的家宰，孔子给他九百斛的俸禄，他推辞不要。孔子死后，他隐居在卫国草泽之中，茅屋瓦牖，粗茶淡饭，生活极为清苦。

子贡善于经商，是孔子弟子中的首富。由于其在经商上大获成功，司马迁在《史记·货殖列传》中以相当的笔墨对其予以表彰。

殖。兴生财利。

【今译】

杨朱说："原宪在鲁国受穷，子贡在卫国发财。原宪因受穷而伤害了生命，子贡因发财而累坏了身体。""按这样的说法，受穷也不可，发财也不可，那可的在哪呢？"杨朱说："可在生命快乐，可在身体安逸。"

六

【原文】

杨朱曰:"古语有之:'生相怜,死相捐。'此语至矣。相怜之道,非唯情也;勤能使逸,饥能使饱,寒能使温,穷能使达也。相捐之道,非不相哀也;不含珠玉,不服文锦,不陈牺牲,不设明器也。"晏平仲问养生于管夷吾。管夷吾曰:"肆之而已,勿壅勿阏。"晏平仲曰:"其目奈何?"夷吾曰:"恣耳之所欲听,恣目之所欲视,恣鼻之所欲向,恣口之所欲言,恣体之所欲安,恣意之所欲行。夫耳之所欲闻者音声,而不得听,谓之阏聪;目之所欲见者美色,而不得视,谓之阏明;鼻之所欲向者椒兰,而不得嗅,谓之阏颤;口之所欲道者是非,而不得言,谓之阏智;体之所欲安者美厚,而不得从,谓之阏适;意之所为者放逸,而不得行,谓之阏性。凡此诸阏,废虐之主。去废虐之主,熙熙然以俟死,一日、一月、一年、十年,吾所谓养。拘此废虐之主,录而不舍,戚戚然以至久生,百年、千年、万年,非吾所谓养。"管夷吾曰:"吾既告子养生矣,送死奈何?"晏平仲曰:"送死略矣,将何以告焉?"管夷吾曰:"吾固欲闻之。"平仲曰:"既死,岂在我哉?焚之亦可,沉之亦可,瘗之亦可,露之亦可,衣薪而弃诸沟壑亦可,衮衣绣裳而纳诸石椁亦可,唯所遇焉。"管夷吾顾谓鲍叔黄子曰:"生死之道,吾二人进之矣。"

【见一】

迷屋乱瓦,不知所向,不解,不注,不译。

七

【正本】

子产相郑,专国之政三年,善者服其化,恶者畏其禁,郑国以治,诸侯惮之,而有兄曰公孙朝,有弟曰公孙穆,朝好酒,穆好色。

朝之室也聚酒千钟,积曲成封,望门百步,糟浆之气,逆于人鼻。方其荒于酒也，不知世道之安危，人理之悔吝，室内之有无，九族之亲疏，存亡之哀乐也，虽水火兵刃交于前，弗知也。

穆之后庭比房数十，皆择稚齿娥姣者以盈之。方其耽于色也，屏亲昵，绝交游，逃于后庭，以昼足夜，三月一出，意犹未惬。乡有处子之娥姣者，必贿而招之，媒而挑之，弗获而后已。

子产日夜以为戚，密造邓析而谋之，曰："侨闻治身以及家，治家以及国。侨为国则治矣，为家则乱矣，其道逆耶？奚方以救二子？子其昭之。"

邓析曰："吾怪之久矣！未敢先言。子奚不时其治也，喻以性命之重，诱以礼义之尊乎？"

子产用邓析之言，因以谒其兄弟，告之曰："人之所以贵于禽兽者，智虑。智虑之所将者，礼义。礼义成，则名位至矣。若触情而动，耽于嗜欲，则性命危矣。子纳侨之言，则朝自悔而夕食禄矣。"

朝、穆曰："吾知之久矣，择之亦久矣，岂待若言而后识之哉？凡生之难遇，而死之易及。以难遇之生，俟易及之死，可孰念哉？而欲尊礼义以夸人，矫情性以招名，吾以此为弗若死矣。为欲尽一生之欢，穷当年之乐，唯患腹溢而不得恣口之饮，力惫而不得肆情于色，不遑忧名声之丑，性命之危也。且若以治国之能夸物，欲以说辞乱我之心，荣禄喜我之意，不亦鄙而可怜哉！我又欲与若别之。夫善治外者，物未必治，而身交苦；善治内者，物未必乱，而性交逸。以若之治外，其法可暂行于一国，未合于人心；以我之治内，可推之于天下，君臣之道息矣。吾常欲以此术而喻若，若反以彼术而教我哉？"

子产茫然，无以应之。

他日以告邓析。邓析曰："子与真人居而不知也，孰谓子智者乎？郑国之治，偶耳，非子之功也。"

【原文】

子产相郑，专国之政三年，善者服其化，恶者畏其禁，郑国以治。诸侯惮之。而有兄曰公孙朝，有弟曰公孙穆。朝好酒，穆好色。朝之室也聚酒千钟，积曲成封，望门百步糟浆之气逆于人鼻。方其荒于酒也，不知世道之安危，人理之悔吝，室内之有亡，九族之亲疏，存亡之哀乐也。虽水火兵刃交于前，弗知也。穆之后庭比房数十，皆择稚齿婑媠者以盈之。方其耽于色也，屏亲昵，绝交游，逃于后庭，以昼足夜；三月一出，意犹未惬。乡有处子之娥姣者，必贿而招之，媒而挑之，弗获而后已。子产日夜以为戚，密造邓析而谋之，曰："侨闻治身以及家，治家以及国，此言自于近至于远也。侨为国则治矣，而家则乱矣。其道逆邪？将奚方以救二子？子其诏之！"邓析曰："吾怪之久矣！未敢先言。子奚不时其治也，喻以性命之重，诱以礼义之尊乎？"子产用邓析之言，因以谒其兄弟，而告之曰："人之所以贵于禽兽者，智虑。智虑之所将者，礼义。礼义成，则名位至矣。若触情而动，耽于嗜欲，则性命危矣。子纳侨之言，则朝自悔而夕食禄矣。"朝、穆曰："吾知之久矣，择之亦久矣，岂待若言而后识之哉？凡生之难遇而死之易及；以难遇之生，俟易及之死，可孰念哉？而欲尊礼义以夸人，矫情性以招名，吾以此为弗若死矣。为欲尽一生之欢，穷当年之乐。唯患腹溢而不得恣口之饮，力惫而不得肆情于色；不遑忧名声之丑，性命之危也。且若以治国之能夸物，欲以说辞乱我之心，荣禄喜我之意，不亦鄙而可怜哉！我又欲与若别之。夫善治外者，物未必治，而身交苦；善治内者，物未必乱，而性交逸。以若之治外，其法可暂行于一国，未合于人心；以我之治内，可推之于天下，君臣之道息矣。吾常欲以此术而喻之，若反以彼术而教我哉？"子产忙然无以应之。他日以告邓析。邓析曰："子与真人居而不知也，孰谓子智者乎？郑国之治偶耳，非子之功也。"

【清源】

皆择稚齿娥姣者以盈之

原文为：皆择稚齿婑媠者以盈之。

改"婑媠者"为"娥姣者"。理由一，它本身既非常陌生，又非常难解，大意应该相当于娥姣者。理由二，后句"乡有处子之娥姣者"可作参考依据。

侨闻治身以及家，治家以及国

原文为：侨闻治身以及家，治家以及国，此言自于近至于远也。

删除"此言自于近至于远也"。不删当然也可以，但从阅读体验出发，删除更好。

子其昭之

原文为：子其诏之。

改"诏"为"昭"。不改也可以，但不好。诏的语境含义只是告知，昭则可以解读为昭明。从语境看，显然不只是告知，而更是昭明。

吾常欲以此术而喻若

原文为：吾常欲以此术而喻之。

改"之"为"若"，以使文本流畅。

子产茫然，无以应之

原文为：子产忙然无以应之。

改"忙"为"茫"，明显的传抄错误。

【见一】
聚酒千钟，积曲成封

千钟。形容多。钟，中国古代计量单位。

积曲。从语境看，曲只能指酒曲，即酿酒用的曲。

成封。封，土堆。

人理之悔吝，室内之有无

悔吝。语出《易·系辞上》："悔吝者，忧虞之象也。"意思是灾祸。从安危、有无、亲疏、哀乐这样的对词语境看，悔吝应该清源为福祸，但理由不是十分充分，遂随原文。

室内。无法肯定其准确含义。就语境需要看，解读为家业较为靠谱。

娥姣

容貌美好。

弗获而后已

按常理，"弗"字应该删除。但因为语境在，口语里也有类似"叫你别去，你非得去"的说法，所以，就随原了。

智虑之所将者

"将"字比较不好理解，只能将就理解为奉行、秉承。有人将之解读为扶持、扶助，也可。

可孰念哉

不是很好理解。从语境的义理逻辑出发，理解为"心中可以以哪一个为念想呢？"应该更好些。也就是说，子产的选择和他兄弟的选择究竟哪个才是人应该的选择。

【 **今译** 】

　　子产在郑国为相时，独揽郑国大权长达三年之久，良善的人服从他的教化，邪恶的人畏惧他的禁令，郑国得以大治，各方诸侯也对他充满忌惮。可是，子产有个老兄叫公孙朝，有个老弟叫公孙穆，老兄好酒，老弟好色。

　　老兄家里聚集的酒有千钟之多，光酒曲就堆得像个小山丘似的。距他家百步之遥，就可以闻到浓浓的酒糟气味。每当这位老兄沉溺于醉酒时，什么世道安危、人理悔吝、家业有无、九族亲疏、存亡哀乐等，一概不知。即使水火兵刃交响于他的跟前，他也一无所知。

　　老弟家的后庭则有数十间房屋相通相连，满屋子都是些年轻漂亮的女子。每当这位老弟享乐于这些女色当中时，什么亲朋好友等，一概不见。他藏身后庭，夜以继日地纵情享乐，三个月才会出来露脸一次。即便如此，他觉得还不过瘾。凡是同乡附近哪里有长得漂亮的未婚女子，他一概通过贿赂的方式将其纳入家中，或是通过媒人上门挑诱，直至到手为止。

　　子产为兄弟俩的事，日夜忧心不已，便秘密造访了邓析以图能想出个法子。他说："我听说自身治理好了就要将它推及家庭，家庭治理好了就要将它推及国家。我把国家治理好了，可家庭却乱糟糟的，治理之道可以倒过来使用吗？您有什么好的法子可以拯救我的这两位兄弟吗？您可一定要不吝指教啊。"

邓析说："我为这事感到纳闷其实已经很有久了！一直不敢先于您提起。您为什么不选择一个好的时机，晓喻他们要看重性命，并教导他们要尊奉礼义呢？"

子产听从了邓析的话，于是前去面见了他的两位兄弟。子产对他俩说："人之所以比禽兽要高贵，就因为人有智虑。而人的智虑所应该尊奉的，是礼义。只要礼义在，那名声和地位也就在了。一个人如果只顾感官享受，沉溺于酒色之中，则连性命都会遭遇危险。要是你俩能听从我所说的，则早上醒悟过来，晚上就能吃到官粮。"

兄弟俩回答说："这些道理我们很久前就知道了，我们很久前也就做出了选择，哪里还需要你在这里啰啰唆唆呢？人的生命难以际遇，而人的死去却容易降临。以难以际遇的生命，来等待容易降临的死去，究竟做哪种选择才对呢？如果说想要以尊奉礼义来向别人夸耀，又或是想要通过扭曲自己的性情来招徕名声，我们认为还不如死去。我们为了想要尽情地享受这一辈子的欢悦，穷尽当下的全部快乐，唯一担心的就是肚子太小而不能放开吃喝，气力不足而不能肆情于色，根本就不会去担心什么臭名远扬，或是性命有什么危险。再说，你仅仅凭借治国的能耐就自以为是，想要通过说辞来搅乱我们的心情，想要通过荣禄来俘获我们的心意，这不既卑鄙又可怜吗！我们还想跟你分辨一下。凡是善于治理外在的，并不一定就能治理外物，且会使身心疲累。凡是善于治理内在的，未必就不能治理外物，且会使身心安逸。以你治理外物的做法，充其量也就治得了国家的一时，还未必合于人心。而以我们治理内在的做法，则可以推及全天下，且能使全天下所谓的君臣之道都消失无踪。我们还常常想把我们的做法来晓喻你，而你却还想以你的做法来教化我们吗？"

子产茫然无措，不知道该如何回答才好。

过了几天，子产将这事告知给了邓析。邓析说："你一直跟真人住在一块而毫无察觉，谁说您是一位智者呢？郑国的大治，只是一种偶然罢了，并非有您什么特别的功劳啊。"

八

【正本】

卫端木叔者,子贡之世也。藉其先赀,家累万金。不治世故,放意所好。其生,民之所欲为,人意之所欲玩者,无不为也,无不玩也。墙屋台榭,园囿池沼,饮食车服,声乐嫔御,拟齐楚之君焉。至其情所欲好,耳所欲听,目所欲视,口所欲尝,虽殊方偏国,非齐土之所产育者,无不必致之,犹藩墙之物也。及其游也,虽山川阻险,途迳修远,无不必之,犹人之行咫步也。宾客在庭者,日百住,庖厨之下,不绝烟火,堂庑之上,不绝声乐。奉养之余,先散之宗族;宗族之余,次散之邑里;邑里之余,乃散之一国。行年六十,气干将衰,弃其家事,散其库藏,一年之中尽焉,不为子孙留财。及其病也,无药石之储,及其死也,无葬埋之资。一国之人,受其施者,相与赋而葬之,反其子孙之财焉。

禽骨厘闻之曰:"端木叔,狂人也,辱其祖矣。"

段干生闻之,曰:"端木叔,达人也,德过其祖矣。其所行也,其所为也,众意所惊,而诚理所取。卫之君子,多以礼教自持,固未足以得此人之心也。"

【原文】

卫端木叔者,子贡之世也。藉其先赀,家累万金。不治世故,放意所好。其生民之所欲为,人意之所欲玩者,无不为也,无不玩也。墙屋台榭,园囿池沼,饮食车服,声乐嫔御,拟齐楚之君焉。至其情所欲好,耳所欲听,目所欲视,口所欲尝,虽殊方偏国,非齐土之所产育者,无不必致之;犹藩墙之物也。及其游也,虽山川阻险,途迳修远,无不必之,犹人之行咫步也。宾客在庭者日百住,庖厨之下不绝烟火,堂庑之上不绝声乐。奉养之余,先散之宗族；宗族之余，次散之邑里；邑里之余，乃散之一国。行年六十，气干将衰，弃其家事，都散其库藏、珍宝、车服、姜媵。一年之中尽焉，不为子孙留财。及其病也，无药石之储；及其死也，无瘗埋之资。一国之人，受其施者，相与赋而藏之，反其子孙之财焉。禽骨厘闻之曰："端木叔，狂人也，辱其祖矣。"段干生闻之，曰："端木叔，达人也，德过其祖矣。其所行也，其所为也，众意所惊，而诚理所取。卫之君子多以礼教自持，固未足以得此人之心也。"

【见一】

文本简明易懂，但因其既无思想价值，又太过臆想，故不解，不注，不译。

九

【正本】

孟孙阳问杨朱曰："有人于此，贵生爱身，以祈不死，可乎？"

杨朱曰："理无不死。"

孟孙阳"以祈久生，可乎？"

杨朱曰："理无久生。生非贵之所能存，身非爱之所能厚。且久生奚为？五情好恶，古犹今也。四体安危，古犹今也。世事苦乐，古犹今也。变易治乱，古犹今也。既闻之矣，既见之矣，既更之矣，百年犹厌其多，况久生之苦乎！"

孟孙阳曰："若然，速亡愈于久生，则践锋刃，入汤火，得所志矣。"

杨朱曰："不然。既生，则废而任之，究其所欲，以俟于死。将死，则废而任之，究其所之，以放于尽。无不废，无不任，何迟速于其间乎？"

【原文】

孟孙阳问杨朱曰："有人于此，贵生爱身，以蕲不死，可乎？"曰："理无不死。""以蕲久生，可乎？"曰："理无久生。生非贵之所能存，身非爱之所能厚。且久生奚为？五情好恶，古犹今也；四体安危，古犹今也；世事苦乐，古犹今也；变易治乱，古犹今也。既闻之矣，既见之矣，既更之矣，百年犹厌其多，况久生之苦也乎？"孟孙阳曰："若然，速亡愈于久生；则践锋刃，入汤火，得所志矣。"杨子曰："不然；既生，则废而任之，究其所欲，以俟于死。将死，则废而任之，究其所之，以放于尽。无不废，无不任，何遽迟速于其闲乎？"

【清源】

以祈不死

原文为：以蕲不死。

改"蕲"为"祈"。含义完全相同，只是一今一古之别而已。既已在今，何必守古。

杨朱曰："理无不死。"

原文为：

曰："理无不死。"

按常理补足杨朱。后文同。不补当然也可以，但不好。

况久生之苦乎

原文为：况久生之苦也乎。

"也"字明显冗余，故删除。

何迟速于其间乎

原文为：何遽迟速于其闲乎？

去"遽"。因为它完全没有语境需要，估计为后人因不理解原文而妄加，看完【今译】自然就会明白。

改"闲"为"间"。明显的传抄错误。

【见一】

久生

原文根本无须任何解读，奈何过往各注家都将其解读为长生不死，所以才不得不站出来啰唆一下。它的语境含义极其清晰明了，就是更为长寿的意思，但最终还是死，相当于延年益寿。

既生，则废而任之，究其所欲，以俟于死

理解的关键是清晰地意识到，"之"和"其"都指代生。

废。废弃的废，相当于置之度外。

究。用字并没有认真考究，将就着解释，就是究竟的究。

将死，则废而任之，究其所之，以放于尽

跟前句一样，要清晰地意识到"之"和"其"的具体所指。只是，第二个"之"字是动词，跟前句的"欲"词性相同，意思为去。

何迟速于其间乎

一定要清晰意识到这句话是对"若然，速亡愈于久生，则践锋刃，入汤火，得所志矣"的直接回答。

迟速。迟指久生，速指速亡。得意忘形即可，不可死拘文字。

其间。指速亡和久生之间。

【今译】

孟孙阳对杨朱说："要是有这么一个人，他贵生爱身，祈求永不死亡，可以吗？"

杨朱说："道理上不存在不死亡。"

孟孙阳说："那就祈求延年益寿，可以吗？"

杨朱说："道理上不存在所谓的延年益寿。生命并不会因为受到特别注重就会一直存活，身体并不会因为受到特别的厚爱就会变得厚实。再说，延年益寿想要干什么呢？五情好恶，古今一样。四体安危，古今一样。世事苦乐，古今一样。变易治乱，古今一样。既然已经听说过了，既然已经看到过了，既然已经经历过了，百年的寿命都还嫌长，再去延年益寿又是何苦！"

孟孙阳说："照你这样说，尽早死去比延年益寿竟然还要好，那自己抹脖子，自己赴汤火，不就得偿所愿了啊？"

杨朱说："不能这样说。既然已经有了生命，那就要将生命置之度外，让它自行其是，让它展现它原本就有的各色欲求，直至死亡。到了快要死亡的时候，则要将死亡置之度外，让它自行其是，让它去往它原本就该去往的地方，直至死亡结束。既然已经完全置之度外了，既然已经完全让它自行其是了，那为什么还要在它们之间选择或快或慢呢？"

十

【正本】

杨朱曰："伯成子高不以一毫利人，舍国而隐耕。大禹不以一身自利，一体偏枯。古之人，损一毫利天下不与也，悉天下奉一身不取也。人人不损一毫，人人不利天下，天下治矣。"

【原文】

杨朱曰："伯成子高不以一毫利物，舍国而隐耕。大禹不以一身自利，一体偏枯。古之人损一毫利天下不与也，悉天下奉一身不取也。人人不损一毫，人人不利天下，天下治矣。"

【清源】

伯成子高不以一毫利人

原文为：伯成子高不以一毫利物。

改"物"为"人"，依据为"人人不损一毫，人人不利天下，天下治矣"这样的语境。

【见一】

伯成子高不以一毫利人，舍国而隐耕

引用《庄子见独》《天地》第五节的寓言，或许有助于对这句话的理解：

尧治天下，伯成子高立为诸侯。尧授舜，舜授禹，伯成子高辞为诸侯而耕。禹往见之，则耕在野。禹趋就下风，立而问焉，曰："昔尧治天下，吾子立为诸侯。尧授舜，舜授予，而吾子辞为诸侯而耕，敢问其故何也？"子高曰："昔者尧治天下，不赏而民劝，不罚而民畏。今子赏罚而民且不仁，德自此衰，刑自此立，后世之乱自此始矣！夫子闿不行邪？无落吾事！"俋俋乎耕而不顾。

大禹不以一身自利，一体偏枯

引用《庄子见独》《天下》第二节中一段被删除了的话，或许有助于理解：

昔禹之湮洪水，决江河而通四夷九州也。名山三百，支川三千，小者无数。禹亲自操橐耜而九杂天下之川。腓无胈，胫无毛，沐甚雨，栉疾风，置万国。禹大圣也，而形劳天下也如此。

【今译】

杨朱说："伯成子高不以一毫利人，把国家都舍弃掉，而隐居在田耕之中。大禹不以一身自利，搞得自己一身的病痛。真正的人，损伤自己的一毫对天下有利也不干，让全天下都服务于自己也不干。要是天下人人都不损一毫，人人都不利天下，那天下也就大治了。"

十一

【正本】

禽子问杨朱曰："去子体之一毛以济一世，汝为之乎？"杨子曰："世固非一毛之所济。"

禽子曰："假济，为之乎？"杨子弗应。

禽子出，语孟孙阳。孟孙阳曰："子不达夫子之心，吾请言之。有侵苦肌肤获万金者，若为之乎？"

禽子曰："为之。"

孟孙阳曰："有断若一节得一国，子为之乎？"禽子默然有间。

孟孙阳曰："一毛微于肌肤，肌肤微于一节，省矣。然则积一毛以成肌肤，积肌肤以成一节。一毛固一体万分中之一物，奈何轻之乎？"

禽子曰："吾不能所以答子。然则以子之言问老聃、关尹，则子言当矣。以吾言问大禹、墨翟，则吾言当矣。"

孟孙阳因顾与其徒说他事。

【原文】

禽子问杨朱曰："去子体之一毛以济一世，汝为之乎？"杨子曰："世固非一毛之所济。"禽子曰："假济，为之乎？"杨子弗应。禽子出语孟孙阳。孟孙阳曰："子不达夫子之心，吾请言之。有侵苦肌肤获万金者，若为之乎？"曰："为之。"孟孙阳曰："有断若一节得一国。子为之乎？"禽子默然有间。孟孙阳曰："一毛微于肌肤，肌肤微于一节，省矣。然则积一毛以成肌肤，积肌肤以成一节。一毛固一体万分中之一物，奈何轻之乎？"禽子曰："吾不能所以答子。然则以子之言问老聃、关尹，则子言当矣；以吾言问大禹、墨翟，则吾言当矣。"孟孙阳因顾与其徒说他事。

【清源】

原文全都顺当，无须清源。

【见一】

侵苦

单抽出来，只是为了提示它是一个词，意思就是字面义，不好再作解释。

然则以子之言问老聃、关尹，则子言当矣。以吾言问大禹、墨翟，则吾言当矣

单独看是不可能看懂的，必须回到《庄子见独》《天下》篇中去。《天下》篇将老聃、关尹归为一类：

> 以本为精，以物为粗，以有积为不足，澹然独与神明居，古之道术有在于是者。
>
> 关尹、老聃闻其风而悦之，建之以常无有，主之以太一，以濡弱谦下为表，以空虚不毁万物为实。关尹曰："在己无居，形物自著。""其动若水，其静若镜，其应若响。""芴乎若亡，寂乎若清。""同焉者和，得焉者失。""未尝先人而常随人。"老聃曰："知其雄，守其雌，为天下溪。知其白，守其辱，为天下谷。"人皆取先，己独取后，曰"受天下之垢"。人皆取实，己独取虚，曰"无藏也故有余"。其行身也，徐而不费，无为也而笑巧。人皆求福，己独曲全，曰"苟免于咎"。以深为根，以约为纪，曰"坚则毁矣，锐则挫矣。"常宽容于物，不削于人。虽未至于极，关尹、老聃乎，古之博大真人哉！

而将大禹、墨翟归为另一类：

> 不侈于后世，不靡于万物，不晖于数度，以绳墨自矫，而备世之急，古之道术有在于是者。
>
> 墨翟、禽滑厘闻其风而说之，为之大过，已之大循。作为《非乐》，命之曰节用。生不歌，死无服。墨子泛爱兼利而非斗，其道不怒。又好学而博，不异，不与先王同，毁古之礼乐。古之丧礼，贵贱有仪，上下有等。天子棺椁七重，诸侯五重，大夫三重，士再重。今墨子独生不歌，死不服，桐棺三寸而无椁，以为法式。以此教人，恐不爱人。以此自行，固不爱己。未败墨子道。虽然，歌而非歌，哭而非哭，乐而非乐，是果类乎？其生也勤，其死也薄，其道大觳。使人忧，使人悲，其行难为也。恐其不可以为圣人之道，反天下之心，天下不堪。墨子虽独能任，奈天下何！离于天下，其去王也远矣！

【今译】

禽子为杨朱说:"拿走您身上的一根毫毛去救济天下,您干吗?"杨朱说:"天下原本就不是一根毫毛所能救济的。"

禽子又问:"假如能救济,您干吗?"杨朱默不作声。

禽子走了出来,把这事说给孟孙阳听。孟孙阳说:"您没有摸到老师的心思,我来给你说说。假如侵苦您的肌肤就能获得万金,您会干吗?"

禽子说:"会啊。"

孟孙阳说:"假如断掉您身体的一节而可以获得一个国家,您会干吗?"禽子沉默了好一会儿。

孟孙阳说:"一根毫毛当然小于肌肤,肌肤又小于身体的一节,道理很明了。可是,一根毫毛一根毫毛积聚起来就成了肌肤,肌肤积聚起来就成了身体的一节。一根毫毛原本就是全部身体中的一个部分,奈何您竟然要轻视它呢?"

禽子说:"我不能从根本上回答您。不过,您要是拿您的话去问老聃、关尹,那您的话就是对的。我要是拿我的话去问题大禹、墨翟,那我的话就是对的。"

孟孙阳转过头去,跟他的弟子说起了另外一个话题。

十二

【原文】

杨朱曰:"天下之美归之舜、禹、周、孔,天下之恶归之桀纣。然而舜耕于河阳,陶于雷泽,四体不得暂安,口腹不得美厚;父母之所不爱,弟妹之所不亲。行年三十,不告而娶。乃受尧之禅,年已长,智已衰。商钧不才,禅位于禹,戚戚然以至于死。此天人之穷毒者也。鲧治水土,绩用不就,殛诸羽山。禹纂业事仇,惟荒土功,子产不字,过门不入;身体偏枯,手足胼胝。及受舜禅,卑宫室,美绂冕,戚戚然以至于死:此天人之忧苦者也。武王既终,成王幼弱,周公摄天子之政。邵公不悦,四国流言。居东三年,诛兄放弟,仅免其身,戚戚然以至于死:此天人之危惧者也。孔子明帝王之道,应时君之聘，伐树于宋，削迹于卫，穷于商周，围于陈蔡，受屈于季氏，见辱于阳虎，戚戚然以至于死：此天民之遑遽者也。凡彼四圣者，生无一日之欢，死有万世之名。名者，固非实之所取也。虽称之弗知，虽赏之不知，与株块无以异矣。桀藉累世之资，居南面之尊，智足以距群下，威足以震海内；恣耳目之所误，穷意虑之所为，熙熙然从至于死：此天民之逸荡者也。纣亦藉累世之资，居南面之尊；威无不行，志无不从；肆情于倾宫，纵欲于长夜；不以礼义自苦，熙熙然以至于诛：此天民之放纵者也。彼二凶也，生有纵欲之欢，死被愚暴之名。实者，固非名之所与也，虽毁之不知，虽称之弗知，此与株块奚以异矣。彼四圣虽美之所归，苦以至终，同于死矣。彼二凶虽恶之所归，乐以至终，亦同归于死矣。"

【见一】

无深意，无新意，无难点，故不解，不注，不译。

十三

【正本】

杨朱见梁王，言治天下如运诸掌。

梁王曰："先生有一妻一妾而不能治，有三亩之园而不能耘，而言治天下如运诸掌，何也？"

对曰："君见其牧羊者乎？百羊而群，使五尺童子荷策而随之，欲东而东，欲西而西。使尧牵一羊，舜荷策而随之，则不能前矣。且臣闻之：'吞舟之鱼，不游支流，鸿鹄高飞，不集洿池，何则？其极远也。黄钟大吕，不可从繁奏之舞，何则？其音疏也。'治大者不治细，成大者不成小，此之谓矣。"

【原文】

杨朱见梁王，言治天下如运诸掌。梁王曰："先生有一妻一妾而不能治，三亩之园而不能芸；而言治天下如运诸掌，何也？"对曰："君见其牧羊者乎？百羊而群，使五尺童子荷箠而随之，欲东而东，欲西而西。使尧牵一羊，舜荷箠而随之，则不能前矣。且臣闻之：吞舟之鱼，不游枝流；鸿鹄高飞，不集污池。何则？其极远也。黄钟大吕，不可从烦奏之舞，何则？其音疏也。将治大者不治细，成大功者不成小，此之谓矣。"

【清源】

有三亩之园而不能耘

原文为：三亩之园而不能芸。

加"有"，以使文本更自然、流畅。

改"芸"为"耘"。不言而喻。

使五尺童子荷策而随之

原文为：使五尺童子荷箠而随之。

改"箠"为"策"。理由一，"箠"过于陌生，不解释则不知何意。音chuí，同棰，本义为短木棍。理由二，汉语有鞭策一词。虽然鞭策的策一般说来，是指古代的一种马鞭子，但用来策羊，不算为过。理由三，箠、策字形极像，不排除是误辨误抄。

不游支流

原文为：不游枝流。

改"枝"为"支"，不改其实也可以，但既然现今大家都已经习惯用"支流"而不是"枝流"，改之为好。

不集洼池

原文为：不集污池。

改"污"为"洼"，污没有语境需要，洼则明显有，应该是传抄错误。

【见一】

全章

极具思想价值，寓言文本及义理都堪与《庄子》比肩。

其极远也

"极"的含义不是十分明确，它本身应该对应下文的音。所以，它最好理解为极限、尽头，象征最高抱负或目的。

黄钟大吕，不可从繁奏之舞

黄钟。我国古代音韵十二律中六种阳律的第一律。

大吕。我国古代音韵十二律中六种阴律的第一律。

繁奏之舞。因为完全不懂音律舞蹈，所以不是太能确定其准确含义。单从字面意思看，应该指节奏变化繁多的舞蹈。

【今译】

杨朱拜见梁王，说治理天下犹如反掌。

梁王说："先生家中的一妻一妾都管治不好，三亩之园都耕种不善，奈何还要说治理天下犹如反掌，为什么呀？"

杨朱回答说："国君您考察过牧羊者没有？上百头羊群聚在一起，只使一位五尺孩儿拿着羊鞭跟在后边，就能让羊群想往东就往东，想往西就往西。但要是让尧只牵着一头羊，而舜拿着羊鞭跟在羊后边，则根本无法使羊按自己的意愿往前行走。而且，我还曾听说过：'吞舟之鱼，不游支流。鸿鹄高飞，不集洼池。'为什么会这样呢？是因为它们所要实现的目的实在高远啊。黄钟大吕，不可为节奏变化繁多的舞蹈伴奏，为什么会这样呢？是因为黄钟大吕的声音非常空疏宏大啊。治大者不治细，成大者不成小，说的就是这个啊。"

十四

【正本】

杨朱曰："太古之事灭矣，孰志之哉？三皇之事若存若亡，五帝之事若觉若梦，三王之事或隐或显，亿不识一。当身之事或闻或见，万不识一。今日之事或存或废，千不识一。太古至于今日，年数不可胜纪，而伏羲已来三十余万岁，贤愚、好丑、成败、是非，无不消灭，迟速之间耳。矜一时之毁誉，以焦苦其神形，要死后之余名，岂足润枯骨，何生之乐哉？"

【原文】

杨朱曰："太古之事灭矣，孰志之哉？三皇之事若存若亡，五帝之事若觉若梦，三王之事或隐或显，亿不识一。当身之事或闻或见，万不识一。目前之事或存或废，千不识一。太古至于今日，年数固不可胜纪。但伏羲已来三十余万岁，贤愚、好丑、成败、是非，无不消灭；但迟速之间耳。矜一时之毁誉，以焦苦其神形，要死后数百年中余名，岂足润枯骨？何生之乐哉？"

【清源】

今日之事或存或废

原文为：目前之事或存或废。

改"目前"为"今日"，以使文本前后一致。前为"太古之事灭矣"，后为"太古至于今日"。

要死后之余名

原文为：要死后数百年中余名。

删除"数百年中"，然后加"之"。前者是因为既不合古汉语表达，又不合语境形式、义理，后者是因为能使文本更上口，更美感。

【见一】

全章简明，无难解之语，无须见一。

【今译】

杨朱说："太古之事全都消失得无影无踪了，谁还记得它发生过什么呢？三皇之事若存若亡，五帝之事若觉若梦，三王之事或隐或显，最多都只记得其中的亿分之一。身边之事或闻或见，最多都只记得其中的万分之一。今日之事或存或废，最多也就记得其中的千分之一。太古至于今日，所过去了的年数数都数不清，单从伏羲到现在就已三十万年了，其间的贤愚、好丑、成败、是非等，无不消失殆尽，只不过或快或慢而已。念念不忘一时的毁誉，搞得自己形焦神苦。追求死后的余名，难道可以使枯骨得到滋润吗？这于生命来说有什么快乐可言吗？"

十五

【正本】

杨朱曰："人肖天地之类，怀五常之性，有生之最灵者也。然则人者，爪牙不足以供守卫，肌肤不足以自扞御，趋走不足以从利逃害，无毛羽以御寒暑，必将资物以为养，任智而不恃力。故智之所贵，存我为贵；力之所贱，侵物为贱。然身非我有也，既生不得不存之；物非我有也，既有不得去之。身固生之主，物固养之主。虽存生，不可有其身；虽不去物，不可有其物。有其物，有其身，是横私天下之身，横私天下之物。不横私天下之身，不横私天下之物者，其唯圣人乎！"

【原文】

杨朱曰："人肖天地之类，怀五常之性，有生之最灵者人也。人者，爪牙不足以供守卫，肌肤不足以自扞御，趋走不足以从利逃害，无毛羽以御寒暑，必将资物以为养，任智而不恃力。故智之所贵，存我为贵；力之所贱，侵物为贱。然身非我有也，既生不得不全之；物非我有也，既有不得而去之。身固生之主，物亦养之主。虽全生，不可有其身；虽不去物，不可有其物。有其物，有其身，是横私天下之身，横私天下之物。不横私天下之身，不横私天下之物者，其唯圣人乎！公天下之身，公天下之物，其唯至人矣！此之谓至至者也。"

【清源】

然则人者

原文为：人者。

加"然则"，否则，文本义理难以衔接，导致文本难以理解。

既生不得不存之

原文为：既生不得不全之。

改"全"为"存"。原文中的全，应该是保全的意思，等同于保存，但因为语境太小，也可理解为完全。所以，为避免普通读者的误解，直接改为保存的存更好。

既有不得去之

原文为：既有不得而去之。

去"而"，不去也通，但还是容易导致误解，故去之为好。

物固养之主

原文为：物亦养之主。

改"亦"为"固"，不改也可，但不好，因为"亦"没有语境，而"固"有。

公天下之身，公天下之物，其唯至人矣！此之谓至至者也

原位于章末，明显是后人的注语。删除后，文本形式完整，义理完足。

【见一】

人肖天地之类，怀五常之性

语境太小，实在无法清晰解读。百沉千默，当理解为"人是跟天地最像的生灵，身上包含了金木水火土全部五种自然元素"，正因此，才称得上是"有生之最灵者也"，这跟"人体就是小宇宙"的说法类似。

扞御

等同于捍卫。扞，音 hàn，捍的古异体字。

故智之所贵，存我为贵；力之所贱，侵物为贱

这句话原本应该删除，但删除后的文本，总觉得有缺失，故还是保留了下来。只是，它真的不好理解，主要是后半句不好理解。反反复复推敲，将就可以理解。前半句的意思是，智之所以尊贵，是因为它能保全"爪牙不足以供守卫，肌肤不足以自扞御，趋走不足以从利逃害，无毛羽以御寒暑，必将资物以为养"的我。后半句的意思是，力之所以卑贱，是因为它在保全"爪牙不足以供守卫，肌肤不足以自扞御，趋走不足以从利逃害，无毛羽以御寒暑，必将资物以为养"的我时，必定会侵掠到外物。

横私

构词法完全等同于横征暴敛的横征。

【 今译 】

杨朱说："人类是最像天地的生灵，身上含有金木水火土全部五种自然元素，是一切生灵中最具灵性的。但是，人的爪牙并不足以用于守卫，人的肌肤并不足以用于抵抗，人的行走并不足以从利逃害，人没有羽毛可以用来抵御寒暑，它必须要借助外物才能实现自我保全，只能任用智力而不是依凭气力。所以，人的智力的可贵之处在于，它能实现人的自我保全。气力的卑贱之处则在于，它必定要求侵掠外物。可是，人的身体并非人所能拥有，只是既然已经存在了，就不得不使它继续存在。外物也并非人所能拥有，只是既然已经存在了，人就离不开它。身体本来就是生命的载体，外物本来就是生命的补养。虽然不得不保全生命，但不可以独占身体。虽然离不开外物，但不可以独占外物。独占外物，独占身体，是对天下之身的强横占有，是对天下之物的强横占有。不强横占有天下之身，不强横占有天下之物，是只有圣人才能做到的事！"

十六

【正本】

杨朱曰："生民之不得休息，为四事故。一为寿，二为名，三为位，四为货。有此四者，畏鬼，畏人，畏威，畏刑，此谓之逆民也。可杀可活，制命在外。不逆命，何羡寿？不矜贵，何羡名？不要势，何羡位？不贪富，何羡货？此之谓顺民也。天下无对，制命在内。"

【原文】

杨朱曰："生民之不得休息，为四事故：一为寿，二为名，三为位，四为货。有此四者，畏鬼，畏人，畏威，畏刑：此谓之遁民也。可杀可活，制命在外。不逆命，何羡寿？不矜贵，何羡名？不要势，何羡位？不贪富，何羡货？此之谓顺民也。天下无对，制命在内。故语有之曰：人不婚宦，情欲失半；人不衣食，君臣道息。周谚曰：'田父可坐杀。'晨出夜入，自以性之恒；啜菽茹藿，自以味之极；肌肉粗厚，筋节腃急，一朝处以柔毛绨幕，荐以粱肉兰橘，心痟体烦，内热生病矣。商鲁之君与田父侔地，则亦不盈一时而惫矣。故野人之所安，野人之所美，谓天下无过者。昔者宋国有田夫，常衣缊黂，仅以过冬。暨春东作，自曝于日，不知天下之有广厦隩室，绵纩狐貉。顾谓其妻曰：'负日之暄，人莫知者；以献吾君，将有重赏。'里之富室告之曰：'昔人有美戎菽，甘枲茎芹萍子者，对乡豪称之。乡豪取而尝之，蜇于口，惨于腹，众哂而怨之，其人大惭。子，此类也。'"

【清源】

此谓之逆民也

原文为：此谓之遁民也。

改"遁"为"逆"。理由一，可能因形近而误。理由二，它应该是"此之谓顺民也"的对语。逆与顺对，遁与顺不是很对。

故语有之曰：人不婚宦，情欲失半；人不衣食，君臣道息。周谚曰："田父可坐杀。"晨出夜入，自以性之恒；啜菽茹藿，自以味之极；肌肉粗厚，筋节腃急，一朝处以柔毛绵幕，荐以粱肉兰橘，心痛体烦，内热生病矣。商鲁之君与田父侔地，则亦不盈一时而惫矣。故野人之所安，野人之所美，谓天下无过者。昔者宋国有田夫，常衣缊黂，仅以过冬。暨春东作，自曝于日，不知天下之有广厦隩室，绵纩狐貉。顾谓其妻曰："负日之暄，人莫知者；以献吾君，将有重赏。"里之富室告之曰："昔人有美戎菽，甘枲茎芹萍子者，对乡豪称之。乡豪取而尝之，蜇于口，惨于腹，众哂而怨之，其人大惭。子，此类也。"

极大可能是后人注语叠加而成，故删除。

【见一】

全章

全章的文本非常失败，既不顺畅，也不严谨，更无美感。原本想要完全放弃，奈何清源后的【正本】稍有思想内涵和现实价值，就做了保留。

可杀可活，制命在外

因为文本问题，其准确含义不好把握，大意就是字面义，请见【今译】。

天下无对，制命在内

还是因为文本问题，其准确含义不好把握。结合其对语"可杀可活，制命在外"一起理解，大意应该是指天下没有对手，因为自己的命运由自己掌控。

【今译】

杨朱说："芸芸众生之所以得不到休息，就因为四件事。一是为了寿命，二是为了名声，三是为了地位，四是为了发财。有了这四件事，就会怕鬼，就会怕人，就会怕权势，就会怕刑罚，这就叫逆民。逆民是死是活，都由不得自己。不违逆天命，哪里会羡慕寿命？不矢志显贵，哪里会羡慕名声？不追求权势，哪里会羡慕地位？不贪恋富阔，哪里会羡慕发财？这就叫顺民。

顺民天下无敌，命运由自己掌控。"

十七

【正本】

杨朱曰："丰屋、美服、厚味、姣色，有此四者，何求于外？有此而求外者，无厌之性。无厌之性，阴阳之害也。忠不足以安君，适足以危身；义不足以利物，适足以害生。安君不由于忠，而忠名灭焉；利物不由于义，而义名绝焉。君臣皆安，物我兼利，古之道也。"

【原文】

杨朱曰："丰屋美服，厚味姣色。有此四者，何求于外？有此而求外者，无厌之性。无厌之性，阴阳之蠹也。忠不足以安君，适足以危身；义不足以利物，适足以害生。安上不由于忠，而忠名灭焉；利物不由于义，而义名绝焉。君臣皆安，物我兼利，古之道也。鬻子曰：'去名者无忧。'老子曰：'名者实之宾。'而悠悠者趋名不已。名固不可去？名固不可宾邪？今有名则尊荣，亡名则卑辱。尊荣则逸乐，卑辱则忧苦。忧苦，犯性者也；逸乐，顺性者也。斯实之所系矣。名胡可去？名胡可宾？但恶夫守名而累实。守名而累实，将恤危亡之不救，岂徒逸乐忧苦之间哉？"

【清源】

阴阳之害也

原文为：阴阳之蠹也。

改"蠹"为"害"，因为蠹只能解读为害，而蠹本身字形就跟语境不搭。当然，不改也无妨。蠹，音 dù，本义为蛀虫。

鬻子曰：'去名者无忧。'老子曰：'名者实之宾。'而悠悠者趋名不已。名固不可去？名固不可宾邪？今有名则尊荣，亡名则卑辱。尊荣则逸乐，卑辱则忧苦。忧苦，犯性者也；逸乐，顺性者也。斯实之所系矣。名胡可去？名胡可宾？但恶夫守名而累实。守名而累实，将恤危亡之不救，岂徒逸乐忧苦之间哉？"

明显是后人的注语，故删除。

【见一】

全章

文本拟写的不是十分顺畅，义理也不是十分显明而有价值，失败之作，故不解，不注，不译。

【今译】

原文即可。

说符第八

一

【正本】

列子学于壶丘子林。

壶丘子林曰："子知持后，则可言持身矣。"

列子曰："愿闻持后。"

曰："顾若影，则知之。"

列子顾而观影：形枉则影曲，形直则影正。然则枉直随形而不在影，此之谓持后。

【原文】

子列子学于壶丘子林。壶丘子林曰："子知持后，则可言持身矣。"列子曰："愿闻持后。"曰："顾若影，则知之。"列子顾而观影：形枉则影曲，形直则影正。然则枉直随形而不在影，屈申任物而不在我，此之谓持后而处先。

【清源】

然则枉直随形而不在影，此之谓持后

原文为：然则枉直随形而不在影，屈申任物而不在我，此之谓持后而处先。

删除"屈申任物而不在我"。后世注家加入的可能性较大，原文就是如此也很有可能。但不管哪种，删除比保留好，因为好的经文一定要给不言自明的含义留有空间。

删除"而处先"。这句话明显是针对"愿闻持后"说的，"而处先"明显冗余。

【见一】

清源后的正本一目了然，无须任何解释。

列子求学于壶丘子林门下。

壶丘子林说："你要是知道如何持后，那也就可以言说如何持身了。"

列子说："那我很希望能听到什么是持后。"

壶丘子林说："回头看看你自己的影子，就知道如何叫持后了。"

列子回头审视自己的影子：自己身子不正影子就跟着不正，自己身子正了影子也就跟着正了。如此说来，影子的正与不正，就取决于身子而不是影子。这就叫持后。

二

【正本】

关尹谓列子曰："言美则响美，言恶则响恶，身长则影长，身短则影短。是故圣人见出以知入，观往以知来，此其所以先知之理也。度在我，稽在人。我爱人，人必爱之。我恶人，人必恶之。汤武爱天下，故王。桀纣恶天下，故亡。此所稽度也。稽度皆明而不道也，譬之出不由门，行不从径也，以是求利，不亦难乎？"

【原文】

关尹谓子列子曰："言美则响美，言恶则响恶；身长则影长，身短则影短。名也者，响也；身也者，影也。故曰：慎尔言，将有和之；慎尔行，将有随之，是故圣人见出以知入，观往以知来，此其所以先知之理也。度在身，稽在人。人爱我，我必爱之；人恶我，我必恶之。汤武爱天下，故王；桀纣恶天下，故亡，此所稽也。稽度皆明而不道也，譬之出不由门，行不从径也。以是求利，不亦难乎？尝观之神农、有炎之德，稽之虞、夏、商、周之书，度诸法士贤人之言，所以存亡废兴而非由此道者，未之有也。"

【清源】

是故圣人见出以知入，观往以知来，此其所以先知之理也

原文为：名也者，响也；身也者，影也。故曰：慎尔言，将有和之；慎尔行，将有随之，是故圣人见出以知入，观往以知来，此其所以先知之理也。

删除"名也者，响也；身也者，影也。故曰：慎尔言，将有和之；慎尔行，将有随之"。理由一，"名也者，响也；身也者，影也"不知所云，明显是后人不解经文的胡妄注语。理由二，"故曰：慎尔言，将有和之；慎尔行，将有随之"没有语境需要，明显也是后人的注语。理由三，"圣人见出以知入，观往以知来，此其所以先知之理也"明显是从"言美则响美，言恶则响恶；身长则影长，身短则影短"直接"是故"而来的。

度在我，稽在人。我爱人，人必爱之。我恶人，人必恶之

原文为：度在身，稽在人。人爱我，我必爱之；人恶我，我必恶之。

改"度在身"为"度在我"，以使与紧接后文我人关系相一致。

改"人爱我，我必爱之"为"我爱人，人必爱之"，以使义理逻辑通畅。原文义理逻辑明显凌乱，且完全没有思想价值。

改"人恶我，我必恶之"为"我恶人，人必恶之"。理由同上。

此所稽度也

原文为：此所稽也。

加"度"，以使与后文"稽度皆明而不道也"以及文本的应该义理相一致。

稽度皆明而不道也，譬之出不由门，行不从径也，以是求利，不亦难乎

原文为：稽度皆明而不道也，譬之出不由门，行不从径也。以是求利，不亦难乎？尝观之神农、有炎之德，稽之虞、夏、商、周之书，度诸法士贤人之言，所以存亡废兴而非由此道者，未之有也。

"行不从径也"后最好不用句号，以使文本义理紧凑。

"尝观之神农、有炎之德，稽之虞、夏、商、周之书，度诸法士贤人之言，所以存亡废兴而非由此道者，未之有也"明显是后人的感言，故删除。

【见一】

度在我，稽在人

度。法度的度，即法则。

稽。稽查的稽，即考核。

稽度皆明而不道也

道。作动词用，即以为道。

不亦难乎

根据语境，"难"理解为困难和灾难都可以。取前者更合常理，【今译】取前者。

【今译】

关尹对列子说："自己言行好则回响就好，自己言行恶则回响就恶。身子长影子就长，身子短影子就短。正因为如此，圣人才能够见出以知入，观往以知来，这就是圣人能够有先见之明的道理所在。法度掌控在自己手上，他人怎么看则掌控在他人手上。自己敬爱他人，他人就必定敬爱自己。自己厌恶他人，他人就必定厌恶自己。汤武敬爱全天下的人，所以能为王。桀纣厌恶全天下的人，所以会灭亡。这就是所谓稽度的真正内涵。稽度都已经如此明确却还是不去遵循，那就好比出不由门，行不从径，想通过这种方式来求得好处，不是太困难了吗？"

三

【正本】

严恢曰："用道者富，今得珠亦富矣，安用道？"

列子曰："桀纣唯重利而轻道，是以亡。人而无义，唯食而已，是鸡狗也。强食靡角，胜者为制，是禽兽也。为鸡狗禽兽矣，而欲人之尊己，不可得也。人不尊己，则危辱及之矣。"

【原文】

严恢曰："所为问道者为富。今得珠亦富矣，安用道？"子列子曰："桀纣唯重利而轻道，是以亡。幸哉余未汝语也！人而无义，唯食而已，是鸡狗也。强食靡角，胜者为制，是禽兽也。为鸡狗禽兽矣，而欲人之尊己，不可得也。人不尊己，则危辱及之矣。"

【清源】

用道者富，今得珠亦富矣，安用道

原文为：所为问道者为富。今得珠亦富矣，安用道？

改"所为问道者为富"为"用道者富"，以使与"安用道"形式和义理相一致。

桀纣唯重利而轻道，是以亡

原文为：桀纣唯重利而轻道，是以亡。幸哉余未汝语也！

删除"幸哉余未汝语也"。理由一，语境完全没有需要。理由二，它究竟是什么含义，也无法确知。理由三，删除后的文本，没有任何缺陷。

【见一】

强食靡角

强食。即弱肉强食。

靡角。以角相搏。靡，音 mí，摩擦、接触。

【今译】

严恢说："用道的人就会富足。那如果因为得到珠宝也可以富足，还需要用道吗？"

列子说："桀纣就是因为只重视利而轻视道，才导致了灭亡。人要是没有了正义，只知道吃食，不过鸡狗而已。弱肉强食，以命相搏，胜者为制，不过禽兽而已。只是鸡狗禽兽，还想获得他人的尊敬，那是不可能的。他人要是不尊敬自己，那危险和侮辱就将跟着降临。"

四

列子学射，中矣，报于关尹子。

关尹子曰："子知子之所以中者乎？"

列子曰："弗知也。"

关尹子曰："未可。"

退而习之。三年，又以报关尹子。

关尹子曰："子知子之所以中乎？"

列子曰："知之矣。"

关尹子曰："可矣，守而勿失也。非独射也，为国与身亦皆如之，故圣人不察存亡而察其所以然。"

【原文】

列子学射，中矣，请于关尹子。尹子曰："子知子之所以中者乎？"对曰："弗知也。"关尹子曰："未可。"退而习之。三年，又以报关尹子。尹子曰："子知子之所以中乎？"列子曰："知之矣。"关尹子曰："可矣；守而勿失也。非独射也，为国与身亦皆如之。故圣人不察存亡而察其所以然。"

【清源】

报于关尹子

原文为：请于关尹子。

改"请"为"报"。理由一，请，不通。理由二，后文有"又以报关尹子"。

关尹子曰

原文为：尹子曰。

关尹子原名关尹，子是尊称，一如孔子。所以，尹子应该是关尹子的缺误。统改。

【见一】

原文简明通透，无须任何进一步的阐释说明。

【今译】

列子学射，射中了靶心，便去报关尹子。

关尹子说："你知道你是怎么射中靶心的吗？"

列子说："完全不知道啊。"

关尹子说："还不行。"

列子于是回家继续学射。三年后，又去报关尹子。

关尹子说："你知道你是怎么射中靶心的吗？"

列子说："终于知道了。"

关尹子说："可以了，要坚守而不要遗忘。不单单学射是这样，治国与治身也是如此。所以，圣人要审察的不是存亡，而是审察存亡的究竟。"

五

【正本】

列子曰："色盛者骄，力盛者奋，未可以语道也。故自奋则人莫之告。人莫之告，则孤而无辅矣。贤者任人，故年老而不衰，智尽而不乱。故治国之难，在于知贤，而不在自贤。"

【原文】

列子曰："色盛者骄，力盛者奋，未可以语道也。故不班白语道，失，而况行之乎？故自奋则人莫之告。人莫之告，则孤而无辅矣。贤者任人，故年老而不衰，智尽而不乱。故治国之难在于知贤而不在自贤。"

【清源】

故自奋则人莫之告

原文为：故不班白语道，失，而况行之乎？故自奋则人莫之告。

删除"故不班白语道，失，而况行之乎"，明显是后人的注语误入。因为注语是误读，所以跟语境十分不搭。

【见一】

色盛者骄，力盛者奋

色。声色俱厉、色厉内荏的色，神色、样子。

盛。年轻气盛、盛气凌人的盛，炽烈、盛大。

奋。奋不顾身、奋发图强的奋，激奋、奋勇。

贤者任人

一定要在意念中将"任人"放到句子的中心，【今译】特地做了强调。

【今译】

列子说："神色盛大的人傲娇，力量盛大的人激奋，这些人其实都不是可以谈论大道的。所以，人自奋了，就没有人告知他大道了。没有人告知他大道，那他就孤单一人而没有了辅佐。贤者的贤就在于任人，所以，他即使年纪大了也不会感到衰弱，智力穷竭了也不会导致动乱。因此，治国的难，难在知道任用贤人，而不在以自己为贤人。"

六

【正本】

宋人有为其君以玉为楮叶者，三年而成，乱之楮叶中而不可别也，遂以巧食宋国。

列子闻之，曰："使天地之生物，三年而成一叶，则物之有叶者，寡矣。故圣人恃道化而不恃智巧。"

【原文】

宋人有为其君以玉为楮叶者，三年而成。锋杀茎柯，毫芒繁泽，乱之楮叶中而不可别也。此人遂以巧食宋国。子列子闻之，曰："使天地之生物，三年而成一叶，则物之有叶者寡矣。故圣人恃道化而不恃智巧。"

【清源】

乱之楮叶中而不可别也

原文为：锋杀茎柯，毫芒繁泽，乱之楮叶中而不可别也。

删除"锋杀茎柯，毫芒繁泽"。理由一，本身完全不可解，即使按传统解注将"锋杀"改为"丰杀"，其所谓的解还是十分勉强。理由二，根据奥卡姆"如无必要，勿增实体"剃刀原则，剃除后的文本，不缺不失，义理完足。

【见一】

楮

音 chǔ，楮树，叶似桑，皮可以造纸。

【今译】

宋国有人为他的国君以玉制作楮叶，三年才得以完成。如果把它混入到真的楮叶之中，也很难将之识别出来。这人于是凭借他的智巧而吃食于宋国。

列子听闻后，说："要是天地在生发万物的时候，需要三年才完成一片树叶，那万物的树叶，就会非常的寡少了。所以，圣人所依凭的只是道化而不是智巧。"

七

【正本】

列子穷，容貌有饥色。

客有言之于郑子阳者，曰："列御寇盖有道之士也，居君之国而穷，君无乃为不好士乎？"

子阳即令官馈之粟。列子出见使者，再拜而辞。使者去。

列子入，其妻望之而拊心曰："妾闻为有道者之妻子，皆得佚乐，今有饥色，君遇而馈先生食，先生不受，岂不命也哉？"

列子笑谓之曰："君非自知我也。以人之言而馈我粟，至其罪我也，又且以人之言，此吾所以不受也。"

其卒，民果作难，而杀子阳。

【原文】

子列子穷，容貌有饥色。客有言之郑子阳者曰："列御寇盖有道之士也，居君之国而穷，君无乃为不好士乎？"郑子阳即令官遗之粟。子列子出见使者，再拜而辞。使者去。子列子入，其妻望之而拊心曰："妾闻为有道者之妻子皆得佚乐，今有饥色，君遇而遗先生食。先生不受，岂不命也哉？"子列子笑谓之曰："君非自知我也。以人之言而遗我粟，至其罪我也，又且以人之言，此吾所以不受也。"其卒，民果作难，而杀子阳。

【清源】

子阳即令官馈之粟

原文为：子阳即令官遗之粟。

改"遗"为"馈"，不改当然也通，但不好。馈，音 kuì，本义为以食物送人。统改。

【见一】

拊心

拍胸。表示悲痛、激动等。拊，音 fǔ。

【今译】

列子穷困，面带饥色。

有客人将这事告知给了郑国的国相子阳，说："列子是有道之士，居住在您的国家而穷困，国相您难道不喜好有道之士吗？"

子阳于是马上命令官员给列子送去食物。列子出见使者，一再拜谢而不受。使者只得归去。

列子进屋，他的妻子看着他，拍着胸口说："我听说作为有道之士的妻子，都过得快乐满足，而今我们都已经到了面带饥色的地步，国相知道了这事而送来食物，先生您竟然没有接受，这难道是命中注定的吗？"

列子笑着对妻子说："国相并不是自己知道我啊。他只是听闻他人之言才送我食物，要是哪天他要怪罪我来，又且只是听闻他人之言。这就是我没有接受的原因啊。"

后来，郑国的老百姓作难，而把子阳给杀了。

八

【正本】

鲁施氏有二子，其一好儒，其一好兵。好儒者以术干齐侯，齐侯纳之，为诸公子之傅。好兵者之楚，以法干楚王，王悦之，以为军正。禄富其家，爵荣其亲。

施氏之邻人孟氏，同有二子，所业亦同，而窘于贫。羡施氏之有，因请进趋之方，二子以实告孟氏。孟氏之一子之秦，以术干秦王，秦王曰："当今诸侯力争，所务兵而已。若用儒治吾国，是灭亡之道。"遂宫而放之。其一子之卫，以法干卫侯，卫侯曰："吾弱国也，而慑乎大国之间。大国吾事之，小国吾抚之，是求安之道。若赖兵，灭亡可待矣。若全而归之，适于他国，为吾之患不轻矣。"遂刖之，而还诸鲁。

既反，孟氏之父子叩胸而让施氏。

施氏曰："凡得时者昌，失时者亡。子道与吾同，而功与吾异，失时者也，非行之谬也。且天下，理无常是，事无常非。先日所用，今或弃之。今之所弃，后或用之。用与不用，无定是也。"

孟氏父子舍然，无愠容曰："吾知之矣，子勿重言！"

【原文】

　　鲁施氏有二子，其一好学，其一好兵。好学者以术干齐侯；齐侯纳之，为诸公子之傅。好兵者之楚，以法干楚王；王悦之，以为军正。禄富其家，爵荣其亲。施氏之邻人孟氏，同有二子，所业亦同，而窘于贫。羡施氏之有，因从请进趋之方。二子以实告孟氏。孟氏之一子之秦，以术干秦王。秦王曰："当今诸侯力争，所务兵食而已。若用仁义治吾国，是灭亡之道。"遂宫而放之。其一子之卫，以法干卫侯。卫侯曰："吾弱国也，而摄乎大国之间。大国吾事之，小国吾抚之，是求安之道。若赖兵权，灭亡可待矣。若全而归之，适于他国。为吾之患不轻矣。"遂刖之，而还诸鲁。既反，孟氏之父子叩胸而让施氏。施氏曰："凡得时者昌，失时者亡。子道与吾同，而功与吾异，失时者也，非行之谬也。且天下理无常是，事无常非。先日所用，今或弃之；今之所弃，后或用之。此用与不用，无定是非也。投隙抵时，应事无方，属乎智。智苟不足，使若博如孔丘，术如吕尚，焉往而不穷哉？"孟氏父子舍然无愠容，曰："吾知之矣，子勿重言！"

【清源】

其一好儒，其一好兵

原文为：其一好学，其一好兵。

从整章文本看，学显然就是指的"儒学"。而儒学，只能简称为儒，而不能简称为学，一如兵学只能简称为兵而不能简称为学一样。全章统改。

因请进趋之方

原文为：因从请进趋之方。

删除"从"，明显冗余，可能是笔误所致。

所务兵而已

原文为：所务兵食而已。

删除"食"，应该是传抄错误。

若用儒治吾国

原文为：若用仁义治吾国。

改"仁义"为"儒"，以使文本形式和义理相一致。

若赖兵

原文为：若赖兵权。

删除"权"，应该是传抄错误。

而慑乎大国之间

原文为：而摄乎大国之间。

古摄、慑相通，没必要搞通假。慑，音 shè，本义为恐惧，更合乎语境需要。

用与不用，无定是也

原文为：此用与不用，无定是非也。投隙抵时，应事无方，属乎智。智苟不足，使若博如孔丘，术如吕尚，焉往而不穷哉？

去除"此用与不用"的此，明显冗余。

去除"无定是非也"的非，明显错误。

删除"投隙抵时，应事无方，属乎智。智苟不足，使若博如孔丘，术如吕尚，焉往而不穷哉"。明显后人注语误入。

【见一】

军正

军中执法官。

禄富其家，爵荣其亲

最好意念为"禄＋富其家，爵＋荣其亲"，即禄、爵作名词，富、荣作动词。

宫

宫刑。古代阉割生殖器的残酷肉刑。

刖

音 yuè，古代的一种酷刑。本义为断足。

【今译】

鲁国的施氏人家有两个儿子，一个好儒，一个好兵。好儒的儿子以儒术谋职于齐侯，齐侯接纳了他，并聘他为诸公子的老师。好兵的儿子前往楚国，以兵法谋职于楚王，楚王很高兴，便聘他为军正。禄富其家，爵荣其亲。

施氏邻居的孟氏人家，也有两个儿子，所学的也完全相同，正陷于贫穷之中。因为羡慕施氏的富有，便顺便向施氏请教进身的方法，施氏人家的两个儿子以实相告。孟氏人家的一个儿子去了秦国，以儒术谋职于秦王。秦王说："当今诸侯都是以力量相争，所必需的只是兵学而已。如果用儒术来治理我国，是灭亡之道。"于是对他施以宫刑并释放了他。另外一个儿子则去了卫国，以兵学谋职于卫侯。卫侯说："我国是弱国，恐惧于大国之间。大国我侍候它，小国我安抚它，这才是求安之道。如果仰赖兵学，则灭亡是可以想见的。如果让他全身而退，等到了他国，他一定会为我国带来不小的祸患。"于是对他施以刖刑，并把他遣返鲁国。

两个儿子回到家后，孟氏人家的父子捶胸顿足责怪施氏人家。

施氏人家说："凡得时者昌，失时者亡。你家儿子的道与我家儿子的道相同，但功效与我家儿子不一样，这是因为时机不对啊，并不是行为本身有问题。且天下，理无常是，事无常非。原先有用的，现在或许就要放弃。现在所要放弃的，后来又或许有用。有用没用，没得定准啊。"

孟氏父子们心中这下坦然了，脸上没有任何不快地说："我们知道了，您不用再说什么了！"

九

【正本】

晋文公出会，欲伐卫。

公子锄仰天而笑，公问何笑，曰："臣笑邻之人有送其妻适私家者，道见桑妇，悦而与言，然顾视其妻，亦有招之者矣。臣笑此也。"

公悟其言，乃止。引师而还，未至，而有伐其北邻者矣。

【原文】

晋文公出会，欲伐卫，公子锄仰天而笑。公问何笑。曰："臣笑邻之人有送其妻适私家者，道见桑妇，悦而与言。然顾视其妻，亦有招之者矣。臣窃笑此也。"公寤其言，乃止。引师而还，未至，而有伐其北鄙者矣。

【清源】

公悟其言

原文为：公寤其言。

改"寤"为"悟"，本应如此，无须通假。

而有伐其北邻者矣

原文为：而有伐其北鄙者矣。

改"鄙"为"邻"，应该是因形近而误。

【见一】

出会

从后文的"引师而还"看，应该指诸侯的会师出兵。

私家

含义难以确定，理解为娘家或是已经出嫁的姐妹家，都可。

【今译】

晋文公出席朝会，想要讨论征伐卫国。

公子锄仰天而笑，晋文公问他为何大笑，他说："我笑的是我的一位邻居在护送他的妻子回娘家的路上，看见一位采桑的女子，因为喜欢上对方便上前搭话，但当他回头看自己的妻子时，发现同样有别人在跟妻子搭话。我笑的就是这个。"

晋文公听懂了他的话，于是决定不再讨伐卫国。待他起师回国还没有来得及回到国内，就已有国家侵犯到了自己国家北部的边境。

十

【正本】

晋国苦盗。有郗雍者，能视盗之貌，察其眉睫之间，而得其情。晋侯使视盗，百无遗一焉。

晋侯大喜，告赵文子曰："吾得一人，而一国盗为尽矣，奚用多为？"

文子曰："吾君恃伺察而得盗，盗不尽矣，且郗雍必不得其死焉。"

俄而群盗谋曰："吾所穷者，郗雍也。"遂共盗而残之。

晋侯闻而大骇，立召文子而告之曰："果如子言，郗雍死矣！然取盗何方？"

文子曰："君欲无盗，莫若举贤而任之，使教明于上，化行于下。民有耻心，则何盗之为？"

于是用随会执政，而群盗奔秦焉。

【原文】

晋国苦盗。有郗雍者，能视盗之貌，察其眉睫之间，而得其情。晋侯使视盗，千百无遗一焉。晋侯大喜，告赵文子曰："吾得一人，而一国盗为尽矣，奚用多为？"文子曰："吾君恃伺察而得盗，盗不尽矣，且郤雍必不得其死焉。"俄而群盗谋曰："吾所穷者郤雍也。"遂共盗而残之。晋侯闻而大骇，立召文子而告之曰："果如子言，郤雍死矣！然取盗何方？"文子曰："周谚有言：察见渊鱼者不详，智料隐匿者有殃。且君欲无盗，莫若举贤而任之；使教明于上，化行于下，民有耻心，则何盗之为？"于是用随会知政，而群盗奔秦焉。

【清源】

百无遗一焉

原文为：千百无遗一焉。

去除"千"，明显冗余。

有邵雍者

原文为：有郤雍者。

改"郤"为"邵"。不改当然也可，只是"郤"作姓太罕见，而"邵"作姓十分常见。既然邵雍是谁并不重要，那就没有必要因为存在一个不太容易明白的"郤"字而影响阅读。所以，改是为了一劳永逸。统改。

君欲无盗，莫若举贤而任之，使教明于上，化行于下

原文为：周谚有言：察见渊鱼者不详，智料隐匿者有殃。且君欲无盗，莫若举贤而任之；使教明于上，化行于下。

删除"周谚有言：察见渊鱼者不详，智料隐匿者有殃。且"。理由一，它本身义理有问题，没有任何事实可以证明"察见渊鱼者不详"。理由二，它本身即使被正确理解了，也会跟语境明显不搭。理由三，删除后的文本，不缺不失，形式完整，义理完足。

于是用随会执政

原文为：于是用随会知政。

改"知政"为"执政"，因为知政不构成官名，而执政是大家熟知的官名。

随会

生卒年不详，据称是先秦时代贤良的典范。

【今译】

晋国为盗患所苦。有个叫邵雍的人，能通过审视盗贼的外貌，或者说通过审察盗贼的眉睫，就可以把真正的盗贼给揪出来。

晋侯十分欢喜，告诉赵文子说："我只要得到邵雍这一个人，全晋国的盗贼就可以消灭干净了，哪里还需要其他更多的作为？"

文子说："我的国君呀，您依凭伺察而获知谁是盗贼，那盗贼是消灭不干净的。还有就是，邵雍必定会没有好结果。"

不久，一大群盗贼谋划说："我们之所以穷困，就是因为邵雍。"于是大家一起将邵雍给杀害了。

晋侯听闻后，十分惊骇。他把文子叫来说："果真如你所料，邵雍死了！这样的话，有什么好的法子可以解决盗贼问题？"

文子说："国君您要想没有盗贼，最好就是任用贤人，以使教能明于上，化能行于下。老百姓要是有了羞耻之心，为什么还要去偷盗呢？"

晋侯于是启用随会执政，结果是全部盗贼都跑到秦国去了。

十一

【正本】

孔子自卫反鲁，息驾乎河梁而观焉。有悬水三十仞，鱼鳖弗能游，有一丈夫方将游之。

孔子使人并流止之曰："此悬水三十仞，鱼鳖弗能游，意者可以游乎？"

丈夫不以错意，遂游而出。

孔子问之曰："子巧乎！有道乎？所以能入而出者，何也？"

丈夫对曰："始吾之入也，先以忠信。及吾之出也，又以忠信。忠信错吾躯于波流，而吾不敢用私。所以能入而复出者，以此也。"

孔子谓弟子曰："二三子识之！水犹可以忠信亲之，而况人乎！"

【原文】

孔子自卫反鲁，息驾乎河梁而观焉。有悬水三十仞，圜流九十里，鱼鳖弗能游，鼋鼍弗能居，有一丈夫方将厉之。孔子使人并涯止之，曰："此悬水三十仞，圜流九十里，鱼鳖弗能游，鼋鼍弗能居也。意者难可以济乎？"丈夫不以错意，遂度而出。孔子问之曰："巧乎？有道术乎？所以能入而出者，何也？"丈夫对曰："始吾之入也，先以忠信；及吾之出也，又从以忠信。忠信错吾躯于波流，而吾不敢用私，所以能入而复出者，以此也。"孔子谓弟子曰："二三子识之！水且犹可以忠信诚身亲之，而况人乎？"

【清源】

有悬水三十仞，鱼鳖弗能游，有一丈夫方将游之

原文为：有悬水三十仞，圜流九十里，鱼鳖弗能游，鼋鼍弗能居，有一丈夫方将厉之。

删除"圜流九十里"。理由一，孔子"息驾乎河梁而观焉"看到"有悬水三十仞"合乎常理，但如果说看到"圜流九十里"就不合常理。理由二，根据奥卡姆剃刀原则，"有悬水三十仞"对于语境义理需要来说，已然足够。

删除"鼋鼍弗能居"。"鱼鳖弗能游"已然满足语境义理需要，无须再多。

改"有一丈夫方将厉之"的"厉"为"游"。理所当然，应该是传抄错误。

孔子使人并流止之曰："此悬水三十仞，鱼鳖弗能游，意者可以游乎？"

原文为：

孔子使人并涯止之，曰："此悬水三十仞，圜流九十里，鱼鳖弗能游，鼋鼍弗能居也。意者难可以济乎？"

改"并涯"为"并流"。理由一，按常识，河流通，河涯不通。理由二，《黄帝第二》第九节有几乎相同的寓言，亦为并流。

删除"圜流九十里""鼋鼍弗能居也"。承前改，太啰唆。

去除"意者难可以济乎"的"难"。明显冗余，且不通。

改"意者难可以济乎"的"济"为"游"。理应如此，应该是传抄错误。

遂游而出

原文为：遂度而出。

改"度"为"游"，以使文本形式和义理相一致。

子巧乎

原文为：巧乎。

加"子"，更符合孔子主张礼的身份。

【见一】

河梁

不是专有名词，而是指河流的堤堰。也只有设想孔子是站在堤堰之上，才能合理地说他看到"悬水三十仞"。梁的本义为水桥，也有堤堰的意思。

并流

只能通过想象场景，才能将之合乎语境地理解为"沿着河流的岸边"。

错意

构词法完全等同于错爱，谦辞，对对方爱护关心的谦称。

忠信

不要受文字束缚。《黄帝第二》第九节"与脐俱入，与汨偕出，从水之道而不为私焉"是其最好的解注。

忠信错吾躯于波流，而吾不敢用私

句中的"错"字很可能是错的，但找不到合适的字替代，"措"字似乎可以，但仍然十分将就，还不如原字好。如果将全句改为"吾躯错忠信于波流，而不敢用私"，就完全通顺了。但这个改动没有充足的根据，也就放弃了。

【今译】则按放弃了的句式理解，仅供参考。

二三子

不是太能肯定其准确含义。但如果通过想象还原场景，则应该相当于口语中的"你们这帮臭小子"，表亲昵。

【今译】

孔子从卫国返回鲁国的路上，在一座河流的堤堰上将马车停了下来进行观光。他看到堤堰下方水的落差有三十仞之高，就连鱼鳖等都不能在其中游动，却有一男子打算去那里游水。

孔子派弟子顺着河岸想去阻止他说："这里的落水有三十仞之高，连鱼鳖都不能在其中游动，难道你可以去其中游水吗？"

男子没有接受孔子弟子的错爱，于是在其中游了一会儿水才上岸。

孔子问他说："您真是智巧过人呀！有道吗？所以能畅游于其中，怎么做到的呢？"

男子回答说："我在开始游入落水时，我就顺着水势。到了我从落水中游出，我还是顺着水势。我的身躯一直就顺着水势，丝毫也不敢带有我自己的想法。我之所以能畅游其中，就这个道理。"

孔子对弟子们说："你们这帮小子可要记住了！水都可以因为被顺着而得到亲近，更何况人呢！"

十二

【正本】

白公问孔子："人可与微言乎？"孔子不应。

白公问曰："若以石投水，何如？"

孔子曰："吴之善没者能取之。"

白公曰："若以水投水，何如？"

孔子曰："淄渑之合，易牙尝而知之。"

白公曰："人故不可与微言乎？"

孔子曰："何为不可？唯知言之谓者乎！夫知言之谓者，不以言言也。"

白公不得已，遂死于浴室。

【原文】

白公问孔子问："人可与微言乎？"孔子不应。白公问曰："若以石投水，何如？"孔子曰："吴之善没者能取之。"曰："若以水投水何如？"孔子曰："淄、渑之合，易牙尝而知之。"白公曰："人故不可与微言乎？"孔子曰："何为不可？唯知言之谓者乎！夫知言之谓者，不以言言也。争鱼者濡，逐兽者趋，非乐之也。故至言去言，至为无为。夫浅知之所争者末矣。"白公不得已，遂死于浴室。

【清源】

夫知言之谓者，不以言言也

原文为：夫知言之谓者，不以言言也。争鱼者濡，逐兽者趋，非乐之也。故至言去言，至为无为。夫浅知之所争者末矣。

删除"争鱼者濡，逐兽者趋，非乐之也。故至言去言，至为无为。夫浅知之所争者末矣"。明显是后人的感言，且是严重误解原文真义的错误感言。整个寓言明显是围绕"孔子不应"这个现象来展开的，寓意是"夫知言之谓者，不以言言也"。

【见一】

微言

只能根据这里的具体语境需要来确定其真实含义，大致相当于密言，即密谋。

善没者

善于潜水的人。

淄渑

音 zī miǎn，淄水和渑水的并称。

白公不得已，遂死于浴室

必须知道白公之死的历史才能理解本寓言。公元前 479 年，白公胜击败吴军后，以献战利品为名，乘机发动叛乱，杀死子西和子期，囚禁楚惠王，自立为楚王。不久叶公率军勤王，与楚国国内的人共同攻打白公胜。白公胜兵败，自缢而死，楚惠王恢复王位。白公即白公胜。寓言的设计，应该是以白公未起事前拜问孔子为前提。"孔子不应"已经给了答案，意思是叫白公不要起事。但白公还是想起事，就问："人故不可与微言乎？"也就是说，人一定就不可以有密谋吗？孔子回答说，当然可以有。只是，只有那些知道密谋真实意图的人，才可以密谋。而那些知道密谋真实意图的人的密谋，不是通过言语来进行密谋的。

【今译】

白公问孔子："人与人可以进行密谋吗？"孔子没有接话。

白公又问："那如果以石投水，会怎样？"

孔子接话说："吴国那些善于潜水的人能将之打捞上来。"

白公问："那如果以水投水呢？"

孔子说："那就好比淄水和渑水的混合，易牙只要尝一口就会知道。"

白公说："那人与人一定就不可以有密谋了吗？"

孔子说："为什么不可以？只是，只有在知道密谋的意图所在才可以！而知道密谋的意图所在，又是不可以通过言语来进行密谋的。"

白公没能理解到孔子的真意，最终（因密谋起事失败）自缢于浴室。

十三

【正本】

赵襄子使新稚穆子攻翟，胜之，取左人、中人，使遽人来谒之，襄子方食而有忧色。

左右曰："一朝而两城下，此人之所喜也，今君有忧色，何也？"

襄子曰："夫江流之大也，不过三日。今赵氏之德无所积，一朝而两城下，亡将及我哉？"

孔子闻之曰："赵氏将昌乎！夫忧者所以为昌也，喜者所以为亡也。胜非其难者也，持之其难者也。贤主以此持胜，故其福及后世。齐楚吴越皆尝胜矣，然卒取亡焉，不达乎持胜也。唯有道之主能为持胜。"

【原文】

赵襄子使新稚穆子攻翟，胜之，取左人、中人；使遽人来谒之。襄子方食而有忧色。左右曰："一朝而两城下，此人之所喜也；今君有忧色，何也？"襄子曰："夫江河之大也，不过三日；飘风暴雨不终朝，日中不须臾。今赵氏之德行无所施于积，一朝而两城下，亡其及我哉！"孔子闻之曰："赵氏其昌乎！夫忧者所以为昌也，喜者所以为亡也。胜非其难者也；持之，其难者也。贤主以此持胜，故其福及后世。齐、楚、吴、越皆尝胜矣，然卒取亡焉，不达乎持胜也。唯有道之主为能持胜。"孔子之劲能拓国门之关，而不肯以力闻。墨子为守攻，公输般服，而不肯以兵知。故善持胜者以强为弱。

【清源】

夫江流之大也，不过三日

原文为：夫江河之大也，不过三日；飘风暴雨不终朝，日中不须臾。

改"夫江河之大也"为"夫江流之大也"。"夫江河之大也"怎么也可以过三日，"夫江流之大也"很可能就难以过三日。应该是传抄错误。

删除"飘风暴雨不终朝，日中不须臾"。义理重复，应该是后人解注时的引用语，用奥卡姆剃刀将其剃除。

今赵氏之德无所积

原文为：今赵氏之德行无所施于积。

原文字句不是很通顺，清源后的句子跟原文想表达的意思完全一致。

亡将及我哉
原文为：亡其及我哉。

原文不太通顺，现据正常的义理逻辑改"其"为"将"。

赵氏将昌乎
原文为：赵氏其昌乎。

原文不太通顺，现据正常的义理逻辑改"其"为"将"。

孔子之劲能拓国门之关，而不肯以力闻。墨子为守攻，公输般服，而不肯以兵知。故善持胜者以强为弱

原位于章末，明显是后人的感言，且是错误的感言，故删除。

【见一】
遽人
驿使、驿卒。遽，音 jù，本义为送信的快车或快马。

【今译】
赵襄子派新稚穆子去攻打翟国，获得胜利，攻取了左人、中人两座城池。新稚穆子派信使向襄子报捷，襄子其时正在吃饭，但面带忧色。

襄子的左右说："一次便攻取了两座城池，这是人所喜闻乐见的，可国君您却面带忧色，不知道是因为什么？"

襄子说："江河之水如果过大，最多也就三天。现在我赵氏人家在德行上并没有特别的积聚，可在一天之内便获得了两座城池，难道灭亡将会降临到我的头上吗？"

孔子听闻后说："赵氏人家将会昌盛吧！忧虑是昌盛的原因，喜悦是灭亡的原因。胜利不是难事，保持胜利才是难事。贤主就是因为能保持胜利，才最终得以福及后世。齐楚吴越都曾胜利过，但最后都灭亡了，就是因为没能做到保持胜利啊。只有真正的有道之主才能做到保持胜利。"

十四

宋人有好行仁义者，三世不懈。家无故黑牛生白犊，以问孔子。

孔子曰："此吉祥也。"

居一年，其父无故而盲。

其牛又复生白犊。其父又复令其子问孔子。

其子曰："前问之而失明，又何问乎？"

父曰："圣人之言，先迕后合。其事未究，姑复问之。"其子又复问孔子。

孔子曰："吉祥也。"复教以祭。

其子归致命。其父曰："行孔子之言。"

居一年，其子无故而盲。

其后，楚攻宋，围其城。民易子而食，析骸而炊，丁壮者皆乘城而战，死者大半。此人以父子有疾皆免，及围解，而疾俱复。

【原文】
宋人有好行仁义者，三世不懈。家无故黑牛生白犊，以问孔子。孔子曰："此吉祥也，以荐上帝。"居一年，其父无故而盲。其牛又复生白犊。其父又复令其子问孔子。其子曰："前问之而失明，又何问乎？"父曰："圣人之言先迕后合。其事未究，姑复问之。"其子又复问孔子。孔子曰："吉祥也。"复教以祭。其子归致命。其父曰："行孔子之言也。"居一年，其子无故而盲。其后楚攻宋，围其城；民易子而食之，析骸而炊之；丁壮者皆乘城而战，死者大半。此人以父子有疾皆免。及围解而疾俱复。

【清源】
此吉祥也
原文为：此吉祥也，以荐上帝。

删除"以荐上帝"。剜除依据是奥卡姆剃刀原则。

民易子而食，析骸而炊

原文为：民易子而食之，析骸而炊之。

"之"字可要可不要，不要。

【见一】

先迕后合

构词法完全等同于先升后降。迕，音 wǔ，违背、相抵触。

致命

相当于复命，即告知孔子所说的话。

易子而食，析骸而炊

交换亲生的儿女吃，分解尸体的骸骨烧。

易。交换。

析。分解。

骸。骨头。

炊。烧火做饭。

【今译】

宋国有户人家好行仁义，连续三代都不曾懈怠过。有天家里无故出现一头黑牛生了一头小白牛，便叫儿子去询问孔子。

孔子说："吉祥啊。"

过了一年，做父亲的眼睛无故瞎了。

后来那头黑牛又生了一头小白牛。做父亲的又命令他的儿子去询问孔子。

儿子问："上一次问了后，您的眼睛就瞎了，这次还有什么可问的呢？"

父亲说："圣人的话，先迕后合。事情还没见底，还是姑且去问问吧。"儿子于是再次前去询问孔子。

孔子说："吉祥啊。"再次教他如何祭祀。

儿子回家回复了父亲。父亲说："照孔子说的办。"

过了一年，儿子的眼睛无故瞎了。

再后来，楚国进攻宋国，把宋国的国都团团围困。都城内的百姓易子而食，析骸而炊，体力健壮的男子统统都要上城作战，死者大半。这户人家的父子俩都因眼瞎而无须上城作战，到了围困解除，他们的眼睛又都恢复了正常。

十五

【正本】

宋有浪子者，以技干宋元君，宋元君召而使见。其技以双枝，长倍其身，属其胫，并趋并驰，弄七剑迭而跃之，五剑常在空中。元君大惊，立赐金帛。

又有浪子又能燕戏者，闻之，复以干元君。元君大怒曰："昔有异技干寡人者，技无用，适值寡人有欢心，故赐金帛。彼必闻此而进，复望吾赏。"拘而拟戮之，经月乃放。

【原文】

宋有兰子者，以技干宋元。宋元召而使见。其技以双枝，长倍其身，属其胫，并趋并驰，弄七剑迭而跃之，五剑常在空中。元君大惊，立赐金帛。又有兰子又能燕戏者，闻之，复以干元君。元君大怒曰："昔有异技干寡人者，技无庸，适值寡人有欢心，故赐金帛。彼必闻此而进，复望吾赏。"拘而拟戮之，经月乃放。

【清源】

宋有浪子者，以技干宋元君，宋元君召而使见

原文为：宋有兰子者，以技干宋元。宋元召而使见。

改"兰子"为"浪子"。"兰子"不知所云，"浪子"则契合语境需要，即江湖浪子。统改。

改"宋元"为"宋元君",以使文本形式和义理前后一致。

技无用

原文为：技无庸。

改"庸"为"用",理所当然。

【见一】

属其胫

浪子的技,应该就是大家熟知的踩高跷。所以,"属"应该是其本义"连接"的意思,音则为 zhǔ。胫,音 jìng,小腿,从膝盖到脚跟的一段。

并趋并驰

措辞有些不清不楚。想象踩高跷的表演,应该是指有时候快步走,有时候快步跑。"趋"的本义为快步走,"驰"则显然就是奔驰的驰。

燕戏

无法确定其含义,只能通过"身轻如燕"一词将就联想为轻功之类的杂耍。

经月

构词法同经年累月的经年,指月亮经历一次朔望的标准时间,即整一个月。

【今译】

宋国有位走江湖的浪子,想以一门杂耍谋职于宋元君,宋元君把他召来让其先表演一番。只见他用比自己身子还长一倍的两根木棍绑在小腿上,有时快走,有时奔跑,手中同时耍弄七把剑,其中五把剑常在空中。元君大惊,立即赏赐了金帛。

又有一位江湖浪子会表演轻功,听说这事后,又想以他的杂耍谋职于宋元君。宋元君大怒说："上次就有一位杂耍者想要谋职于我,它其实一点用处都没有，但那时刚好遇到我高兴，所以才赏赐了金帛。这个人一定是听闻这事后才来谋职的，再次想要获得我的赏赐。"于是元君命人将它拘押起来并打算杀了他，直至满一个月后才把他放了。

十六

【正本】

秦穆公谓伯乐曰："子之年长矣，子姓有可使求马者乎？"

伯乐对曰："良马可形容筋骨相也。天下马者，若恤若失，若丧其一，若是者，超轶绝尘。臣之子皆下才也，可告以良马，不可告以天下马也。臣有与共采薪者，名九方皋，此其于马，非臣之下也，请见之。"

穆公见之，使行求马。三月而反报曰："已得之矣，在沙丘。"

穆公曰："何马也？"

对曰："牝而黄。"使人往取之，牡而骊。

穆公不悦，召伯乐而谓之曰："败矣，子所使求马者！色物牝牡尚弗能知，又何马之能知也？"

伯乐喟然曰："一至于此乎！若皋之所观，天机也。得其精而忘其粗，在其内而忘其外；见其所见，不见其所不见；视其所视，而遗其所不视。"

马至，果天下马也。

【原文】

秦穆公谓伯乐曰："子之年长矣，子姓有可使求马者乎？"伯乐对曰："良马可形容筋骨相也。天下之马者，若灭若没，若亡若失，若此者绝尘弭辙。臣之子皆下才也，可告以良马，不可告以天下之马也。臣有所与共担缠薪菜者，有九方皋，此其于马非臣之下也。请见之。"穆公见之，使行求马。三月而反报曰："已得之矣，在沙丘。"穆公曰："何马也？"对曰："牝而黄。"

使人往取之,牡而骊。穆公不说,召伯乐而谓之曰:"败矣,子所使求马者!色物、牝牡尚弗能知,又何马之能知也?"伯乐喟然太息曰:"一至于此乎!是乃其所以千万臣而无数者也。若皋之所观天机也,得其精而忘其粗,在其内而忘其外;见其所见,不见其所不见;视其所视,而遗其所不视。若皋之相者,乃有贵乎马者也。"马至,果天下之马也。

【清源】

天下马者,若恤若失,若丧其一,若是者,超轶绝尘

原文为:天下之马者,若灭若没,若亡若失,若此者绝尘弭辙。

原文几乎不可理解,刚好《庄子见独》《徐无鬼》篇中也有关于天下马的描述,鉴于《庄子见独》已然出版,且句子通顺可解,遂照搬《庄子见独》版本。

臣有与共采薪者

原文为:臣有所与共担纆薪菜者。

原文不通,现据语境义理需要简化。

一至于此乎

原文为:一至于此乎!是乃其所以千万臣而无数者也。

根据奥卡姆剃刀原则,将"是乃其所以千万臣而无数者也"剃除。

伯乐喟然曰

原文为:伯乐喟然太息曰。

删除"太息",因为"喟然"本身就有太息的意思。

若皋之相者,乃有贵乎马者也

原位于"而遗其所不视"之后,现删除,因为它明显是后人的感言。意思是说,像九方皋这样的相马才能,比千里马更为珍贵,但这明显不是寓言本身所需要的意思。

【见一】

子姓

很直白的一个词，可惜被几乎全部后世注家错误地解注为子孙，所以才不得不单拎出来解注一下。"子"就是"子之年长矣"的子，表尊称您。姓，就是伯乐的姓。子姓，就是"您"所在的姓氏，其实就是指跟伯乐姓的整个家族后辈。其后"臣之子皆下才也"虽然要求子姓必须解读为"伯乐的孩子"，但当初秦穆公问时，显然不是只问伯乐的孩子中是否有求马者，而是指伯乐同姓的后辈中是否有求马者，包括但不限于堂兄、堂弟等。

若恤若失，若丧其一

复制《庄子见独》相应部分如下：

非常不好理解，尤其是恤、失二字很没有来由。勉力为之，它的语境含义应该是：它好像很忧愁又好像很失落的样子，又好像没有某种一定要有的能力。如果说天下马是马中的天才的话，则它同人中的天才有相同的特征。自诩天才的德国哲学家叔本华说，所有的天才都有一个共同的特征，那就是好像很忧愁又好像很失落。恤的本义为忧愁，失为"怅然若失"的失，一即"一定"的一。

超轶绝尘

形容奔跑得极快。

超轶。指后车超过前车。轶，车辙。

绝尘。脚不沾尘土。

皋

音 gāo。

牡而骊

牡。音 mǔ，本义为雄性的鸟兽。

骊。音 lí，纯黑色的马。

喟

音 kuì，本义为叹息。

一至于此乎

关键在对"一"的理解上。从语境看，"一"显然是指九方皋相马的专注："得其精而忘其粗，在其内而忘其外，见其所见，不见其所不见，视其所视，而遗其所不视。"

天机

跟"一语道破天机"的天机完全不相干，它只是表达九方皋相马的纯粹和专注，意会即可。

【今译】

秦穆公对伯乐说："伯老您年纪已经不小了，您的家族中有没有可以相马的后辈啊？"

伯乐说："良马是可以通过外貌筋骨来相的。但天下马有它自身的样子，看上去好像有些忧愁有些失落，又或是好像丧失了某种特有的能力。只有这样的马，才能超轶绝尘。我的后辈全都是一些下才，可以告诉他们如何相良马，但不可以告诉他们如何相天下马。我有一位跟我一同砍柴的人，名字叫九方皋。他相马的能力，一点都不在我之下，请您见见他。"

穆公在接见了九方皋之后，便派他去相取天下马。三个月后，九方皋回来报告穆公说："已经相得了，就在沙丘。"

穆公问："什么样的马？"

九方皋回答说："一匹黄色的母马。"穆公派人去取证，结果是一匹纯黑色的公马。

穆公非常不快，便把伯乐召来并对他说："真是失败啊，您为我所找的求马者！他连马的毛色公母都分不清，又哪里还能知道天下马是什么啊？"

伯乐叹息着说："竟然可以专注到这种地步！像九方皋这样的相马，简直相的就是天机。他得到了精神而忘记了粗表，在意于内在而忘记了外在。他看见了其所应该看见的，看不见其所不应该看见的。他审视了其所应该审视的，而没有审视其所不应该审视的。"

等马真的牵过来后，一看果然是一匹天下马。

十七

【正本】

楚庄王问詹何曰："治国奈何？"

詹何对曰："臣明于治身，而不明于治国也。"

楚庄王曰："寡人得奉宗庙社稷，愿学所以守之。"

詹何对曰："臣未尝闻身治而国乱者也，又未尝闻身乱而国治者也。故本在身，不敢对以末。"

楚王曰："善。"

【原文】

楚庄王问詹何曰："治国奈何？"詹何对曰："臣明于治身而不明于治国也。"楚庄王曰："寡人得奉宗庙社稷，愿学所以守之。"詹何对曰："臣未尝闻身治而国乱者也，又未尝闻身乱而国治者也。故本在身，不敢对以末。"楚王曰："善。"

【清源】

原文为简明清晰，无须清源。

【见一】

愿学所以守之

指楚庄王对"臣明于治身，而不明于治国也"的不明所以。

【今译】

楚庄王问詹何说："治国究竟该怎么做呢？"

詹何回答说："我只知道如何治身，而不知道该如何治国啊。"

楚庄王说："我得以侍奉宗庙社稷，真的希望能知道治国的究竟而去坚守。"

詹何回答说："我从未听说过身治了而国家还是乱的，也从未听说过身乱了而国家还是治的。所以，治国之本在治身，不敢回答其他细枝末节的。"

楚王说："很对。"

十八

【正本】

狐丘丈人谓孙叔敖曰："人有三患，子知之乎？"

孙叔敖曰："何谓也？"

对曰："爵高者，人妒之。官大者，主恶之。禄厚者，怨逮之。"

孙叔敖曰："吾爵益高，吾志益下。吾官益大，吾心益小。吾禄益厚，吾施益博。以是免于三患，可乎？"

【原文】

狐丘丈人谓孙叔敖曰："人有三怨，子知之乎？"孙叔敖曰："何谓也？"对曰："爵高者，人妒之；官大者，主恶之；禄厚者，怨逮之。"孙叔敖曰："吾爵益高，吾志益下；吾官益大，吾心益小；吾禄益厚，吾施益博。以是免于三怨，可乎？"

【清源】

人有三患

原文为：人有三怨。

改"怨"为"患"，理所当然。应该是传抄错误。统改。

狐丘丈人

含义无法确定。理解为狐丘地方的长老可以，直接理解为一个人更好。
【今译】按后者理解。

【今译】

狐丘丈人对孙叔敖说："人有三患，您知道吗？"

孙叔敖说："怎么说？"

狐丘丈人说："爵位高的，人就会妒忌。官职大的，主就会憎恨。俸禄厚的，怨就会跟上。"

孙叔敖说："我的爵位越高，我的心志就越谦下。我的官职越大，我的心志就越小。我的俸禄越厚，我的施与就越广。用这种方式免除三患，可以吗？"

十九

【正本】

孙叔敖疾，将死，戒其子曰："王亟封我矣，吾不受也。为我死，王则封汝。汝必无受利地！楚越之间有寝丘者，此地不利而名甚恶，可长有者，唯此也。"

孙叔敖死，王果以美地封其子。子辞而不受，请寝丘。与之，至今不失。

【原文】

孙叔敖疾，将死，戒其子曰："王亟封我矣，吾不受也。为我死，王则封汝。汝必无受利地！楚越之间有寝丘者，此地不利而名甚恶。楚人鬼而越人禨，可长有者唯此也。"孙叔敖死，王果以美地封其子。子辞而不受，请寝丘。与之，至今不失。

【清源】

此地不利而名甚恶，可长有者，唯此也

原文为：此地不利而名甚恶。楚人鬼而越人襪，可长有者唯此也。

据奥卡姆剃刀原则剃除"楚人鬼而越人襪"。

【见一】

王亟封我矣

亟，音 qì，屡次。

【今译】

孙叔敖病重，将不久于人世，就告诫他的儿子说："楚王几次要给我封地，我一直没有接受。我死之后，楚王则会给你封地。你可一定不要接受好的封地！楚国和越国之间有个叫寝丘的地方，那块地不是很好，而且名声甚差。你可以长期保有的，就只有这块。"

孙叔敖死了后，楚王果然要以一块美地封赏他的儿子。他的儿子坚决推辞而不肯接受，但同时向楚王请求封赏寝丘。楚王答应了他，至今都没有丢失。

二十

【正本】

牛缺者，上地之大儒也。下之邯郸，遇盗于耦沙之中，尽取其衣装车马。牛步而去，视之欢然，无忧苦之色。盗追而问其故。

牛缺曰："君子不以所用养害所养。"盗曰："嘻！贤矣夫！"

既而相谓曰："以彼之贤，往见赵君，告以我为，必困我，不如杀之。"乃相与追而杀之。

燕人闻之，聚族相戒，曰："遇盗，莫如上地之牛缺也！"皆受教。

俄而其弟适秦，至关下，果遇盗。忆其兄之戒，因与盗力争，既而不如，又追而以卑辞请物。

盗怒曰："吾活汝，仁矣。尔追吾不已，迹将著焉。既为盗矣，仁将焉在？"遂杀之，又傍害其党四五人焉。

【原文】

牛缺者，上地之大儒也，下之邯郸，遇盗于耦沙之中，尽取其衣装车，牛步而去。视之欢然无忧丢之色。盗追而问其故。曰："君子不以所养害其所养。"盗曰："嘻！贤矣夫！"既而相谓曰："以彼之贤，往见赵君。使以我为，必困我。不如杀之。"乃相与追而杀之。燕人闻之，聚族相戒，曰："遇盗，莫如上地之牛缺也！"皆受教。俄而其弟适秦。至关下，果遇盗；忆其兄之戒，因与盗力争；既而不如，又追而以卑辞请物。盗怒曰："吾活汝弘矣，而追吾不已，迹将著焉。既为盗矣，仁将焉在？"遂杀之，又傍害其党四五人焉。

【清源】

尽取其衣装车马。牛步而去，视之欢然，无忧苦之色

原文为：尽取其衣装车，牛步而去。视之欢然无忧丢之色。

将"车"补足为"车马"，不但使文本形式完整，而且事理合乎常情。

"牛步而去"前必须用句号，后必须用逗号，以使义理逻辑通畅。传统断句都从张湛注，完全不通，必须坚决改正。

改"视之欢然无忧之色"为"视之欢然，无忧苦之色"。苦的原字为一异体字，形似苦，估计就是苦的误辨误抄。

君子不以所用养害所养

原文为：君子不以所养害其所养。

原文不通，必须改。好在《庄子》《让王》有"不以所用养害所养"句，义理清晰可辨，可以完全借用。

告以我为

原文为：使以我为。

改"使"为"告"，以使文本义理清晰。

吾活汝，仁矣

原文为：吾活汝弘矣。

改"弘"为"仁"，应该是传抄错误，因为后文"既为盗矣，仁将焉在"的仁，明显是对前句仁的呼应。

【见一】

君子不以所用养害所养

不要用所用养的去危害到所要养的。比如，人跟钱，人是所养，钱是所用养。

燕人

最好不要理解为燕国的人，直接理解为一个叫燕人的人最好。

俄而其弟适秦

这句话的存在，更是直接证明燕人最好不要理解为燕国的人，因为"燕国人"的弟弟不太好理解。其，指燕人。如果是指牛缺，则"燕人闻之，聚族相戒"就没有语境需要。

【今译】

牛缺这个人，是上地的一位大儒。他有次去下地的邯郸，在耦沙遭遇了一伙强盗，强盗把他的行囊车马全都抢走了。牛缺信步而去，把被盗看作是一件令人高兴的事，并没有任何的忧苦之色。强盗们追上来问他这究竟是因为什么。

牛缺说："君子不以所用养害所养。"强盗说："哈哈，贤明啊！"

过了一会儿，强盗们相互议论说："以这个人的贤明，要是他见到了赵国的国君，把我们的事告知给了他，我们一定会陷入困境，不如把他杀了。"于是大家一起追上去就把牛缺给杀了。

　　一个叫燕人的人听闻此事后，就把家族聚集起来相互告诫说："要是遇到了强盗，我们可千万不能像牛缺那样啊！"

　　不久，燕人的弟弟到秦国去，至下关时，真的就遇到了强盗。这位弟弟想起他哥哥对他的告诫，便使劲跟强盗以力相争。力气实在争不过，就又追上前低三下四想用言辞将自己的物品要回来。

　　强盗大怒说："我让你活着，已经够仁慈了。你竟然还要使劲追我，这会让我的事败露。既然我已经是盗贼了，哪里还有仁慈不仁慈呢？"于是就将他给杀了，顺带还杀害了他的四五个同伴。

二一

【正本】

虞氏者，梁之富人也，家充盈殷盛，钱帛无量。

登高楼，临大路，设乐陈酒，击博楼上。侠客相随而行，楼上博者射中而笑，飞鸢适坠其腐鼠而中之。

侠客相与言曰："虞氏富乐之日久矣，而常有轻人之志。吾不侵犯之，而乃辱我以腐鼠，此而不报，无以立于天下。请与若等协力一志，率徒属必灭其家。"皆许诺。

至期日之夜，聚众积兵，以攻虞氏，大灭其家。

【原文】

　　虞氏者，梁之富人也，家充殷盛，钱帛无量，财货无訾。登高楼，临大路，设乐陈酒，击博楼上。侠客相随而行。楼上博者射，明琼张中，反两檎鱼而笑。飞鸢适坠其腐鼠而中之。侠客相与言曰："虞氏富乐之日久矣，而常有轻易人之志。吾不侵犯之，而乃辱我以腐鼠。此而不报，无以立懂于天下。请与若等戮力一志，率徒属必灭其家为等伦。"皆许诺。至期日之夜，聚众积兵以攻虞氏，大灭其家。

【清源】

虞氏者，梁之富人也，家充盈殷盛，钱帛无量

原文为：虞氏者，梁之富人也，家充殷盛，钱帛无量，财货无訾。

改"家充殷盛"为"家充盈殷盛"。理由一，原句不明不白，明显存在缺漏。理由二，《淮南子》《人间训》有现成完句"家充盈殷盛"。理由三，补足后的句子形式义理完足。

删除"财货无訾"。它的意思已经包含在"钱帛无量"之中了，现基于本文整体上极简的行文风格，删除为上。

侠客相随而行，楼上博者射中而笑，飞鸢适坠其腐鼠而中之

原文为：侠客相随而行。楼上博者射，明琼张中，反两檎鱼而笑。飞鸢适坠其腐鼠而中之。

修正标点符号，以使义理连贯。

改"楼上博者射，明琼张中，反两檎鱼而笑"为"楼上博者射中而笑"。理由一，"明琼张""反两檎鱼"尽管各注家都有解释，但没有确证，是为了解释而解释，不足以让人信服。理由二，就寓言寓意的需要看，人们不需要知道"博者"的具体内涵，只需要知道"博者射中而笑"就可以了。

而常有轻人之志

原文为：而常有轻易人之志。

"易"字明显冗余，故删除。

无以立于天下

原文为：无以立懂于天下。

删除"懂"，更符合人们正常的思维习惯。

请与若等协力一志，率徒属必灭其家

原文为：请与若等戮力一志，率徒属必灭其家为等伦。

改"戮力"为"协力"，以使义理清晰。

删除"为等伦"。只有删除后的句子才与语境相一致，且符合人的正常思维，而原句明显不通，应该是传抄错误。

【见一】

期日

约定的日子

【今译】

虞氏，原本是梁国的一位富翁，其家庭富有到钱帛数也数不清的地步。

一天，虞氏登上一座高楼，高楼就在路边。他在高楼里设乐陈酒，猜拳赌博。这时，一群侠客正相伴着从楼下经过，楼上猜拳赌博的人因为赢了而放肆大笑，飞鸢掉落的腐鼠正好砸中一位侠客。

侠客们于是一起商议着说："虞氏富乐的日子已经太久了，而且经常表现出一副轻慢他人的架势。我们并没有侵犯到他，而他竟然用腐鼠来侮辱我们。要是连这样的侮辱都不报复，那我们就无以立足于天下。我们大家最好协力一志，率领我们的弟子必须将他的家庭灭掉。"大家一致同意。

于是到了约定日子的夜晚，侠客们聚众集兵，攻打虞氏，将虞氏全家都给灭了。

二二

【正本】

东方有人焉，曰爰旌目，将有适也，而饿于道。

狐父之盗曰丘，见而食之。爰旌目三食而后能视，曰："子何为者也？"

曰："我狐父之人丘也。"

爰旌目曰："嘻！汝非盗耶？胡为而食我？吾义不食子之食也。"两手据地而呕之，不出，喀喀然遂伏而死。

狐父之人则盗矣，而食非盗也。以人之盗因谓食为盗而不敢食，是失名实者也。

【原文】

东方有人焉，曰爰旌目，将有适也，而饿于道。狐父之盗曰丘，见而下壶餐以铺之。爰旌目三铺而后能视，曰："子何为者也？"曰："我狐父之人丘也。"爰旌目曰："譆！汝非盗耶？胡为而食我？吾义不食子之食也。"两手据地而欧之，不出，喀喀然遂伏而死。狐父之人则盗矣，而食非盗也。以人之盗因谓食为盗而不敢食，是失名实者也。

【清源】

见而食之

原文为：见而下壶餐以铺之。

改"下壶餐以铺之"为"食之"。理由一，原文不可理解。过往的各种解注皆不能提供足以让人信服的证据，自话自说而已。理由二，从后文"胡为而食我？吾义不食子之食也""而食非盗也。以人之盗因谓食为盗而不敢食"看，"食之"已然满足文本义理需要。

爰旌目三食而后能视

原文为：爰旌目三铺而后能视。

改"铺"为"食"，以使文本前后形式一致，义理贯通。

嘻

原文为：譆。

"譆"已是死字，"嘻"仍然活着，意思其实都一样。

两手据地而呕之

原文为：两手据地而欧之。

改"欧"为"呕"，应该是传抄错误。

爰

音 yuán。

喀喀然

据语境，应该是对"两手据地而呕之，不出"所产生的生理后果的拟声形容。

【今译】

东方有个叫爰旌目的人，将要去到远方，半路上却饿倒在地。

狐父有位叫丘的盗贼，看见后便施以喂食。爰旌目被喂了三次后才得以睁开眼睛，于是问："您是谁啊？"

丘回答说："我是狐父之人丘啊。"

爰旌目说："啊！你不是强盗吗？你为什么要对我喂食？我坚决不要食用你喂的食物。"于是整个人就爬在地上呕吐，因为呕吐不出来，便在一阵阵的喀喀声中倒地而亡。

狐父之人确实就是盗贼，但他的食物并不是盗贼。因为人是盗贼就说他的食物也是盗贼而不敢食用，实在是丢失了名实的关系啊。

二三

【正本】

柱厉叔事莒敖公，自以为不知己，去，居海上，夏日则食菱芰，冬日则食橡栗。敖公有难，柱厉叔辞其友而往事之。

其友曰："子自以为不知己，故去。今往事之，是知与不知无辨也。"

柱厉叔曰："不然。自以为不知，故去。今事，是知其果不知我也。吾将事之，以丑后世之人主不知其臣者也。"

【原文】

柱厉叔事莒敖公，自为不知己，去，居海上。夏日则食菱芰，冬日则食橡栗。莒敖公有难，柱厉叔辞其友而往死之。其友曰："子自以为不知己，故去。今往死之，是知与不知无辨也。"柱厉叔曰："不然。自以为不知，故去。今死，是果不知我也。吾将死之，以丑后世之人主不知其臣者也。"凡知则死之，不知则弗死，此直道而行者也。柱厉叔可谓怼以忘其身者也。

【清源】

柱厉叔辞其友而往事之

原文为：柱厉叔辞其友而往死之。

改"死"为"事"。理由一，"柱厉叔事莒敖公"的事，已经明确无误地表明事是本寓言的主题。理由二，死无论如何都无法契合语境需要。全章统改。

敖公有难

原文为：莒敖公有难。

删除"莒"，古汉语文法内在要求使然。错误的原因，极大可能是把"莒"当成了姓，它其实只是一个地方诸侯的国名，相当于秦、楚、鲁等。

今事，是知其果不知我也

原文为：今死，是果不知我也。

改"是果不知我也"为"是知其果不知我也"，以使逻辑通畅，义理完足。

凡知则死之，不知则弗死，此直道而行者也。柱厉叔可谓怼以忘其身者也

明显是后人的感言，且是错误理解寓言后的错误感言，故删除。

【见一】

莒

音 jǔ。

菱芰

菱角。一年生水生草本植物，果实有硬壳，有角，可食。

丑

可能是羞的误抄，也可以看作是羞的通假，羞愧的意思。

【今译】

柱厉叔侍奉莒国的敖公，自以为敖公对自己不了解，便离敖公而去，居住到了海边，夏天吃食些菱角，冬天吃食些橡栗。敖公遭遇到了危难，柱厉叔却辞别他的好友而前去侍奉敖公。

他的好友说："您自以为敖公不了解自己，才离他而去。现在您又前往侍奉，则了解与不了解就无法分辨了。"

柱厉叔说："不能这么说。我原先是自以为敖公不了解我，所以才离他而去。而今前往侍奉，是知道他是真的不了解我。我这次前去侍奉，是想要让那些后世的人主为他们对臣下的不了解而感到羞愧啊。"

二四

【正本】

杨朱曰："利出者实及，怨往者害来。是故贤者慎所出。"

【原文】

杨朱曰："利出者实及，怨往者害来。发于此而应于外者唯请，是故贤者慎所出。"

【清源】

利出者实及，怨往者害来。是故贤者慎所出

原文为：利出者实及，怨往者害来。发于此而应于外者唯请，是故贤者慎所出。

删除"发于此而应于外者唯请"。理由一,"发于此而应于外者唯请"不可理解。理由二,删除后的文本,形式完整,逻辑清晰,义理完足。

【见一】
清源后的文本,一如口语,无须见一。

【今译】
给他人输出好处,自己也会得到好处,就好比给他人输出怨恨,自己也会得到怨恨。所以,贤德之人一定要谨慎输出。

二五

【正本】
杨子之邻人亡羊,既率其亲,又请杨子之仆追之。

杨子曰:"嘻!亡一羊,何追者之众?"

邻人曰:"多歧路。"

既反,杨子问:"获羊乎?"

邻人曰:"亡之矣。"

杨子曰:"奚亡之?"

邻人曰:"歧路之中又有歧焉。吾不知所之,所以反也。"

杨子戚然变容,不言者移时,不笑者竟日。

门人怪之,请曰:"羊,贱畜,又非夫子之有,而损言笑者,何哉?"

杨子不答,门人不获所问。

弟子孟孙阳出以告心都子。心都子他日与孟孙阳偕入而问曰:"昔有昆弟三人,游齐鲁之间,同师而学,进仁义之道而归。其父曰:'仁义之道若何?'伯曰:'仁义使我爱身而后名。'仲曰:'仁义使我杀身以成名。'叔曰:'仁义使我身名并全。’彼三术相反，而同出于儒，孰是孰非耶？”

杨子曰：“人有滨河而居者，习于水，勇于泅，操舟鬻渡，利供百口。裹粮就学者成徒，而溺死者几半。本学泅，不学溺，而利害如此，若以为孰是孰非？”心都子默然而出。

孟孙阳让之曰：“何吾子问之迂，夫子答之僻？吾惑愈甚。”

心都子曰：“大道以多歧亡羊，学者以多方丧生。学非本不同，非本不一，而末异若是。唯归同反一，乃无得丧。子长先生之门，习先生之道，而不达先生之况也，哀哉！”

【原文】

杨子之邻人亡羊，既率其党，又请杨子之竖追之。杨子曰：“嘻！亡一羊何追者之众？”邻人曰：“多歧路。”既反，问：“获羊乎？”曰：“亡之矣。”曰：“奚亡之？”曰：“歧路之中又有歧焉。吾不知所之，所以反也。”杨子戚然变容，不言者移时，不笑者竟日。门人怪之，请曰：“羊，贱畜；又非夫子之有，而损言笑者，何哉？”杨子不答。门人不获所命。弟子孟孙阳出以告心都子。心都子他日与孟孙阳偕入而问曰：“昔有昆弟三人，游齐、鲁之间，同师而学，进仁义之道而归。其父曰：‘仁义之道若何？’伯曰：‘仁义使我爱身而后名。’仲曰：‘仁义使我杀身以成名。’叔曰：‘仁义使我身名并全。’彼三术相反，而同出于儒。孰是孰非邪？”杨子曰：“人有滨河而居者，习于水，勇于泅，操舟鬻渡，利供百口。裹粮就学者成徒，而溺死者几半。本学泅，不学溺，而利害如此。若以为孰是孰非？”心都子嘿然而出。孟孙阳让之曰：“何吾子问之迂，夫子答之僻？吾惑愈甚。”心都子曰：“大道以多歧亡羊，学者以多方丧生。学非本不同，非本不一，而末异若是。唯归同反一，为亡得丧。子长先生之门，习先生之道，而不达先生之况也，哀哉！”

【清源】

杨子之邻人亡羊，既率其亲，又请杨子之仆追之

原文为：杨子之邻人亡羊，既率其党，又请杨子之竖追之。

改"既率其党"为"既率其亲"。党不合常情，亲则自然而然，即乡里乡亲或亲戚。

改"杨子之竖"为"杨子之仆"。显而易见到几乎无须给出理由。

门人不获所问
原文为：门人不获所命。

改"命"为"问"，问字更合语境需要。

心都子默然而出
原文为：心都子嘿然而出。

改"嘿"为"默"，应该是传抄错误。

【见一】
戚然
忧伤的样子

移时
只能从其与"竟日"的并用中得出其语境含义，即过了较长一段时间。

昆弟
兄弟

鬻渡
词语太过生造，但从"操舟鬻渡，利供百口"的语境中，可以得出其肯定的含义，即靠摆渡收钱。

成徒
语境含义只能是成群结队。

何吾子问之迁，夫子答之僻

迁。迂回。

僻。怪僻，古怪的意思。

【今译】

杨子的邻居丢失了一头羊，邻居不但带领他的亲朋好友前去寻找，还请杨子的仆人也去寻找。

杨子问："嘻！丢失的只有一头羊，为何要这么多人去寻找？"

邻居说："岔路多啊。"

待大家都返回后，杨子问："羊找回了吗？"

邻居说："丢了。"

杨子问："怎么就丢了？"

邻居说："因为岔路中还有岔路。我们不知道走哪条岔路，所以都回来了。"

杨子立马变得忧伤起来，好长一段时间沉默不语，还整日里没有一丝笑容。

门人觉得奇怪，就问："羊，不过是一头卑贱的畜生，而且又不是你自己的，它竟然使得你不言不笑，为什么啊？"

杨子还是不答话，门人没有得到他所想问的。

弟子孟孙阳便出门将这事告知给了心都子。心都子换了个时间与孟孙阳一起前往杨子处问道："过去有亲兄弟三人，一起到齐鲁去游学，拜的也是同一个老师，学完了仁义之道便回到了家乡。他们的父亲问：'仁义之道究竟怎样啊？'老大说：'仁义使我爱身而后名。'老二说：'仁义使我杀身以成名。'老三说：'仁义使我身名并全。'这三者方术完全相反，但都从儒学中引出，到底哪个对哪个不对啊？"

杨子说："曾经有个人就住在河边，熟悉水性，勇于泅渡，靠操舟摆渡赚钱，好处大到能养活百口之家。前往拜艺者成群结队，但最终被溺死的几乎占了大半。这些人本来是来学习泅水的，而不是来学习溺死的，可结果却是如此不同，你以为这究竟是对还是不对呢？"心都子一句话没答便退了出来。

孟孙阳责怪心都子说："为什么您要问得那么迂回，以致先生答的那么怪异？我的疑惑更重了。"

心都子说："大道因为岔路多就会弄丢羊，求学的人因为方术多就会丧失生命。求学到不了根本就不会归同，到不了根本就不会归一，而如果只是停留在末端就跟这个一样。求学只有归同反一了，才不会有什么丧失。你成长于先生的门下，学习的是先生的大道，可你对先生的大道一点都没通达，真是悲哀啊！"

二六

【正本】

杨朱之弟曰布，衣素衣而出。天雨，解素衣，衣缁衣而反。其狗不知，迎而吠之。杨布怒，将扑之。

杨朱曰："子无扑矣！子亦犹是也。向者使汝狗白而往，黑而来，岂能无怪哉？"

【原文】

杨朱之弟曰布，衣素衣而出。天雨，解素衣，衣缁衣而反。其狗不知，迎而吠之。杨布怒，将扑之。杨朱曰："子无扑矣！子亦犹是也。向者使汝狗白而往，黑而来，岂能无怪哉？"

【见一】

原文明白如话，无须任何解译。

二七

【正本】

杨朱曰："行善不以为名而名从之，名不与利期而利归之，利不与争期而争及之。故君子必慎为善。"

杨朱曰："行善不以为名而名从之，名不与利期而利归之利不与争期而争
及之；故君子必慎为善。"

原文明白如话，无须任何解译。

二八

昔人言有知不死之道者，燕君使人受之，不捷，而言者死。燕君甚怒其
使者，将加诛焉。

幸臣谏曰："人所忧者莫急乎死，己所重者莫过乎生。彼自丧其生，安能
令君不死也？"乃不诛。

有齐子亦欲学其道，闻言者之死，乃抚膺而恨。富子闻而笑之曰："夫所
欲学不死，其人已死而犹恨之，是不知所以为学。"

胡子曰："富子之言非也。凡人，有术而不能行者有矣，能行而无其术者
亦有矣。卫人有善数者，临死，以决喻其子，其子志其言而不能行也。他人
问之，以其父所言告之，问者用其言而行其术，与其父无差焉。若然，死者
奚为不能知生术哉？"

昔人言有知不死之道者，燕君使人受之，不捷，而言者死。燕君甚怒其
使者，将加诛焉。幸臣谏曰："人所忧者莫急乎死，己所重者莫过乎生。彼自
丧其生，安能令君不死也？"乃不诛。有齐子亦欲学其道，闻言者之死，乃

抚膺而恨。富子闻而笑之曰："夫所欲学不死，其人已死而犹恨之，是不知所以为学。"胡子曰："富子之言非也。凡人有术不能行者有矣，能行而无其术者亦有矣。卫人有善数者，临死，以诀喻其子。其子志其言而不能行也。他人问之，以其父所言告之。问者用其言而行其术，与其父无差焉。若然，死者奚为不能言生术哉？"

【清源】
以诀喻其子

原文为：以诀喻其子。

改"决"为"诀"，明显的传抄错误。

死者奚为不能知生术哉

原文为：死者奚为不能言生术哉。

改"言"为"知"，以使逻辑清晰，义理一致。

【见一】
受之

受。接受。语境含义当为拜师学习。

之。指代不死之道。

不捷

不成功。

幸臣

得到宠幸的臣子。

抚膺

捶胸。表示悲痛、愤恨或慨叹。

生术

即前边所说的不死之道。

【今译】

从前有个人声称他知道不死之道，燕君便派使者前往学习，还没学成，那人便死了。燕君非常愤怒，想把使者处死。

燕君身边的一位宠臣劝谏说："人所忧虑的莫急于死亡，己所看重的莫过于生命。那个知道不死之道的人连自己都死了，哪里还能令君王您不死呢？"于是使者没被处死。

有个齐国人也想学习不死之道，听说知道不死之道的人死了，于是捶胸顿足甚而心生怨恨。富子听说后不无讥笑地说："原本想学的是不死之道，而知道不死之道的人连自己都已经死了，可他还要心生怨恨，这是不知道所要学的到底是什么啊。"

胡子说："富子所说的不对啊。凡人，有术而不能使用的有，能使用而没有术的也有。卫国曾经有位善于数术的人，他在临死前，将数术用口诀的方式晓喻了他的儿子，他的儿子把口诀记录了下来，但就是不会使用。别人问他，他便以他父亲的口诀告诉别人，问他的人用他父亲的口诀而使用他父亲的数术，跟他父亲使用起来毫无二致。既然这样，那位死去的人怎么能说不知道不死之道呢？"

二九

【正本】

邯郸之民以正月之旦献鸠于简子，简子大悦，厚赏之。客问其故，简子曰："正旦放生，示有恩也。"

客曰："民知君之欲放之，故竞而捕之，死者众矣。君如欲生之，不若禁民勿捕。捕而放之，恩过不相补矣。"

简子曰："然！"

【原文】

邯郸之民以正月之旦献鸠于简子，简子大悦，厚赏之。客问其故。简子曰："正旦放生，示有恩也。"客曰："民知君之欲放之，故竞而捕之，死者众矣。君如欲生之，不若禁民勿捕。捕而放之，恩过不相补矣。"简子曰："然。"

【清源】

原文没有需要清源的地方。

【见一】

正月之旦

即正旦，也即正月初一。

【今译】

邯郸的老百姓将正月初一的鸠鸟敬献于简子，简子非常高兴，给了厚厚的奖赏。门客追问其中的缘故，简子说："正月初一放生，表示我乃慈恩之人。"

门客说："老百姓知道君王您想要放生，就一定会竞相捕杀鸠鸟，被弄死的鸠鸟将会很多。君王您如果真的想要放生，不如禁止老百姓捕杀。捕杀后再来放生，恩过终究无法相抵啊。"

简子说："说得对！"

三十

【正本】

齐田氏祖于庭，食客千人。坐中有献鱼者，田氏视之，乃叹曰："天之于人，厚矣！殖五谷，生鱼鸟，以为之用。"众客和之如响。

鲍氏之子年十二，进曰："不如君言。天地万物，与人并生，类也。类无贵贱，徒以小大智力而相制，迭相食，非相为而生之。人取可食者而食之，岂天本为人生之？且蚊蚋噆肤，虎狼食肉，非天本为蚊蚋生肤而为虎狼生肉者哉？"

【原文】

齐田氏祖于庭，食客千人。中坐有献鱼雁者，田氏视之，乃叹曰："天之于民厚矣！殖五谷，生鱼鸟，以为之用。"众客和之如响。鲍氏之子年十二，预于次，进曰："不如君言。天地万物与我并生，类也。类无贵贱，徒以小大智力而相制，迭相食；非相为而生之。人取可食者而食之，岂天本为人生之？且蚊蚋嘬肤，虎狼食肉，非天本为蚊蚋生人、虎狼生肉者哉？"

【清源】

坐中有献鱼者

原文为：中坐有献鱼雁者。

改"中坐"为"坐中"。应该是笔误或传抄错误。

改"鱼雁"为"鱼"。"鱼"已能满足文本义理需要，而"雁"不但有点多余，而且不好理解。有人将其解注为鹅，十分勉强，缺少原始依据。

天之于人

原文为：天之于民。

不改也可，但据全章义理和形式，改后更佳。

鲍氏之子年十二，进曰

原文为：鲍氏之子年十二，预于次，进曰。

删除"预于次"。理由一，本身不可清晰解读。理由二，删除后的文本形式完整，义理完足。

与人并生

原文为：与我并生。

不改也可，但据全章义理和形式，改后更佳。

非天本为蚊蚋生肤

原文为：非天本为蚊蚋生人。

改"人"为"肤"，以使文本逻辑一致，义理清晰。

【见一】

祖于庭

准确含义因为缺乏足够语境而无法清晰把握，大致含义当是指一种在大堂举行的祖先祭祀仪式。

且蚊蚋嘬肤，虎狼食肉，非天本为蚊蚋生肤而为虎狼生肉者哉

据语境需要，当理解为"且蚊蚋嘬人肤，虎狼食人肉，非天本为蚊蚋生人肤而为虎狼生人肉者哉"。

蚋。音 ruì，小蚊。

嘬。音 zǎn，叮咬。

【今译】

齐国的田氏在大堂上祭祖，食客上千。当座中有人以鱼献祭时，田氏看到后便不无感叹地说："上天对于人，真是厚爱呀！殖五谷，生鱼鸟，以供人享用。"宾客们无不和之如响。

鲍氏有个才十二岁的孩子却上前说："不是君王所说的那样。天地生物，与人并生，全都属于同一种类。既是同一种类，就没有什么贵贱之分，只不过以小大智力相互制衡罢了，它们相互吃食，并不是谁为谁而生。人选取其中可吃食的而吃食，哪里是上天本就为人而生的呢？再且，蚊虫叮咬人的皮肤，虎狼吃食人的骨肉，难道是上天本就为蚊虫生了人的皮肤而为虎狼生了人的骨肉吗？"

三一

【正本】

齐有贫者，常乞于城市。城市患其亟也，众莫之与，遂适田氏之厩，从马医作役而假食。

郭中人戏之曰："从马医而食，不以辱乎？"

乞儿曰："天下之辱莫过于乞。乞犹不辱，岂辱从马医哉？"

齐有贫者，常乞于城市。城市患其亟也，众莫之与。遂适田氏之厩，从马医作役而假食。郭中人戏之曰："从马医而食，不以辱乎？"乞儿曰："天下之辱莫过于乞。乞犹不辱，岂辱马医哉？"

【清源】

岂辱从马医哉

原文为：岂辱马医哉。

必须补足"从"，以使义理逻辑通畅。

【见一】

城市

城里的集市。

亟

音 qì，累次，对应前句的常。

从马医作役而假食

给马医做一些杂役而获得吃的。

郭

城郭的郭。按语境，当是指城中。郭的本义为在城的外围加筑的一道城墙。

【今译】

齐国有位穷光蛋，经常在城里的集市乞讨。集市里的人烦心他的多次乞讨，没人再愿意施食于他，他于是来到田氏的马厩，替一位马医打杂而获得吃的。

城里人戏弄他说："替马医打杂而获得吃的，难道不可耻吗？"

乞儿说："天下的可耻莫过于乞讨。我连乞讨都没感到可耻，难道还会为替马医打杂而感到可耻吗？"

三二

【正本】

宋人有游于道，得人遗契者，归而藏之，密数其齿，告邻人曰："吾富可待矣。"

【原文】

宋人有游于道，得人遗契者，归而藏之，密数其齿。告邻人曰："吾富可待矣。"

【见一】

原文平白如话，无须解译。

三三

【正本】

人有枯梧树者，其邻人父言枯梧之树不祥，遽而伐之。

邻人父因请以为薪，其人乃不悦，曰："邻人父徒欲为薪而教吾伐之也。与我邻，若此其险，岂可哉？"

【原文】

人有枯梧树者，其邻父言枯梧之树不祥，其邻人遽而伐之。邻人父因请以为薪。其人乃不悦，曰："邻人之父徒欲为薪而教吾伐之也。与我邻，若此其险，岂可哉？"

遽而伐之

原文为："其邻人遽而伐之。

删除"其邻人"。原文语境清晰，按古汉语，"其邻人"完全冗余。

遽

音 jù，既可理解为立即、马上，也可理解为惊慌。从纯粹语境看，后者稍胜。

有个人的一棵梧桐树枯萎了，他邻家的一位老头说枯萎了的梧桐树不吉祥，他于是惊慌地将梧桐树砍了。

邻家的老头于是顺便说不如把砍了的梧桐树给他作柴火，那人于是十分不高兴，还说："邻家的老头只不过是为了要柴火才叫我把树给砍了。与我做邻居，其用心如此险恶，这怎么可以呢？"

三四

人有亡斧者，意者邻人之子。视其行步，窃斧也。颜色，窃斧也。言语，窃斧也。动作态度，无为而不窃斧也。俄而抇其谷而得其斧，他日复见其邻人之子，动作态度，无似窃斧者。

人有亡鈇者，意者邻之子，视其行步，窃鈇也；颜色，窃鈇也；言语，窃鈇也；动作态度无为而不窃鈇也。俄而抇其谷而得其鈇，他日复见其邻人之子，动作态度无似窃鈇者。

【清源】

人有亡斧者

原文为：人有亡鈇者。

改"鈇"为"斧"。"鈇"不明确，"斧"明确，且满足寓言义理需要。统改。

【见一】

扣其谷

语境含义甚不清晰，估计原文有误。如果无误，谷当是指稻谷，即斧头被埋在稻谷里了，翻动稻谷时又无意间找回了斧头。

扣，音 hú，本身有发掘、搅乱的意思，语境含义当为翻动或翻晒。

【今译】

有个人丢失了一把斧头，他猜想可能是邻家的孩子偷走了。于是，看那孩子的走路，像是偷走斧头的人。看脸色，像是偷走斧头的人。看说话，像是偷走斧头的人。总之，无论怎么看，那孩子的动作态度都像偷走斧头的人。不久，他在翻晒稻谷时重又得到了他的斧头，过几天他再次看到邻家的孩子时，动作态度，再也不像偷走斧头的人了。

三五

【正本】

白公胜虑乱，罢朝而立，倒仗策，镦上，贯颐，血流至地，而弗知也。

郑人闻之曰："颐之忘，将何不忘哉？"

【原文】

白公胜虑乱，罢朝而立，倒仗策，镦上贯颐，血流至地而弗知也。郑人闻之曰："颐之忘，将何不忘哉？"意之所属著，其行足踬株坎，头抵植木，而不自知也。

【清源】

鑡上，贯颐

原文为：鑡上贯颐。

中间必须用逗号隔开，文本义理才清晰可见。

意之所属著，其行足踬株坎，头抵植木，而不自知也

原位于段末，明显跟语境不搭，更不知所云，后人感言的可能性极大，故删除。

【见一】

白公胜

必须知道白公胜是谁以及他想干什么，才能真正理解本寓言。请回看本篇第十二节。

仗策

古代用以鞭马的杖，杖头有尖锐的铁针。

鑡

音 zhuì，赶马杖上端用来刺马的铁针，即仗策上的铁针。

颐

音 yí，本义为下巴，语境含义当为面颊。

颐之忘，将何不忘哉

寓言的核心句。颐是双关语，既指面颊，又指脸面。

【今译】

白公胜谋虑叛乱，散朝后还站在原地没动，手中倒拿着仗策，仗策上的铁针朝上，刺穿了他的脸颊，血都流到了地上，可他自己竟然毫无感知。

郑人听闻这事后说："连自己的脸都可以忘记，还有什么不能忘记的呢？"

三六

【正本】

昔齐人有欲金者，清旦衣冠而之市，适鬻金者之所，因攫其金而去。

吏捕得之，问曰："人皆在焉，子攫人之金何？"

对曰："取金之时，不见人，徒见金。"

【原文】

昔齐人有欲金者，清旦衣冠而之市，适鬻金者之所，因攫其金而去。吏捕得之，问曰："人皆在焉，子攫人之金何？"对曰："取金之时，不见人，徒见金。"

【见一】

原文平白如话，无须任何解译。